今日から
モノ知り
シリーズ

トコトンやさしい

量子コンピュータの本

山﨑 耕造

量子コンピュータは、量子力学の技術を使って能力を飛躍的に向上させた次世代の超高速・超並列コンピュータ。この開発競争も盛んな話題の技術について、基礎理論、量子計算から、関連知識、開発状況に至るまでを紹介する。

B&Tブックス
日刊工業新聞社

はじめに

最新のテクノロジーとして、量子テクノロジー、とりわけ、量子コンピュータの話題が、新聞等をにぎわしています。スパコンを超える可能性のある新しい超高速超並列コンピュータとして、また、ビットコインなどの金融や個人情報のインターネットセキュリティ確保に関連して、量子コンピュータが話題となっています。特に、２０１９年秋には、学術研究誌ネイチャーに量子コンピュータがスパコンを超えるという「量子スプレマシー（超越性）」が発表され、将来の情報や金融の安全性の確保が懸念されるようになりました。最近では、拡張性は限られているものの、中国のグループによる光子ビットによる量子超越の実証も、２０２０年12月の米科学誌サイエンスに発表されています。

量子コンピュータのしくみを理解し、量子計算を考え、量子回路を自分で作り、結果を得るようになるためには、量子アルゴリズムを理解すると同時に、やさしい量子物理と初等数学とを学ぶことも重要です。

本書では、そもそも量子とは何か?量子コンピュータとは何か?をやさしく説明していきます。量子コンピュータに関連する量子物理や数学の基礎もまとめました。数式を含めた一口メモもいくつか記載しました。読者自身が興味を持って実際の量子計算を理解できる手助けになればと思います。概要のみを理解したい場合には、数式などをスキップして読み進んでいただければと思います。

1~2章では、従来のコンピュータと比較しながら量子コンピュータの概要を述べ、3~4章では、量子コンピュータの原理と種類をまとめています。5~6章では、量子ビット、量子ゲート、量子回路、量子アルゴリズムについて順に述べていきます。特に、5~6章では量子計算などの少し難解な数式が登場しますので、数式が嫌いな方は読み飛ばしてください。量子ビットのハードウェアと量子暗号を7章で、世界の開発の現状を8章でまとめ、最後の章で、量子コンピュータの利用と未来展望について、順にやさしく述べていきます。

コラムでは、筆者のこだわりの「映画の中の量子コンピュータ」として、関連する映画を紹介しています。いろいろな視点から量子コンピュータに興味を持ってもらえればと思います。

本書が量子コンピュータに関連する幅広い興味を持つ契機となれば、と願っております。

最後になりましたが、本書作成に当たり、日刊工業新聞社をはじめ、多くの関係者の方にお世話になりました。ここに深く感謝申し上げます。

山﨑耕造

2020年12月吉日

トコトンやさしい

量子コンピュータの本

目次

目次 CONTENTS

第1章 量子コンピュータはどれだけ凄いのか？

第2章 量子コンピュータとは？

第3章 量子の原理をどう使うの？

第4章 量子コンピュータの種類は？

第5章 量子ビットと量子ゲートとは？

第6章 量子回路と量子アルゴリズムとは？

第7章 量子ビットのハードウェアと量子暗号のしくみは？

第8章 量子コンピュータ開発の世界の現状は？

第9章 量子コンピュータの活用と未来展望！

【コラム】

第1章
量子コンピュータはどれだけ凄いのか？

1 スパコンと比べても桁違いの実力!

量子スプレマシーの実現

21世紀初頭には物理学での偉大な発見が続きました。素粒子論からのヒッグス粒子の発見や、一般相対性理論からの重力波の発見、などがあります。これらの大発見は20世紀に理論提案されていたものです（上図）。一方、21世紀の物理学の革新応用として、量子コンピュータでの「量子スプレマシー（量子超越性）」の実証があります。ネイチャー誌はライト兄弟による動力飛行機の初飛行になぞらえて、「量子コンピューティングが離陸する」とする解説記事も掲載しました。

量子コンピュータのアイデアは１９８２年に米国の物理学者リチャード・ファインマンが提案し、英国の物理学者デイヴィッド・ドイチュにより計算モデルが考案されてきました。

現代社会では、コンピュータは私たちの生活にはなくてはならない道具となっています。毎日みなさんが使っているスマホやＰＣはもとより、最近の家電製品や通勤・通学での電車や自動車にも、コンピュータが機能的に組み込まれています。中型の汎用コンピュータ（汎コン）や超大型のスーパーコンピュータ（スパコン）も、さまざまな分野で利用されています。

量子スプレマシー（量子超越性）とは、量子コンピュータがこれら従来型のコンピュータ（古典コンピュータと呼ばれます）を超えることです。２０１９年10月に、米国グーグル社が量子超越性を確認したとの論文が、学術雑誌ネイチャーに発表されました。現在の最先端のスパコンで計算すると約1万年かかる問題を、量子コンピュータでは3分20秒（２００秒）で解いたとのことです。２０２０年12月には、中国での光子ビットによる量子超越もネイチャーに発表されています。

スパコンと量子コンピュータとの比較を下図にまとめました。現状ではスパコンは汎用並列化による大規模高速計算の実績は多大です。一方、量子コンピュータでは汎用化は未完成ですが、将来の超並列・小型化・省電力の可能性に期待が集まっています。

要点BOX

- ●物理学の革新応用としての量子コンピュータ
- ●量子超越性の例として、スパコンで1万年の見積りの計算が量子コンピュータで200秒

21世紀の物理学の大発見と革新応用

	21世紀		20世紀
物理学の大発見			
2013年 3月	ヒッグス粒子の発見 ←	1964年	ヒッグス機構の提案 （ピーター・ヒッグス）
2016年 2月	重力波の発見 ←	1916年	一般相対性理論 （アルバート・アインシュタイン）
物理学の革新応用			
2019年10月	量子超越性の実証 （グーグル） ←	1982年	量子コンピュータの提案 （リチャード・ファインマン）

スパコンと量子コンピュータとの比較

		スパコン	量子コンピュータ
計算時間の比較		1万年（*）	200秒
装置		米国「サミット」 日本「富岳」（世界最速2020年6月） 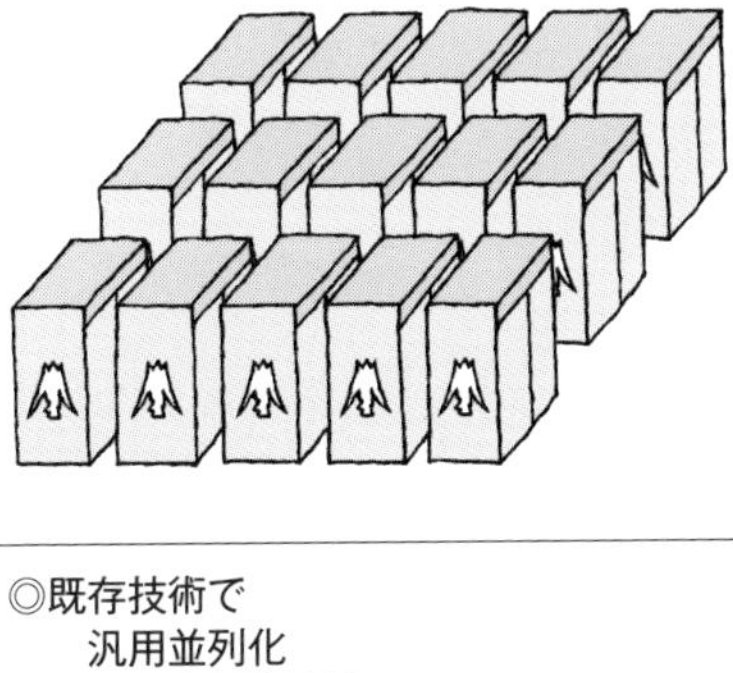	米国「シカモア」 米国「IBMQ」 カナダ「D-Wave」 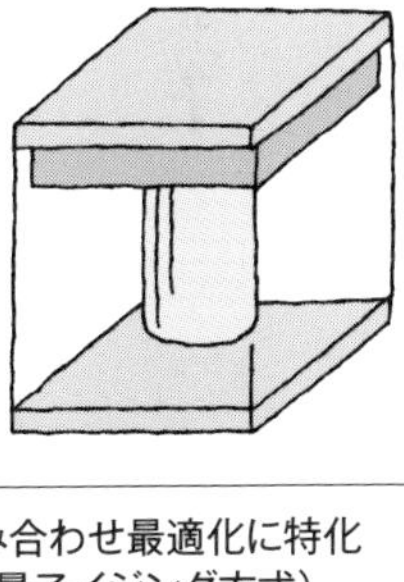
特長	現状	◎既存技術で 汎用並列化 ◎高度な大規模計算で 実績大	○組み合わせ最適化に特化 （量子イジング方式） △汎用化は開発中で未完成 （量子ゲート方式）
	将来	△大規模超並列では 消費電力大で困難	◎超並列・小型化・ 消費電力小の可能性大

（*）これはグーグルの見積（量子コンピュータの15億倍）。
IBMの見積もりは2日半（1000倍）[53]。

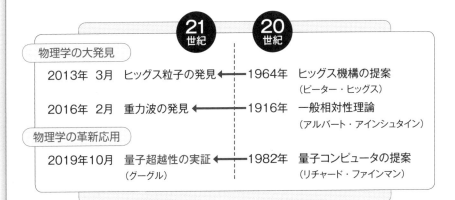

2 世界のIT大企業や国家が激突！

国家戦略としての夢の技術

現代社会では、さまざまな場面でコンピュータが活用されています。IoT（モノのインターネット）やロボット、AI（人工知能）、データマイニング（データからの知識発掘）など、大量の情報データの高速処理とその通信の安全性が必要となってきました。そのための高速並列計算機と暗号通信が重要となってきており、企業や国家間での競争が激化しています。

現在、国家の威信をかけて超大型コンピュータ（スパコン）の開発が進められており、国立研究所や大学での様々な研究に供されています。スパコンの更なる高速化・並列化の高性能化のためには、計算機のチップ（集積回路やマイクロプロセッサ）の更なる進展が必要です。チップの進展は、「ムーアの法則」で表され、集積密度は1年半から2年で倍増し、処理能力と小型化が指数関数的に進展すると考えられています（**上図**）。しかし、現在は集積度の限界に近づいており、その限界を超える新しいチップの概念が必要となってきています。

一方、AIやM2M（機械と機械との通信）やIoT（機械の他にモノとの通信を含む）の時代の現代では、処理が必要なデータ量が飛躍的に増大してきています。したがって、スパコンを超える超高速で超並列の新しいコンピュータの出現が望まれています（**上図**）。それを実現するのが「量子技術」であり、その技術の中心にあるのが「量子コンピュータ」です。

世界中で国家や企業がこの量子コンピュータの開発にしのぎを削っています（**下図**）。各国の国立研究所や大学を中心として、国家技術戦略としてスパコンや量子コンピュータの開発競争が繰り広げられています。IT（情報技術）企業や金融機関では、通信や暗号に関連する量子技術の開発が進められています。そして、各国の主要大企業も幅広い産業応用のために、国際競争として量子コンピュータの開発・応用を進めています。

要点BOX

- **半導体チップの進展の限界と必要データ量の増大から、量子コンピュータに期待**
- **国家戦略としての量子コンピュータ開発**

ムーアの法則の限界とデータ量の爆増

スパコンを超える超高速、超並列の
新しいコンピュータが必要となっています ➡ 量子コンピュータ

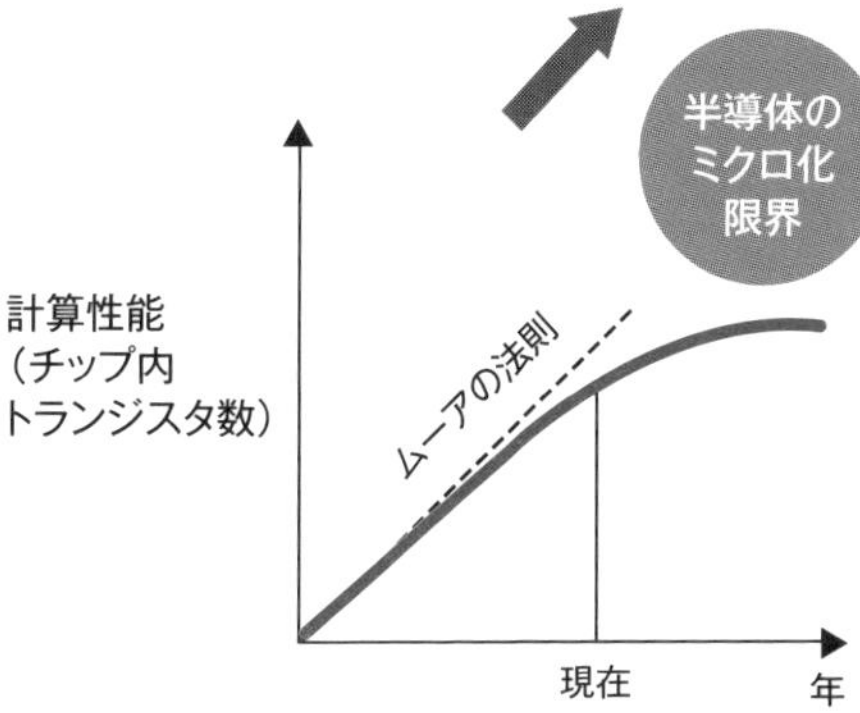

ムーアの法則として、チップの集積密度は1年半から2年で倍増し、処理能力と小型化が指数関数的に進展します。ただし、現在は限界に達しています。

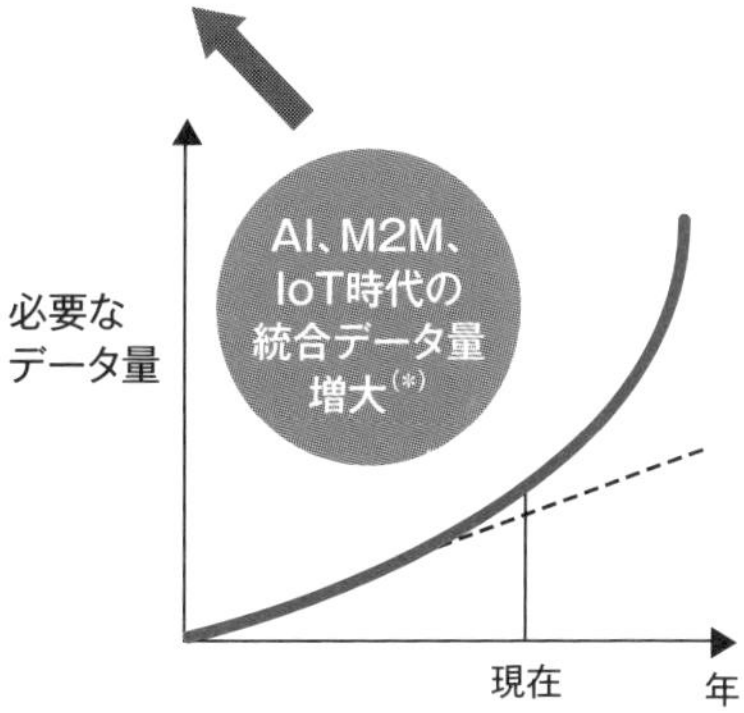

IT（情報技術）社会では、扱うデータ量が爆発的に増大しています。

(*) AI（Artificial Intelligence）人工知能
M2M（Machine to Machine）機械と機械
IoT（Internet of Things）モノのインターネット

量子コンピュータの開発と利用

夢の技術の実現のスタート

国家・国立研究所・大学
　　スパコンの性能の国際競争 ➡ 高性能量子コンピュータの開発

IT企業・金融機関
　　通信ネットワークの安全性確保 ➡ 量子通信、量子暗号の開発

大企業
　　広い分野でのコンピュータ利用 ➡ 量子コンピュータの産業利用

3 2つの方式で新たな可能性が生まれている！

ゲート方式とアニーリング方式

一言で量子コンピュータと言っても、様々な形態があります。特に、主要な方式として、「ゲート方式」と「アニーリング方式」とがあります。

古典コンピュータの並列化を量子論の原理を応用して、古典コンピュータの様に汎用的な計算機とするのが、「量子ゲートコンピュータ」です（上図）。英語のゲートは「門」の意味ですが、門をくぐると情報の単位としての「ビット」が変化することを意味しています。古典ゲートでは、入口で「0」または「1」のビットが、門をくぐると変化したりしなかったりで、「0」か「1」のいずれかになります。一方、量子コンピュータでは、計算の単位が「0」と「1」との重ね合わせの状態であり、量子ゲートを通ると重ね合わせの状態が変化します。そのような様々な門を通すことで、重ね合わさった多様な状態（量子ビット）での並列計算が、瞬時にできることになります。ただし、重なり合った状態は「観測」することができません。最初の入力は、古典ビットと同じ確定値が使われ、最終的な結果も確定値しか観測できません。

一方、統計的で量子的なゆらぎをうまく利用して、最適化問題などを解く方法が「量子アニーリング」です。アニーリングとは「焼きなまし」の意味であり、熱した物質が徐々に冷えていく過程で安定な物質が作られていくことを意味しています。量子アニーリング型では、量子ゆらぎと量子トンネル効果によりエネルギーの低い領域に遷移する物理現象を利用します。これを古典回路で模擬したシミュレーティッド・アニーリング型もあります（下図）。

量子アニーリング方式ではすでに数千個の量子ビットを実現しており、組み合わせ最適化に適しているとされています。ただし、汎用計算はできません。一方、量子ゲート方式では、現在の量子ビット数は百程度ですが、将来の数百万程度のビットでエラー訂正可能な万能量子コンピュータをめざしています。

要点BOX

- ●ゲート方式は汎用の万能量子コンピュータ
- ●アニーリング方式は組み合わせ最適化問題に特化した量子コンピュータ

量子ゲートコンピュータのイメージ図

量子力学的な重ね合わせや量子もつれの原理により、
超並列の計算が可能

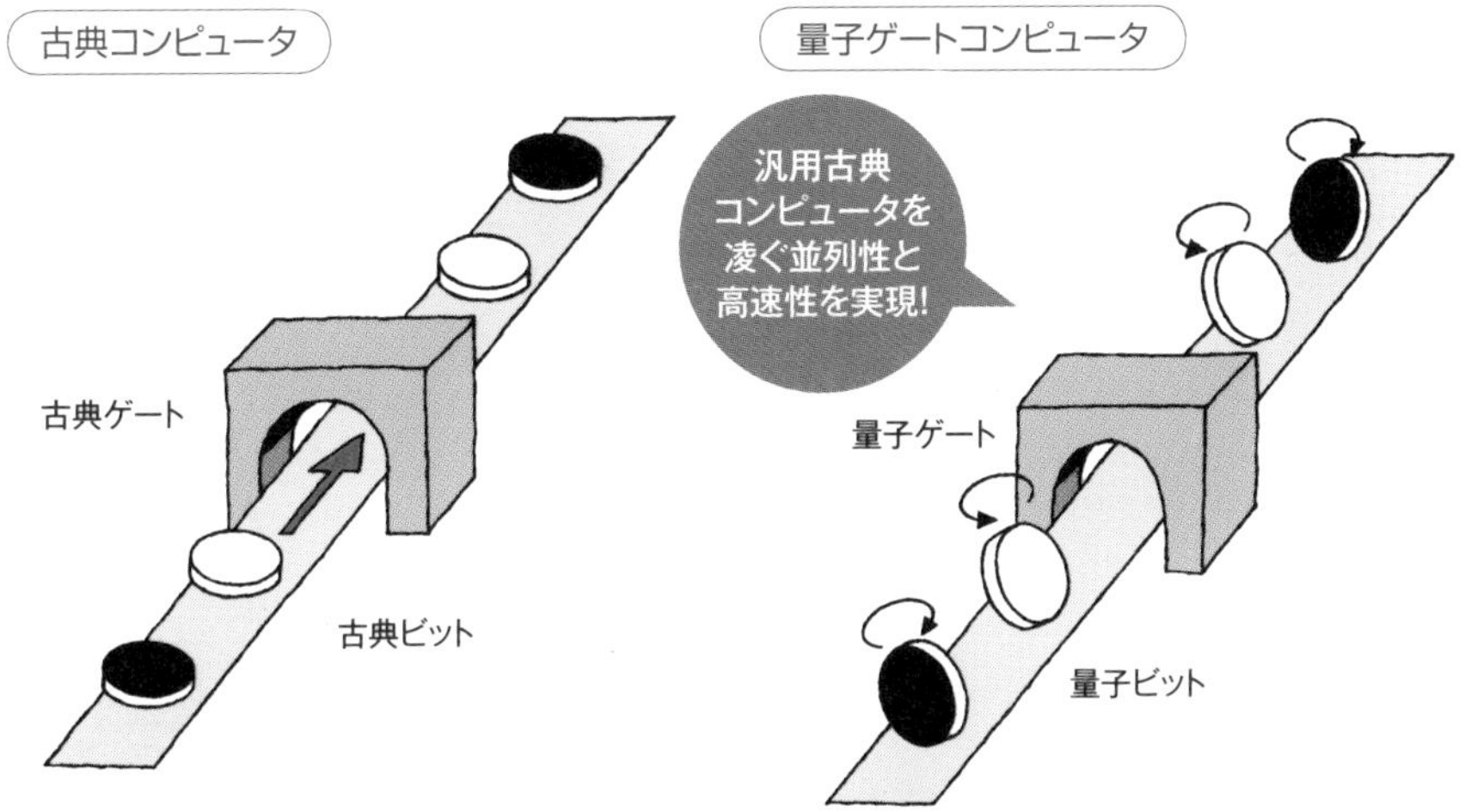

量子アニーリングコンピュータのイメージ図

量子論的ゆらぎ(量子アニーリング)により、また、
古典的で統計力学的な熱のゆらぎ(シミュレーティッドアニーリング)により、
エネルギー最小の状態への移行が可能

さまざまな最適化問題に有効

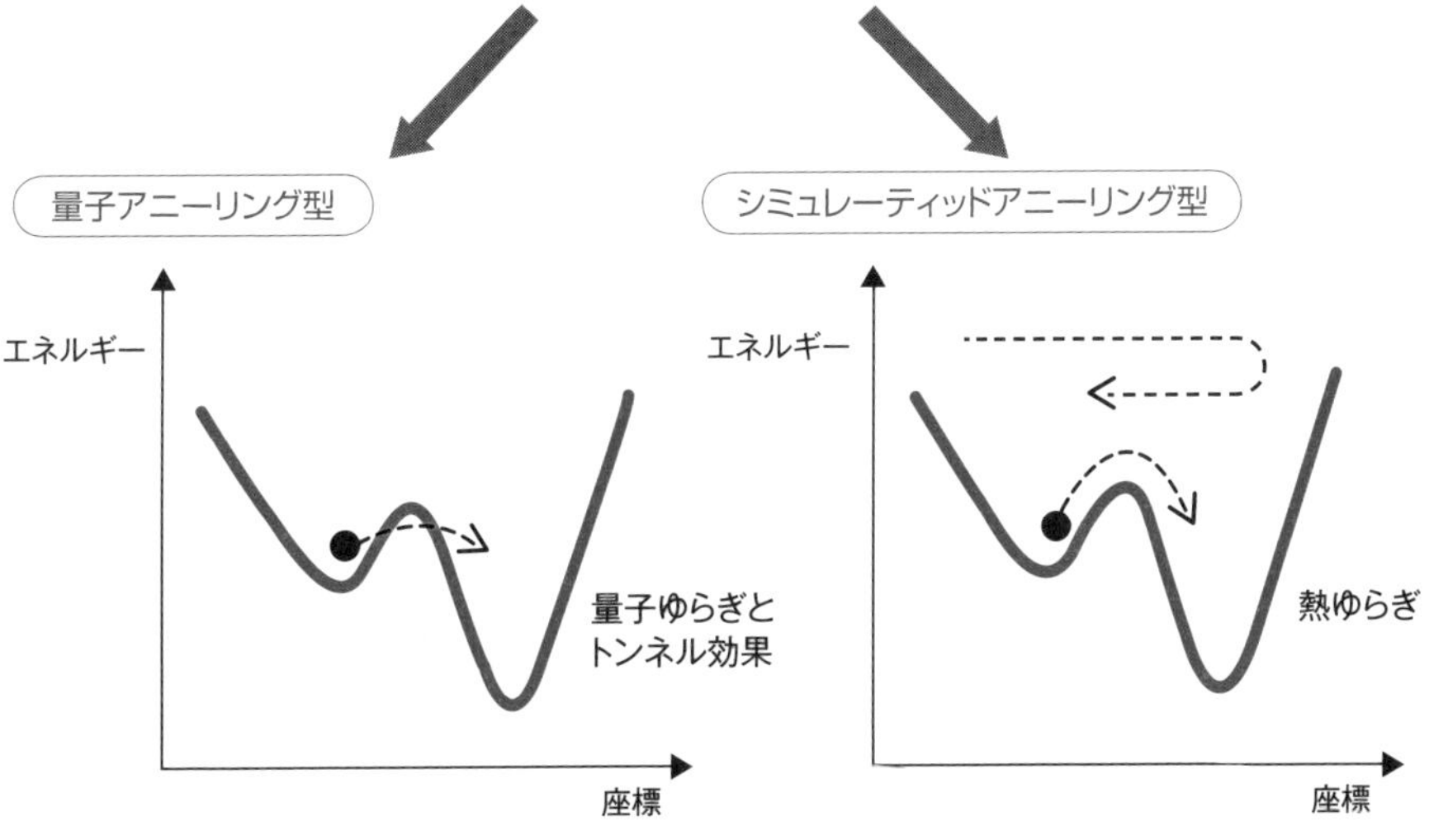

4 量子コンピュータの科学と可能性は？

実用化は20～30年後？

量子コンピュータは、物理学、数学、情報科学、電子工学など、様々な基礎科学の知識が統合されて初めて実用化されます（**上図上段**）。

量子コンピュータの基礎の概念としては、古典力学と異なる量子力学に特有な物理現象を利用しての「量子ビット」の生成・維持があります。量子コンピュータの計算手順としての「量子アルゴリズム」の基礎には、整数論、行列論、複素数論などの初等数学が利用されます。量子コンピュータのソフトウェアとハードウェアのためには、古典コンピュータの発展としての情報科学での計算機科学と、電子工学での量子エレクトロニクスが用いられます（**上図下段**）。

これまで古典コンピュータの開発は、電子工学でのハードウェア進展と情報理論のソフトウェアの発展とに支えられてきました。特に、マックス・プランクの量子論の基礎とアラン・チューリングによる自動計算機の数学モデルの提案により、現在の計算機が作られてきました。

古典コンピュータも半導体チップの中では量子力学が応用されていますが、計算アルゴリズムそのものに量子力学の原理を利用するのが量子コンピュータです。リチャード・ファインマンにより、量子の世界のシミュレーションには量子の原理で動くコンピュータが必要であるとの提案がなされ、具体的な計算モデル（計算回路）の考案はデイヴィッド・ドイチュによりなされてきています（**下図上段**）。近年、量子コンピュータがスパコンを上回ることが示され、実用化に向けての更なる進展が期待されています。

量子コンピュータは量子力学の原理に基づく新しいコンピュータであり、スパコンで不可能な高速並列計算が可能となり、情報革新を引き起こします。金融や防衛などの暗号の安全確保を含め、広範囲の産業分野に多大な影響が及び、近未来での急速な発展の可能性が期待されています（**下図下段**）。

要点BOX

- ●物理、数学、情報科学、電子工学が基礎
- ●ファインマンの提案とドイチェの考案
- ●広い産業分野で多大な影響の可能性

量子コンピュータの基礎となる科学

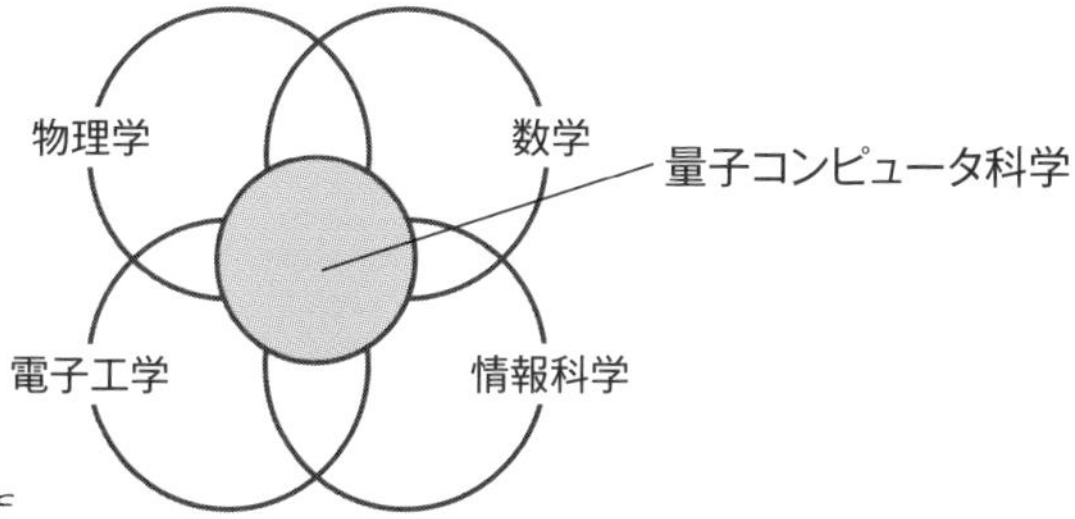

- 物理学（量子力学）→ 量子ビット
- 数学（初等整数論、行列、複素数）→ 量子アルゴリズム
- 情報科学（計算機科学）→ 量子ソフトウェア
- 電子工学（量子エレクトロニクス）→ 量子ハードウェア

量子コンピュータの経緯と可能性

1900年　エネルギー量子の発見（マックス・プランク）
1936年　自動計算機の数学モデルの提案（アラン・チューリング）
1982年　量子コンピュータの提案（リチャード・ファインマン）
1985年　量子コンピュータの計算モデルの考案（ディヴィッド・ドイチュ）
2019年　量子超越性の実証（グーグル社）
　　　　→ 量子優位性（数年後?）
　　　　→ 量子実用性（2040～2050年頃??）

- 技術革新：量子力学の原理に基づく新しいコンピュータの実現
- 情報革新：スパコンでも不可能な高速並列計算が可能
- 社会変革：広範囲の産業分野で多大な影響
- 安全保障：金融、防衛などの暗号を変革
- 将来展望：近未来での急速な発展の可能性

量子人工知能が人間を超える!
映画『トランセンデンス』(2014年)

トランセンデンスとは「超越」を意味しますが、人工知能(AI)が全人類の頭脳を超えることを意味しています。これは未来予測不能という意味での「シンギュラリティ(技術的特異点)[61]」とも呼ばれます。未来学者レイ・カーツワイルは、2045年に到来すると提唱しました。

AIが人間の脳を圧倒的に超えるように、量子コンピュータが従来のコンピュータを圧倒的に超えることを「量子スプレマシー(量子超越性)[1]、[53]」と呼びます。AIの進展には量子コンピュータの実用化が鍵となっており、2040年から50年頃までには量子プラクカリティ[54]が達成されていると予測されています。

この映画では、ジョニー・ディップ演じるコンピュータ科学者ウィルが、反AI集団のテロにあい、死に瀕してしまいます。妻のエヴァリンはナノテクノロジーの医療により夫の意識をスーパーコンピュータに組み込むことに成功します。人工知能PINN(ピン)により復活したウィルは、神の化身のように世界を変革していきます。

AIやロボットはさまざまな映画に登場します。古くは『メトロポリス』(1927年)でのアンドロイド・マリアや『2001年宇宙の旅』(1965年)のコンピュータHAL9000、さらには『ターミネーター』シリーズでの新旧ロボットT-800、T1000などがあります。

ちなみに、映画『トランセンデンス』では、日本語の「コンピューティング」の銘板のついた日本製の大規模量子コンピュータが登場します。スパコンでは2020年6月に日本の「富岳」が世界最速の称号を奪還しました[55]。将来の量子コンピュータ分野でも日本の科学技術が開花することを期待したいと思います。

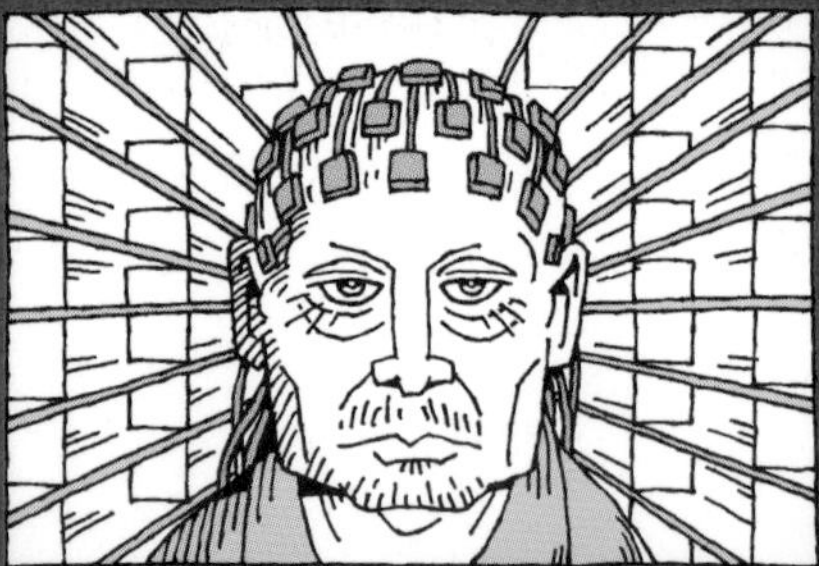

科学者の頭脳を、量子コンピュータの人工知能PINNにインストール

『トランセンデンス』
原題:Transcendence
製作:英国・中国・米国(2014年)
監督:ウォーリー・フィスター
主演:ジョニー・ディップ、レベッカ・ホール
配給:ワーナー・ブラザーズ

第2章

量子コンピュータとは?

5 量子とは、コンピュータとは?

量子化と計算機の電子化

そもそも「量子コンピュータ」とはどのようなものでしょうか?「量子」と「コンピュータ」のそれぞれについて考えてみましょう。

私たちの通常の運動は古典力学で記述されますが、古典力学では連続的な値である物理量が、ミクロの世界では常にある単位量の整数倍の値しかとれず、その単位としての物理量の最小量は「量子」と呼ばれます(**上図**)。量子としては、エネルギー量子、作用量子(エネルギーと時間の積の単位、プランク定数)、フォトン(光量子)、角運動量の量子などがあります。連続と思われていた量が実は不連続であり、「不確定性原理」や「重ね合わせの原理」、「量子もつれ」、「観測」などの量子力学の概念の明確化が、多くの研究者によりなされてきました。

また、原子、電子や光子など、波と粒子の2重の性質を持つ極小の物質自体を「量子」と呼ぶ場合もあります。物質とエネルギーは等価です。分子や原子、原子核、更には素粒子(分解できない基本粒子)としての電子やミュー粒子などにも、量子としての波と粒子の2重性があります。

一方、「コンピュータ(計算機)」は現代社会では不可欠であり、様々に活用されてきています。従来の計算機は、真空管(第1世代)、トランジスタ(第2世代)、集積回路(第3世代)、そして、マイクロプロセッサ(第4世代)と発展してきました(**下図**)。かつては機械式計算機から出発して、電子計算機としての「パーソナル・コンピュータ」、「メインフレーム・コンピュータ(汎用コン、大型汎用計算機)」、そして、「スーパーコンピュータ(スパコン、超高速並列大型汎用計算機)」があります。計算には2進法の単位(ビット)を用いますが、「量子コンピュータ」では、量子力学での不確定性原理に基づく重ね合わせの法則をコンピュータの計算単位であるビット(量子ビット、キュビット)に適用して、並列計算に利用します。

要点BOX

- 量子とは不連続な物理量の最小単位
- 量子コンピュータは不確定性原理による重ね合わせの法則を利用

量子とは?

様々な物理現象における物理量の最小単位であり、
粒子と波の性質を併せ持った
最小単位の物質やエネルギー

物質

電子、ミュー粒子：最小単位としてのレプトン（軽粒子）

光子（光量子）：光を構成している最小単位

エネルギー

エネルギー量子：エネルギーの最小単位（$h\nu$）

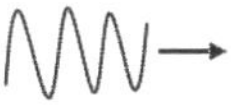

hはプランク定数、ν（ニュー）は振動数

物質とエネルギーとは等価です

コンピュータとは?

手順に従って複雑な計算を行う自動機械

古典コンピュータ

物理量は確定的
（ニュートン力学、電磁気学）
チューリングマシン
（情報科学）

機械式
↓
真空管式
↓
半導体式

トランジスタ
集積回路（IC）
マイクロプロセッサ

PC
汎コン
スパコン

量子コンピュータ

物理量は不確定
（不確定性の原理、量子力学）
量子チューリングマシン
（量子情報科学）

量子力学と計算科学との結合が、量子計算科学です

6 量子とコンピュータを結びつける?

ファインマンの夢

　現代社会ではパソコンの高性能化が驚異的に進展しています。パソコン内部の1枚のチップに組み込む半導体素子を小型化してチップを微細化する開発が進んでいます。チップの微細化を推し進めていくと、最終的に分子や原子レベルに到達し、限界に達してしまいます。それを乗り越える一つの方法が量子コンピュータです。

　量子コンピュータの概念は、マックス・プランクの量子の発見とアラン・チューリングによる計算機モデルの提案を基礎として、1980年代にベニオフ、ファインマン、ドイチュにより発展させられてきました（**上図**）。私たちの世界は古典力学で記述できます。古典コンピュータは古典力学での確定的な論理で計算されていますが、原子や分子のミクロの世界を表現するためには、量子力学の不確定性原理に従って計算することが最適であると考えられてきました。これは、米国の物理学者リチャード・ファインマンの夢であり、1982年の講演で提案されています。ファインマンの夢は、1959年の『最下層（ミクロ領域）には十分な空き（興味深いこと）がある』の題の講演にさかのぼります。その講演では、膨大な情報を取り扱うために、量子力学の法則でのエネルギー準位やスピンの法則を含めたナノテクノロジーの利用が示唆されていました。ファインマンは朝永振一郎とジュリアン・シュヴィンガーとともに1965年に量子力学での「くりこみ理論」でノーベル物理学賞を受けた著名な米国の物理学者です。

　ミクロな世界では、粒子と波の二重性があり、量子状態はいくつかの波の重ね合わせとして、確率的に表されます（**下図**）。ここでは、量子干渉（コリレーション）や量子もつれ（エンタングルメント）の現象が生じますが、量子状態を観測（デコリレーション）することで物理量が確定します。量子コンピュータでは、これらの現象が組み入れられ、計算に利用されています。

要点BOX

- ファインマンの量子コンピュータの提案
- ドイチュの量子コンピュータの理論化
- 量子の世界では物理量は確率的

量子とコンピュータの結合

1900年　量子の発見
エネルギー量子の発見
(マックス・プランク)

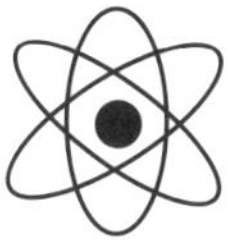

1936年　コンピュータのモデル化
自動計算機の数学モデルの提案
(アラン・チューリング)

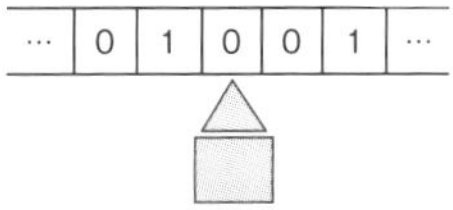

量子物理とコンピュータ科学の結合

1980年　量子を使ったチューリング・マシンの理論(ポール・ベニオフ)
1982年　量子コンピュータの提案(リチャード・ファインマン)
1985年　量子コンピュータの計算モデルの考案(ディヴィッド・ドイチュ)

ファインマンの夢

「自然をシミュレーションするには、
量子力学の原理のコンピュータを使うのが良い」

リチャード・ファインマン
米国物理学者
(1918年–1988年)

量子力学の原理

量子力学

- 物理量は確率的
- 重ね合わせ
- 量子もつれ(エンタングルメント)
- 量子干渉(コリレーション)
- 観測(デコリレーション)

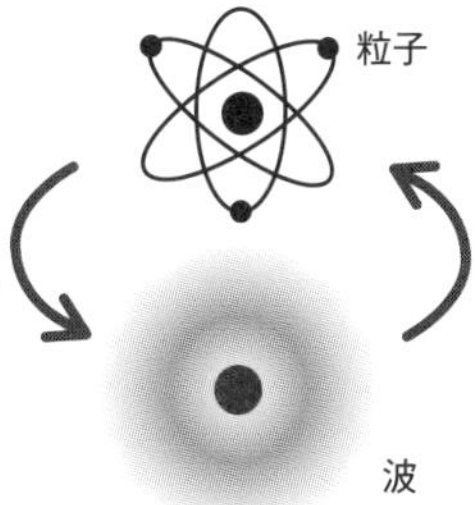

粒子と波の二重性

7 古典力学と量子力学との違いは?

確定と不確定性

マクロの世界は「古典論」で、ミクロの世界は「量子論」で表現できます。この境界はどこにあるのでしょうか?

私たちの通常の生活では、量子力学の「重ね合わせ状態」や「量子干渉効果」を体感することはありません。私たちの住むマクロな世界が、古典力学によって記述されているからです。

原子や原子核、電子の振る舞いは量子力学で表され、地上の物体の運動や太陽系の動きは相対論を含めた古典論で表されます。低分子構造では量子効果が表れますが、最近は観測技術の高度化により、炭素原子60個の高分子やそれ以上の高分子でも量子干渉効果が観測できるようになっています(**上図**)。

最小のミクロの世界は「超ひも理論」のプランク長で特徴づけられ、最大のマクロの世界は観測可能な宇宙の大きさに相当します。両者は量子論と一般相対論でつながっており、量子重力論で解明が試みられています。

マクロの世界の「古典物理学」では、長さや速度などの物理量は確定的であり、ニュートンの運動方程式やマックスウェルの電磁方程式が用いられます。エネルギーや質量の大きな場合には相対性理論が適用されます。

一方、ミクロの世界の「量子物理学」では、物理量は不確定であり、位置と運動量の積や、エネルギーと時間の積の最小値がディラク定数(作用量子)で規定されてしまいます(**下図**)。この量子状態を記述するには、状態ベクトルと演算子を用いた行列表示の式か、波の状態を表す波動関数を用いたシュレーディンガー方程式のいずれかが用いられます。

ニュートンやマックスウェルの古典物理学は、アインシュタインの相対性理論の登場により、大きく発展しました。同様に、量子物理学ではディラック方程式などにより、相対的量子力学へと発展してきています。

要点BOX

- **●分子以下で量子効果が観測可能**
- **●位置と運動量の積などの不確定性の条件は作用量子(ディラック定数)で規定**

ミクロとマクロの世界

ミクロの世界
量子論的振る舞い

マクロの世界
古典論的振る舞い

電子	原子核	原子核	分子	細胞	人	地球	太陽系	銀河系
10^{-18}m	10^{-14}m	10^{-10}m	10^{-9}m	10^{-5}m	1m	10^{7}m	10^{13}m	10^{21}m

↑
炭素原子60個で作られたサッカーボール状分子でも
量子干渉効果が確認されています。

古典物理と量子物理

古典物理　物理量は確定的

ニュートンの運動方程式
マックスウェルの電磁方程式
→ 相対性理論へ発展
（アインシュタイン方程式）

量子物理　不確定性の原理、粒子と波の二重性

極微の世界での運動の条件

位置の不確定性　Δx
運動量の不確定性　Δp
$\Delta x \, \Delta p > \hbar/2$(*)

または、

エネルギーの不確定性　ΔE
時間の不確定性　Δt
$\Delta E \Delta \, t > \hbar/2$(*)

（*）$\hbar$:ディラック定数（プランク定数hを2πで割った値）

行列表示（状態ベクトルと演算子）
波動関数（シュレーディンガー方程式）
→ 相対論的量子力学へ発展
（クライン=ゴードン方程式）
（ディラック方程式）

8 古典ビットと量子ビットとの違いは?

ビットからキュビットへ

人類は両手の指を使って物の個数を表し、いろいろな計算を10進法で行ってきています。そろばんや昔の機械式計算機械でも10進法が用いられてきましたが、真空管式や半導体式の電子コンピュータでは、スイッチのオンとオフを用い、数値の0と1、あるいは、論理の真と偽を対応させた2進法が使われています。

古典コンピュータでの計算の最小単位は「ビット(bit)」と呼ばれており、binary digit(2進法)、あるいはbinary unit(2値単位)を略した造語です。0または1のどちらかひとつずつを順番に処理します。

一方、量子コンピュータでは従来のビット(これを古典ビットと呼びます)に対して、「量子ビット(キュビット、qubit、quantum bit)」を単位として、量子力学での不確定性原理や波と粒子の2重性の原理に基づいて、0の状態と1の状態との重ね合わせを表すことができます(**上図**)。

1量子ビットでは0と1ですが、2量子ビットでは00、01、10、11の4つの状態を表すことができ、3ビットでは000から111までの8つの状態を表せます。一般に、nビットでは、2のn乗個だけ表すことができます。古典ビットでは、8ビットは1バイト(B)とよばれ、スマホのデータサイズ(容量)としてGB(ギガバイト、10億バイト)の単位が用いられています。

古典ビットでの計算では、0または1のカードを並べて、例えば3ビットでは8通りの数列が作れますが、コンピュータで同時に扱えるのは8通りのうちのどれか1通りだけです。一方、量子ビットの場合には、3キュビットの場合に8通りの情報を同時に扱うことができます。特にビット数が多くなると古典ビットと量子ビットの違いは決定的となります。50ビットの場合には、量子ビットでは1千兆通りの膨大な情報が同時に扱えることになります(**下図**)。ただし、出力できるのは50個のみです。

要点BOX

- 古典ビットは0または1
- 量子ビットは0と1との重ね合わせ
- 50量子ビットでは1千兆個以上の情報

古典ビットと量子ビット

従来のコンピュータ
（古典コンピュータ）

量子コンピュータ

単位はビット（bit）
「0」または「1」

単位は量子ビット（qubit）
「0」と「1」との重ね合わせ

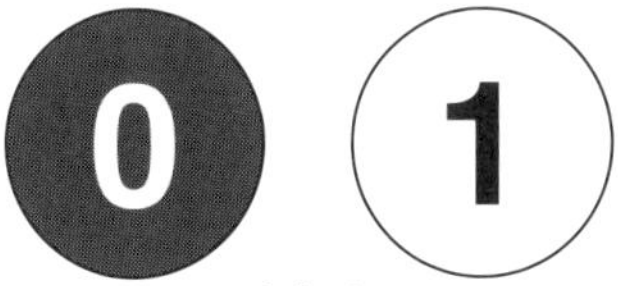

または

「0」または「1」のどちらかを
1つずつ順番に処理します。

「0」と「1」の重ね合わせを
全て同時に処理できます。

多ビットで同時に扱える情報

1古典ビットでは
「0」また「1」の1つの情報

1量子ビットでは
「0」と「1」の2つ

2古典ビットでは
「00」から「11」までの4つのうち
いずれかの1つの情報

2量子ビットでは
「00」から「11」までの4つ

3古典ビットでは
「000」から「111」までの8つのうち
いずれかの1つの情報

3量子ビットでは
「000」から「111」までの8つ

50古典ビットでも
「0」または「1」の50列のなかの
どれか1つの情報

50量子ビットでは
2^{50}（1千兆を超える）の情報を
同時に扱えます

9 古典コンピュータと量子コンピュータとの違いは?

古典と量子のチューリングマシン

1936年にイギリスの数学者アラン・チューリングが、計算を行う自動機械（オートマトン）の数学的なモデルを考案しました。最も単純化されたコンピュータの抽象的なモデルであり、「チューリングマシン（TM）」とよばれています（上図）。これは、本体、1本の紙テープ、読み書きヘッドの3つから構成されています。本体は複数の内部状態をとることができ、ヘッドを介して、テープから情報を読み取り、テープへ情報を書き込むことができます。テープは無限個のマス目に区切られており、各マス目にはテープ記号とよばれるあらかじめ決められた有限種類の記号情報のひとつが書きこまれます。またテープは1マスずつ前後に動かすことができます。

テープに計算用のデータのみならず、計算処理手順（プログラム）も記載して、テープを入れ替えることでいろいろな処理が可能となります。これは「万能チューリングマシン」と呼ばれ、これを具現化したコンピュータが現在の「ノイマン型コンピュータ」です。演算装置と制御装置、主記憶装置（メモリ）、入出力装置から構成されています（下図）。

実行されるプログラムがメモリ内部にデータとして格納されているプログラム内蔵方式であり、現在のほとんどがこのノイマン型です。万能チューリングマシンを作動できるプログラム言語は、「チューリング完全」と呼ばれています。

一方、チューリングマシンに量子力学の重ね合わせ原理（1と0が同時に存在する状態）を取り入れたのが「量子チューリングマシン（QTM）」です（上図）。基本的な構成は同じですが、通常のTMとの大きな違いは、QTMでは制御本体の単一プロセッサ上で任意の並列度の並列計算が行えるという点です。CPUに対して、QPU（量子処理ユニット）が並列計算を行うことになります。

要点BOX
- ●チューリングマシンは本体、テープ、ヘッド
- ●通常のパソコンはノイマン型コンピュータ
- ●量子制御本体（QPU）での並列計算

チューリングマシン（コンピュータの数学的モデル）

古典チューリングマシン(TM)(1936年)

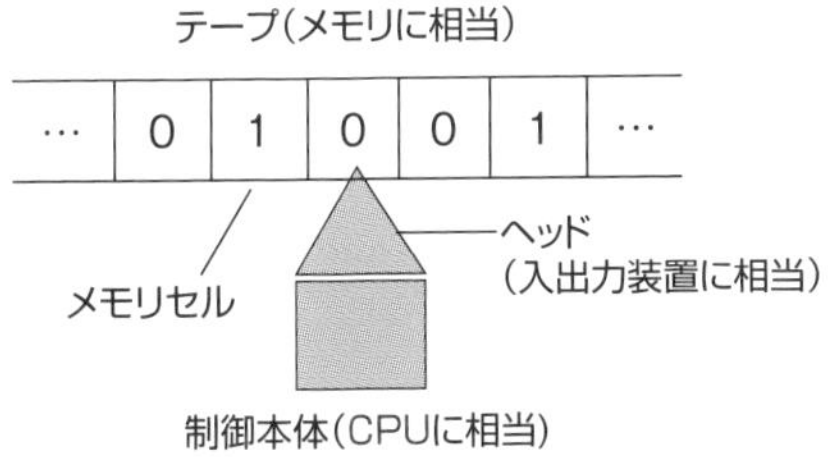

テープ上のメモリセルには0または1のデータにより数字の他にプログラムも記載されます。
ヘッドは1セル分だけ前後に移動可能で、ヘッドにより読み取り、書き出しします。
CPU（中央処理ユニット）で古典計算をします。

量子チューリングマシン(QTM)

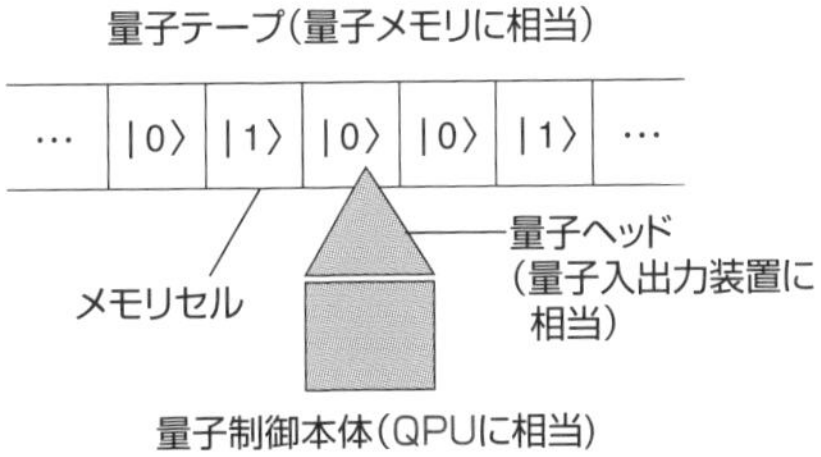

テープ上のメモリセルに記載される量子ビットは、入力と出力（観測）の古典ビットです。
QPU（量子処理ユニット）で量子重ね合わせの量子計算をします。

ノイマン型コンピュータ

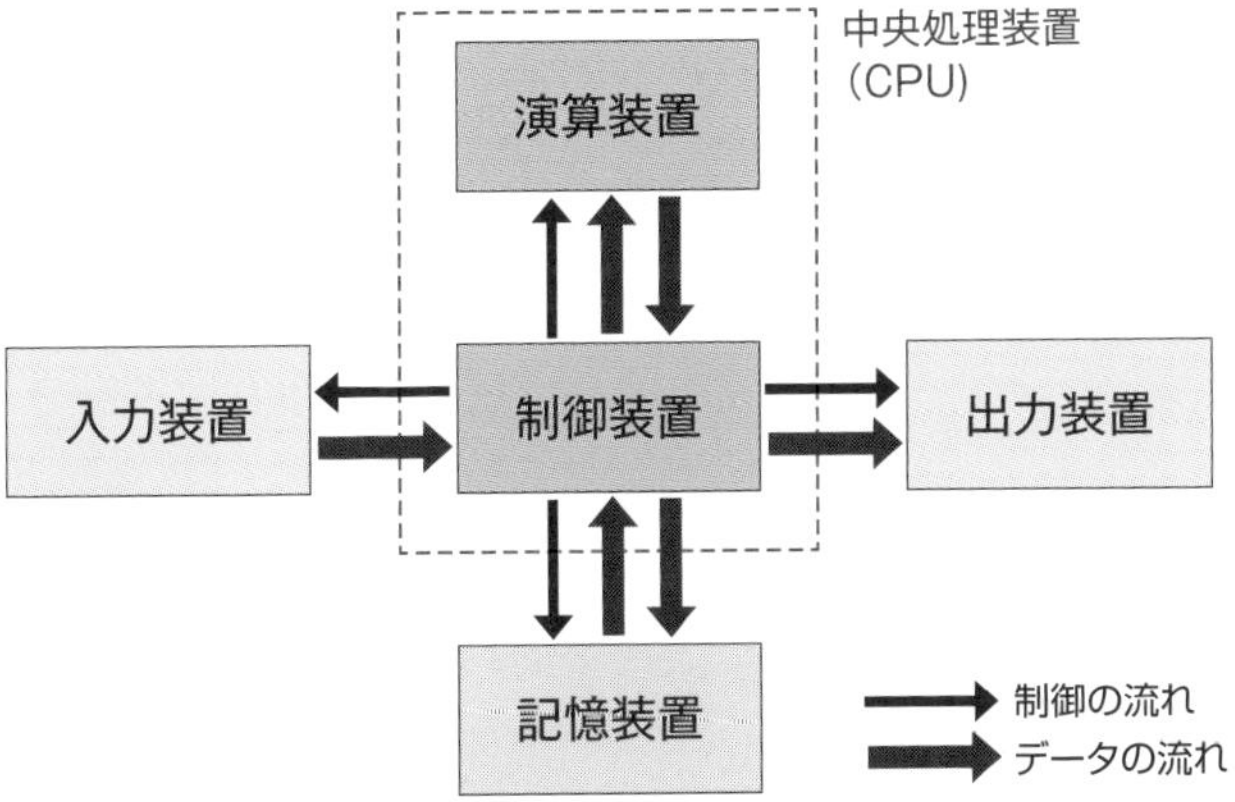

プログラムをデータとして記憶装置に格納し、これを順番に読み込んで実行するコンピュータです。

現代のコンピュータのほとんどがノイマン型です。

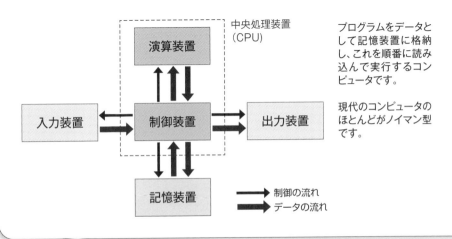

10 古典暗号と量子暗号との違いは？

計算量的安全性と情報理論的安全性

暗号というと探偵や戦争を思い浮かべて、私たちの日常生活には関係しないかのように思われがちですが、現代での様々な金融決済やプライバシー保護などのために、暗号技術が利用されています。特に、IoT（モノのインターネット）時代のインターネット通信や、キャッシュカードやクレジットカードなどで、暗号は不可欠な技術です。

古来、さまざまな暗号が用いられてきました（上図）。紀元前では、文字を別の文字に変える「換字暗号」や、文字の順番を変える「転置暗号」としてのシーザー暗号などが用いられてきました。現代では、共通鍵や公開鍵の方式が情報の保護のために用いられています。

暗号通信では、暗号鍵を用いて送りたい文章を暗号化し、暗号文として送ります。受信者は暗号文を復号してもとの文章にします。暗号化鍵と復号鍵が同じ場合が「共通鍵暗号」であり、鍵の送付途中に盗難にあって解読されない工夫が必要です。

一方、暗号化と復号の鍵が異なる場合が「公開鍵暗号」です。送信者は共通鍵を用いて通信文を暗号化し、受信者はあらかじめ持っている秘密鍵と公開鍵を用いて暗号文を伝言としての通信文に復号することができます。一般的に公開鍵を素因数分解すると原理的に秘密鍵が得られますが、現代のコンピュータでは実質的に時間がかかりすぎて不可能です（計算量的安全性）。しかし、将来、量子コンピュータにより秘密鍵が作られて、暗号文が解読されてしまう可能性があります。現在、古典暗号としての「格子暗号」などの耐量子コンピュータ暗号の開発も進められています（下図）。

原理的に解読されない量子暗号も開発が進められてきています（情報理論的安全性）。量子暗号には、公開鍵を量子通信路で送る「量子鍵配送（QKD）」があり、古典公開鍵の量子版としての「量子公開鍵暗号」も開発中です。

要点BOX
- 共通鍵暗号と公開鍵暗
- 古典鍵の量子転送と量子公開鍵の生成
- 古典暗号としての耐量子コンピュータの暗号

暗号の種類

- 歴史的暗号
  - 換字暗号（文字を別の文字に換える）　単一換字暗号
  - 転置暗号（文字の順番を変える）　シーザー暗号
- 古典暗号
  計算量的安全性
  - 共通鍵暗号
    - ストリーム暗号
    - ブロック暗号（ハッシュ暗号）
  - 公開鍵暗号
    - RSA暗号　（巨大な素数の積の素因数分解）
    - 楕円曲線暗号　（$y^2 = x^3 + ax + b$）
    - 格子暗号（耐量子コンピュータ暗号）
- 量子暗号
  情報理論的安全性
  - 量子鍵配送（QKD）（公開鍵の量子通信路伝送）
  - 量子公開鍵暗号（安全な量子鍵の生成）

暗号の解読と量子コンピュータ

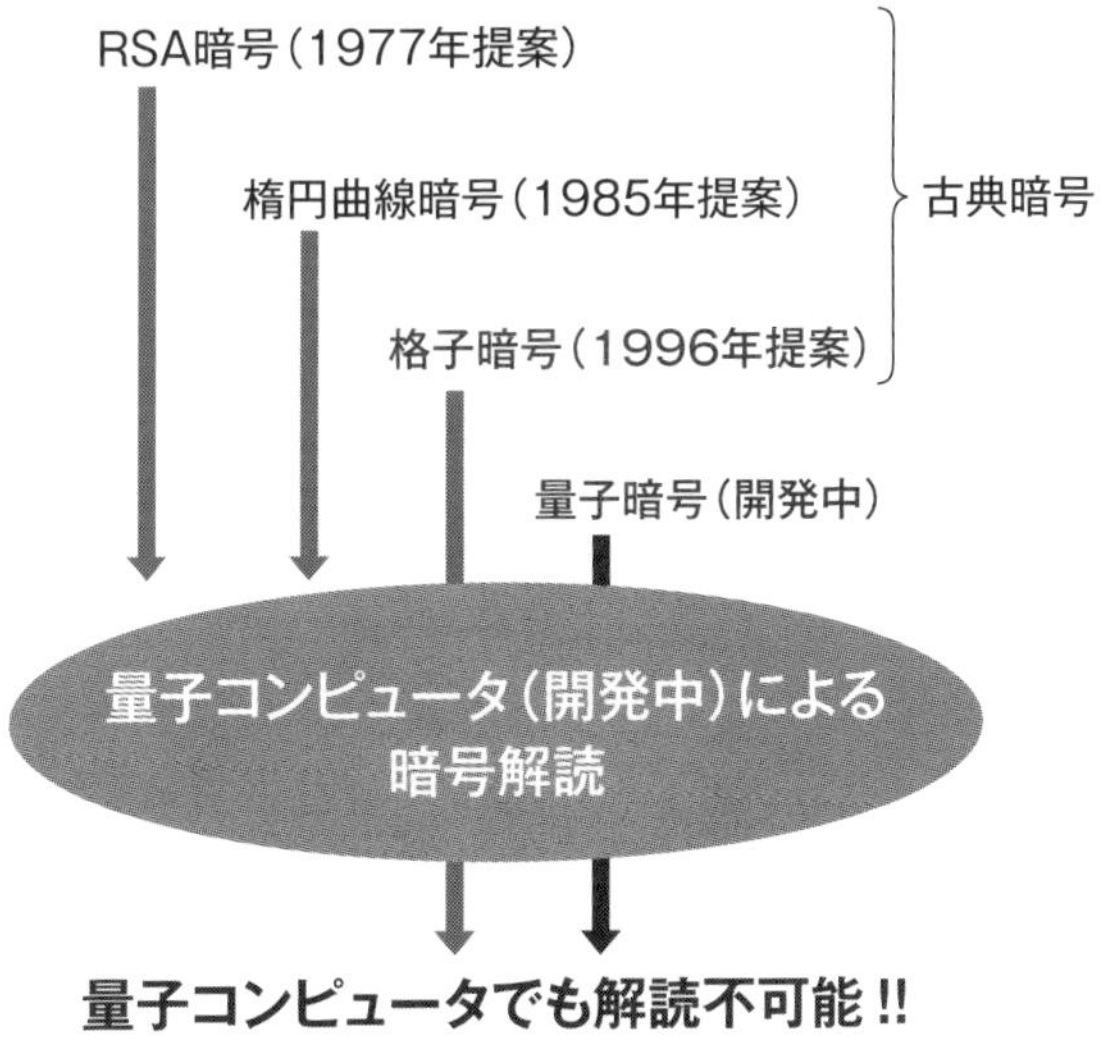

11 万能量子コンピュータとは?

完全な誤り訂正

さまざまなシステムではエラーが起こります。パソコンから汎コン(汎用コンピュータ)、そして、スパコンに至るまでの古典コンピュータでも、電子的な雑音などのためにかすかなエラーが生ずる可能性があります。これは計算の途中での確認が可能であり、自動修正がなされています。

一方、量子コンピュータでは、量子計算自体でのエラーを確認・修正する必要があります。重ね合わせの量子状態を「観測」しようとすると、状態が確定してしまい、量子状態そのものを確認することができません。また、不確定性の原理に基づく量子状態をコピーして、エラーを確認することもできません。量子コンピュータではエラー訂正の特別の計算アルゴリズム(計算手続き)が必要となります。

広い意味での量子コンピュータに分類されている「量子アニーリング方式」では現状でチップ当たりの量子ビット数は数千個ですが、エラー修正の方策は未確定です。一方、「量子ゲート方式」コンピュータでは、チップ当たりの量子ビット数は現状では百程度ですが、将来1万倍の百万量子ビットのチップの達成により、エラー訂正が可能となります。それが達成されて、初めて古典コンピュータにとって代われる狭義の量子コンピュータとしての「万能量子コンピュータ(UQC)」が得られることになります。その完成は、今から20〜30年先になると考えられています(左図)。

現状の量子コンピュータの開発状況は、古典コンピュータの初期の真空管方式の時代に相当します。高性能化、万能化への道のりはまだ遠く、それまでの途上で数百〜数千個ほどの量子ビットのNISQ(ニスク)と呼ばれる誤り訂正機能の不完全な「非万能量子コンピュータ」が活用されると考えられています。NISQには汎用性に限界がありますが、量子化学計算、材料工学や組み合わせ最適化問題などの限られた分野での応用が期待されています。

要点BOX

- 100万個ほどの量子ビットで、エラー修正機能がある万能量子コンピュータ(UQC)
- 数百〜数千個量子ビットのNISQ

広義と狭義の量子コンピュータ

古典コンピュータ

パーソナルコンピュータ（パソコン）
汎用コンピュータ（汎コン）
スーパーコンピュータ（スパコン）

量子コンピュータ（広義）

非古典コンピュータ（量子アニーラー）　量子効果を利用
非万能量子コンピュータ（NISQ）　量子超越性を実証（2019年）

万能量子コンピュータ（UQC）（狭義）　量子誤り訂正実証（2045年予想）

万能量子コンピュータの予想

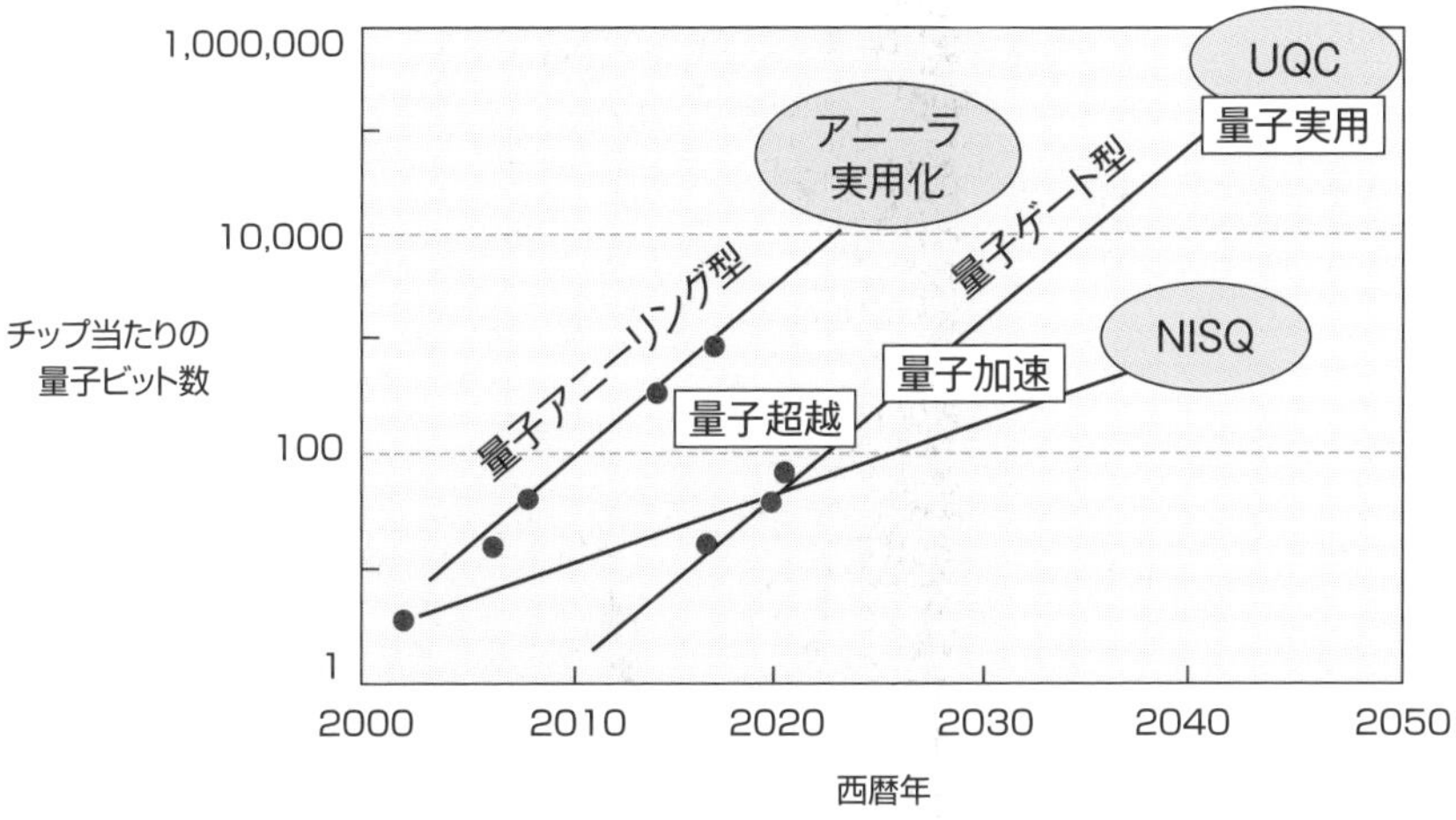

NISQ：Noisy Intermediate Scale Quantum
（ノイズあり中規模量子コンピュータ）
UQC：Universal Quantum Computer
（万能量子コンピュータ）

Column

世界最強の暗号に挑んだ天才数学者!

映画『イミテーション・ゲーム』(2014年)

この映画は、ドイツ軍の暗号「エニグマ」に挑んだ、天才数学者アラン・チューリング（1912−1954）の物語です。

幼いころ暗号解読に興味を持ったチューリングは、若き天才数学者として実績をあげ、ナチスドイツの暗号を解読する仕事に抜擢されます。暗号マシンに対しては、解読マシンで対抗して暗号解読を試みるも、資金不足、仲間割れもあり、悪戦苦闘の日々を重ねます。

映画の題名「イミテーション（ものまね）ゲーム」とは、マシンが知能を持つかどうかの判定問題としての「チューリング・テスト」を意味しています。人間とマシンに対しての質問と回答から、両者の区別ができないようであれば、マシンが「知能」をもつとみなす、という考えです。映画の中では、担当刑事に対して、暗示的に「私は人間か、マシンか？」と問う場面があります。暗号解読マシン「クリストファー」がカチッ・カチッと停止するシーンもあります。チューリングの「停止性問題」（マシンが有限時間で停止するかの判定は不可能）や「計算可能性」（計算可能と不可能との問題のクラス分け）を暗示しています。

歴史的な暗号には転置型と換字《かえじ》型があります[10]。エグニマは換字式の電気機械暗号であり、内蔵した暗号テーブルを順次切り替えていく「順変多表式暗号」です。第2次大戦中に連合軍により解読されましたが、それは作戦上極秘とされてきました。

エニグマの解読により、戦争終結は2年近く早められ、千4百万人以上の命が救われた、と考えられています。彼の基礎研究がチューリング・マシン[9]の提案となり、現在のノイマン型コンピュータ[9]が作られ、さらには、量子コンピュータへの道へと導かれたのは間違いありません。

暗号解読装置「クリストファー」の前に立つチューリング博士

『イミテーション・ゲーム／
エニグマと天才数学者の秘密』
原題：The Imitation Game
原作：アンドリュー・ホッジス
製作：2014年　米国
監督：モルテン・ティルドゥム
主演：ベネディクト・カンバーバッチ
配給：ギャガ

第3章

量子の原理をどう使うの？

12 量子論から量子コンピュータへの歩みは?

物理と数学からの量子コンピュータ

量子の考え方は、１９００年のドイツのマックス・プランクによる「エネルギー量子」の発見から始まります(**上段**)。ボーアやド・ブロイなど多くの物理学者により原子や電子のモデルが発展させられてきました。特に、波と粒子の二重性に関連して、ハイゼンベルクによる行列力学とシュレーディンガーによる波動力学が確立されてきました。

一方、フォン・ノイマンにより、量子力学の数学的基礎が論ぜられました(**中段**)。量子状態はベクトルで表されますが、そのベクトル空間を状態空間と呼びます。特に、内積が定義されている有限次元の状態空間(ユークリッド空間)を無限次元に拡張した空間「ヒルベルト空間」が用いられます。ヒルベルト空間上では、上記の行列運動方程式と波動方程式とが等価であることが明らかとなっています。

自動計算機の数学モデルの提案は、１９３６年に英国のアラン・チューリングによりなされました。チューリングは第二次世界大戦時にドイツの暗号機エグニマの暗号を解読したことでも有名です。実際の世界最初の電子式コンピュータは、１９４６年の米国のＥＮＩＡＣでした。

量子コンピュータに関しては、ランダウアーやベネットによる可逆計算の重要性の指摘の後、ポール・ベニオフが量子系においてエネルギーを消費せず計算が行えることを示しました(**下段**)。１９８２年には、リチャード・ファインマンが、この量子力学的な現象を用いて計算を行うことを提案しています。その具体的モデルとして、１９８５年に英国の理論物理学者デイヴィッド・ドイチュにより量子コンピュータが理論的に定式化されたのです。ドイチュはSFのような平行宇宙論の提唱でも有名です。その後、さまざまな量子アルゴリズムが提案されてきており、量子コンピュータがスパコンのパワーを超える量子超越の実証も２０１９年10月末に公表されています。

要点BOX

- プランクによるエネルギー量子の発見
- チューリングによる自動計算機の数学モデル
- ドイチュによる量子回路の考案

量子コンピュータ開発の歴史

量子力学の発見

1900年	マックス・プランク	熱放射の理論と「エネルギー量子」の発見
1913年	ニールス・ボーア	原子模型と「量子条件」
1921年	アルバート・アインシュタイン	光電効果の解明
1924年	ド・ブロイ	物質波の仮説(すべての物質は波の性質をもつ)
1925年	ヴェルナー・ハイゼンベルク	粒子的な量子像としての行列力学の運動方程式
1926年	エルヴィン・シュレーディンガー	波動的な量子像としての波動力学の方程式

↓

量子力学と計算機の数学的基礎

1927年	フォン・ノイマン	量子力学の数学的基礎 (ハイゼンベルグの行列運動方程式とシュレーディンガーの波動方程式とが等価であることを明確化)
1936年	アラン・チューリング	自動計算機の数学モデルの提案
1946年	世界最初の汎用電子式コンピュータENIACの完成	

↓

量子コンピュータの提案と進展

1961年	ロルフ・ランダウアー	非可逆計算ではエントロピーが増大する
1973年	チャールズ・ベネット	計算機で可逆計算は可能
1980年	ポール・ベニオフ	量子を使ったチューリング・マシンの理論
1982年	リチャード・ファイマン	量子の世界をシミュレーションする量子コンピュータを構想
1985年	デイヴィッド・ドイチュ	量子コンピュータの計算モデルを考案

↓

13 量子的重ね合わせとは？

0と1の基底ベクトルの和

量子ビットは、大きさと向きをもつ矢印（ベクトル）で表すことができます。大きさ（存在確率）を常に1にして、向きだけを考えます。量子ビットの状態は、量子力学での「重ね合わせの原理」により、0のベクトルと1のベクトルとの和で表されます。量子力学の慣例に従い記号Ψ（プサイ）を用いて量子状態をベクトル（状態ベクトル）で表します。互いに独立な0と1の単位ベクトル（基底ベクトル）を定義し、係数（確率振幅）を掛けてその和としてΨのベクトルを表します。高校で習ったベクトルは記号の上に矢印記号をつけますが、量子力学では、横方向のベクトルは「ブラ記号」で、縦方向ベクトルは「ケット記号」で表されます（一口メモ）。

状態ベクトルを図示する方法を2つ考えます。0をx軸、1をy軸にとり、量子状態をxy平面上に4分の1の円弧として描きます（図Ⓐ）。0か1か、あるいは重ね合わせ状態かは、x軸からの角度θ（シータ）により決まります。例えば、0と1との等分の重ね合わせの場合には、角度が45度（π／4）です。

第2の方法は、0と1とをスピンの向きに対応させて、0をz軸の+1に、1をz軸の-1に対応させて、半円で考える方法です（図Ⓑ）。0か1かの確率が同じ場合には、重ね合わせのベクトルはx軸になります。角度θはz軸から定義します。図Ⓐと異なりθの半分の値の三角関数で係数が定義されています。

0のベクトルと1のベクトルでは位相が異なる場合があり、重ね合わせを示すためには、虚数軸としてy軸を加えて3次元にします。これは次項で示す「ブロッホ球」に相当します。

量子ビットの「重ね合わせの原理」とは、情報の基本単位としてのビットが0の状態と1の状態との和で表されることであり、量子コンピュータの超高速で超並列の演算を可能とする基本原理なのです。

要点BOX

●状態の重ね合わせを2つの基底ベクトルを用いて表示
●量子状態を表示する縦ベクトルのケット記号

量子ビットの重ね合わせの記述

量子状態と基底ベクトル

$|\psi\rangle = a|0\rangle + b|1\rangle$

a、bは複素数

ケット記号：縦ベクトルの表示と成分

$|0\rangle = \begin{bmatrix} 1 \\ 0 \end{bmatrix}$、$|1\rangle = \begin{bmatrix} 0 \\ 1 \end{bmatrix}$

一口メモ

ブラ記号：横ベクトルの表示と成分

$\langle 0| = [1\ 0]$

$\langle 1| = [0\ 1]$

$\langle\psi| = a^*\langle 0| + b^*\langle 1|$

a^*、b^*は共役複素数（虚部の正負を逆にした数）

内積は　$\langle 0|0\rangle = \langle 1|1\rangle = 1$、$\langle 0|1\rangle = \langle 1|0\rangle = 0$

絶対値は規格化 $\||\psi\rangle\|^2 = \langle\psi|\psi\rangle = aa^* + bb^* = 1$

（A）x-y平面での表現　（独立な直交ベクトルの2次元表示）

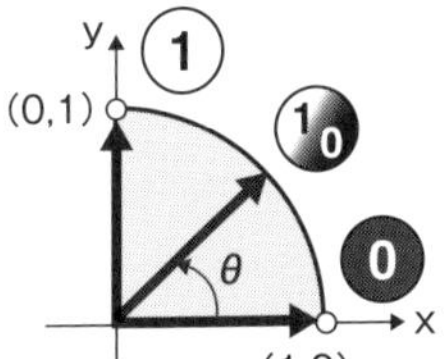

$a = \cos\theta$

$b = \sin\theta$

$0 \leqq \theta \leqq \dfrac{\pi}{2}$

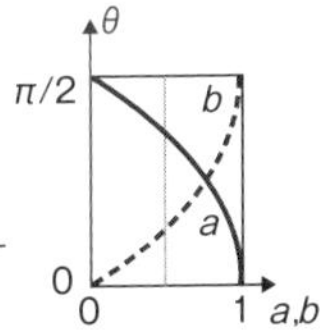

大きさとしての絶対値が1なので、
円弧上のベクトルとなります。

（B）z軸を基準とした表現　（独立な上下スピンの表示）→ ブロッホ球

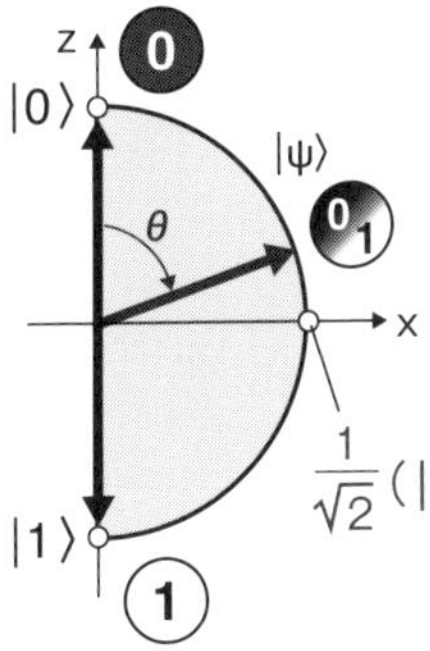

$\dfrac{1}{\sqrt{2}}(|0\rangle + |1\rangle)$

$a = \cos\dfrac{\theta}{2}$

$b = \sin\dfrac{\theta}{2}$

$0 \leqq \theta \leqq \pi$

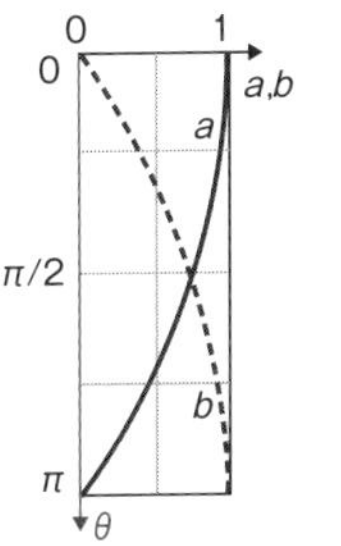

θの方向は(A)とは逆で、(A)の値の2倍です。
虚数としてのy軸をも導入して、位相の違いを
含めれば3次元のブロッホ球の表示となります。

14 量子ビットとブロッホ球とは？

　量子力学の波と粒子の不確定性を記述するのに、行列方程式か波動方程式が利用されます。歴史的には、ボーアにより波により存在確率が明らかにされ、ハイゼンベルグにより不確定性原理と行列力学が提起され、シュレーディンガーにより波動方程式が確立されました。そして、ディラクにより行列と波動の方程式の統一がなされました。

　量子力学の原理をコンピュータで利用するには、「波動関数」の積分表示よりも、「状態ベクトル」の行列表示の方が適しています。量子状態の重ね合わせを示す表記法として「ブロッホ球」が用いられます（**上図**）。スイスの物理学者フェリックス・ブロッホにちなんで名づけられた図です。

　初歩的な数学として、ベクトルの複素数表示を考え、0と1との状態をベクトル（基底ベクトル）で表します。0と1との2つの量子状態の重ね合わせは、aとbの「確率振幅」を用いた2つのベクトルの和としてのベクトル（状態ベクトル）を考えます。aとbとは、振幅と位相（偏角）を考慮すればよいことになります。この重ね合わせ状態$|\psi\rangle$を観測した時、0という結果が出る確率（出現確率、観測確率）はaの絶対値の2乗であり、1という結果が出る確率はbの絶対値の2乗です。重ね合わせ状態となる確率は、その和であり1です。

　計算の単位としての「量子ビット（キュビット）」には典型的に3つの状態があります（**下図**）。0の状態、1の状態、そして、2つの重ね合わせの状態です。ブロッホ球面上では、状態ベクトルは、おのおの上向き、下向き、そして図示されたようなθ（シータ）とϕ（ファイ）の角度で表されたベクトルです。

　状態ベクトルの時間変化はシュレーディンガー方程式で表され、状態ベクトルはブロッホ球面上を動きます。その量子状態は、観測することにより、古典的な0または1に確定されることになります。

要点BOX

- ●状態ベクトルは不確定な量子状態を表す
- ●縦ベクトルはケット記号で表記
- ●ブロッホ球は量子状態の重ね合わせを示す

ブロッホ球と重ね合わせ

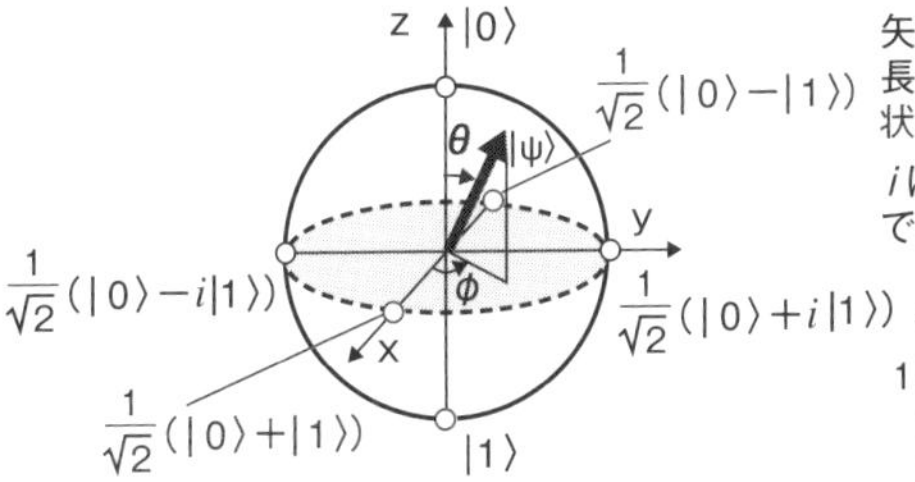

矢印(ブロッホベクトル)は長さ1の複素ベクトルであり状態ベクトルと呼ばれます。

iは複素数の虚数部の単位です。

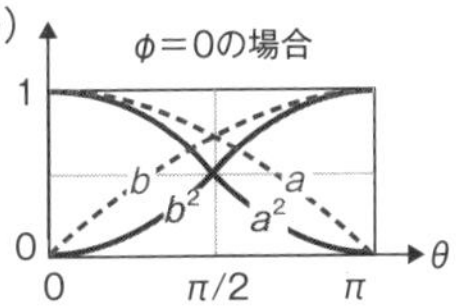

量子的な状態の重ね合わせ
量子ビット(qubit)の状態ベクトル

$|\psi\rangle = a|0\rangle + b|1\rangle$

a、bは確率振幅と呼ばれ、複素数で表されます。

$|a|^2$、$|b|^2$は
存在(観測)確率であり、
実数です。

規格化 $|a|^2 + |b|^2 = 1$

0という結果が出る確率は$|a|^2$で、
1という結果が出る確率は$|b|^2$です。

量子ビットの3つの状態

0 0の状態$|\psi\rangle = |0\rangle$
ブロッホ球の上の極(S極)

1 1の状態$|\psi\rangle = |1\rangle$
ブロッホ球の下の極(N極)

0 1 量子的な重ね合わせ状態$|\psi\rangle = a|0\rangle + b|1\rangle$
上図の矢印の先端

15 2種のスピンや偏光を利用する?

シュテルン=ゲルラッハの実験

ドイツ生まれのオットー・シュテルンとヴァルター・ゲルラッハは、加熱して蒸発させた銀の粒子をビームとして磁場中を通すと、ビームが2点に分かれることを、1922年に実験的示しました（上図）。これにより、電子自身には、磁石の様にN極とS極を持つスピンがあることが明らかとなりました。古典力学では、ビームが分かれる理由を説明できません。電子自身の単純な回転では、相対性理論を超える超高速で回転しなければスピンの生成は不可能だからです。電子には2種類の量子論的なスピン（磁気モーメント）があり、それが磁性体の磁力の主な源となっています。原子核にもスピンがありますが、磁性体の磁界生成への寄与は電子スピンに比べて無視できます。

この電子による量子スピンが量子計算機での量子ビットとして利用されています。電子のスピンの他に、光の偏光、エネルギーの準位など、いろいろな量子物理現象が量子ビットとして検討・利用されてきています。

上向きの電子スピンと下向きの電子スピンとで「0」と「1」のビットを表現する事ができます（下図）。電子は負の電荷を持っているので、電子の回転と逆の方向に電流が流れていると考え、スピンの「回転軸方向」が磁石のS極になります。地球の磁場の生成も地球内部の電流により磁場が生成されていますが、地球の北極には等価的な大規模な磁石のS極が存在することになります。電子スピンの場合には、実際に古典的な回転運動として磁気スピンが生成されているわけではありません。

この電子の2つのスピンの状態を縦棒「|」とケット記「〉」とで囲んで表します。スピンの上向きを0、下向きを1と定義して、ブロッホ球の状態ベクトルの基底ベクトルに対応させています。この2つの基底ベクトルに係数をかけて、量子重なり状態の状態ベクトルが定義されています。

要点BOX
- ●原子や電子に磁性があることを実証
- ●電子スピンに対応する量子ビット
- ●ケット記号による0と1の基底ベクトル

シュテルン=ゲルラッハの実験

原子や電子に磁性があることを実証（1922年）

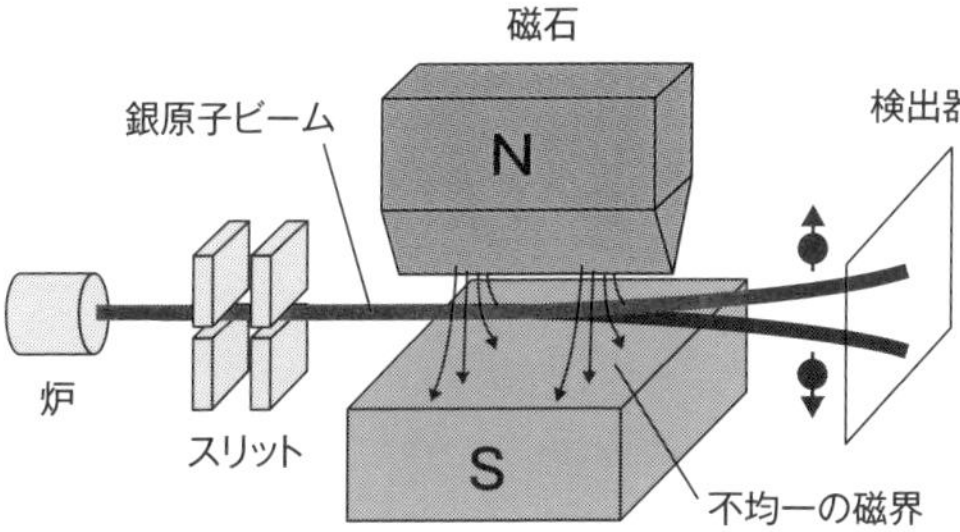

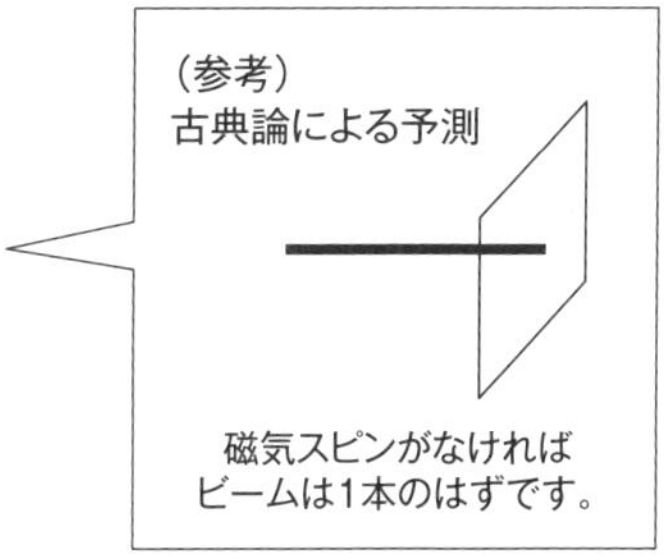

一口メモ

電子は量子論的な磁気スピンを持ち、その磁気モーメント（磁気能率）の集まりで、マクロな磁石の磁気が作られています。この電子1個の磁気スピンが、量子コンピュータで用いられます。

電子磁気モーメント $\mu = 2(-e/m)S$

スピン角運動量　$S = \hbar/2$

e は電子の電荷 、m は電子の質量、
$\hbar$ はディラク定数（換算プランク定数）

電子スピンによる量子ビット

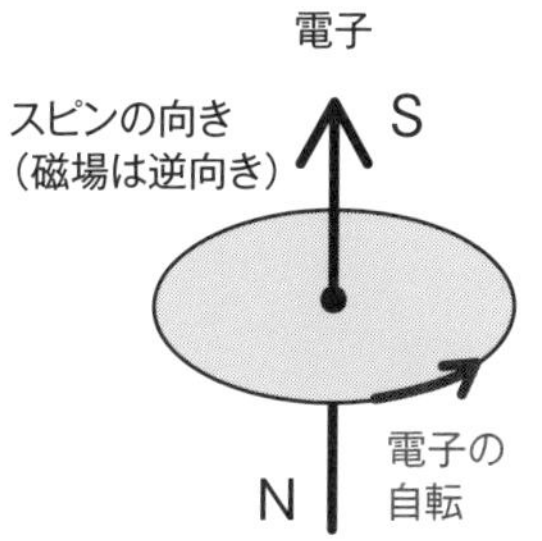

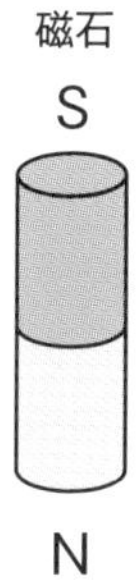

$$|\uparrow\rangle = |0\rangle$$

$$|\downarrow\rangle = |1\rangle$$

電子は負の電荷を持ち
スピンの「回転軸方向」が
磁石のS極になります。

縦棒｜とケット記号〉で囲って、
電子のスピンの量子状態を表します。
ブロッホ球の状態ベクトルの向きに
対応しています。

16 シュレーディンガーの猫がコンピュータになる?

観測とデコヒーレンス

量子力学で摩訶不思議な現象として「観測」の問題があります。例えば、電子は不確定性の原理により量子的な複数の状態が共存していて、確定した物理量を定義できません。観測により波としての広がりの収縮がおこり、粒子としての物理量が確定します。これは、ボーアを中心とするコペンハーゲン学派による標準的な解釈（コペンハーゲン解釈）です。

人間が認識しない限り物理量が決まらないという考えは、一般に受け入れがたいと思われます。1935年に、猫が死んでいる状態と生きている状態が共存している不思議な状態がありえるのか?という思考実験（シュレーディンガーの猫）が提起されました。放射線源からの放射線をカウントしてハンマーを動かして毒ガスの瓶を割る装置が、箱の中にあったとします。ここに猫を閉じ込め、半減期だけ時間が経つと、量子力学的には放射線が放出される確率が50%であり、放射線崩壊が起きている状態と起きていない状態との重なり合った状態となります（**上図**）。これを猫の生死に結びつけると、猫が半死半生の重なり合った状態と考えられます。

原子核の周りをまわる電子の不確定な動きも、観測によりシュレーディンガーの波動関数が収束して、電子の運動が確定します（**上図下段**）。これは「波束の収縮」「量子ジャンプ」などと呼ばれています。

波が干渉しやすい性質（コヒーレンス）が失われてしまうことをデコヒーレンスと呼ばれますが、マクロな物質との接触（環境との相互作用）により、重ね合わせの状態から確定した状態が得られると考えるのが「デコヒーレンス理論」です。観測の問題に関連して、量子論的に多世界に枝分かれしていくという「多世界解釈」もあります。

重ね合わせ状態と観測との問題は、錯視の問題に類似する点があります（**下図**）。2つの重なり合った状態があり、観測により片方が明確化されます。

要点BOX

- ミクロとマクロの世界の関係の奇妙さ
- コペンハーゲン解釈、デコヒーレンス理論、多世界解釈など

シュレーディンガーの猫（1935年）

ミクロな量子力学の不思議さが、マクロな現実世界に
関連づけられる奇妙さを指摘したものです。

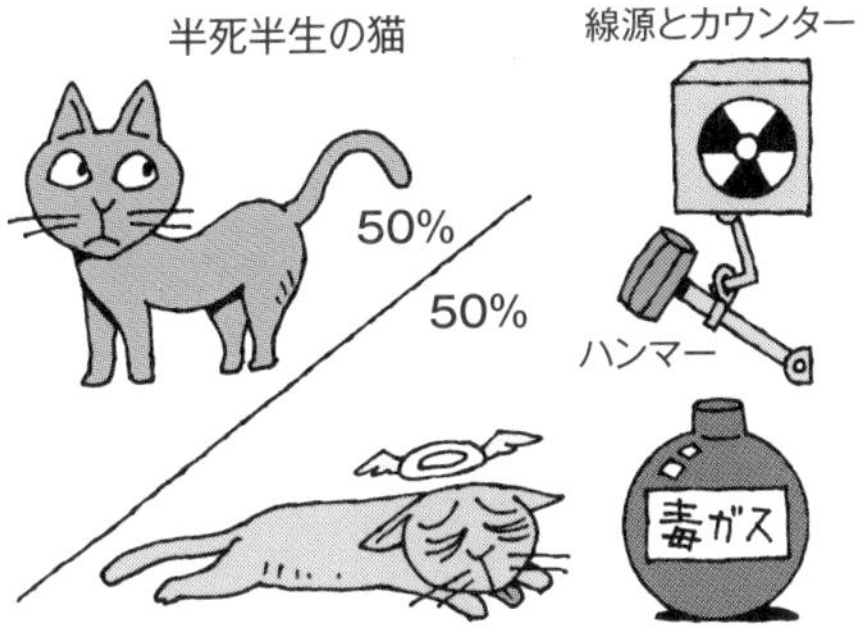

線源からの放射線によりハンマーが動き毒ガスが充満して箱の中の猫が死んでしまう装置があります。
半減期経った場合に、猫は半死半生の状態と言えます。観測により明確化されます。

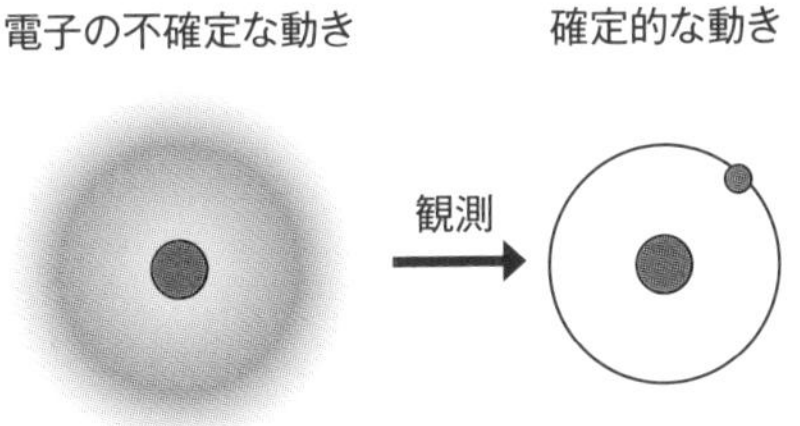

シュレーディンガー方程式により波動関数として連続的に変化します。
観測すると波動関数が不連続に変化し、電子の動きは確定します。

波動関数の収縮、波束の収縮、
射影、量子ジャンプ

観測の問題の錯視アナロジー

2つの状態があります。
どちらかを意識すると他方は見えません。

ネッカーの立方体

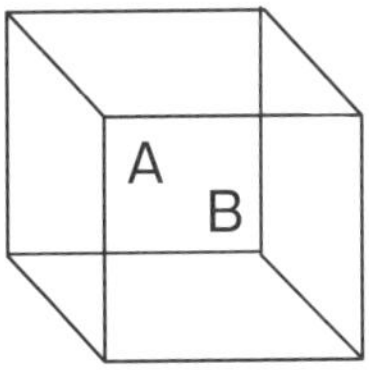

AとBのどちらが
手前に見えますか？

ルビンの壺

何に見えますか？
2人の顔に見えたり、
壺に見えたりします。

17 アインシュタインも認めなかった量子もつれを利用する！

EPR相関

量子力学で奇妙な現象として、1個の粒子は波の性質をも併せ持つという「不確定性の原理」があります。これを量子ビットで表現できます。2個以上の粒子の間の関係にも普通では考えられない奇妙な現象があります。

例えば、一つの粒子が1対の電子（スピンがプラスとマイナス）を持っているとします（上図）。片方を地球に、他方を遠くの銀河に分けて移動させたときに、スピンの向きとしてどちらがどちらとなるかは、不確定性原理から同定できません。地球で電子のスピンの状態を測定した瞬間に、遠くの銀河での電子のスピンが判明します。遠く離れてもお互いに量子情報に相関があり、もつれ合っているので、これを「量子もつれ（量子エンタングルメント）」と呼びます。これは情報が瞬時に（超光速で）伝達されることを意味し、相対性理論の確定的な局所実在論に反するとして、アインシュタインはこの現象を「不気味な遠隔操作」として認めませんでした。

量子もつれとは量子情報を瞬間移動させることであり、相対性理論を含めた決定論的な古典論と、事象が確率論的に定まるとする量子論と、の基本原理の違いに関連しており、「EPR（アインシュタイン＝ポドルスキー＝ローゼン）相関」とも呼ばれています。本当は粒子のスピンの向きは決まっているが、観測者がそれを知らないだけではないかとの「隠れた変数」理論も提起されました。この問題は1964年の「ベルの不等式」の提案と1982年のアスペの実験により、最終的に量子論の正しさが証明されました。現在この技術は、量子暗号や量子コンピュータに利用されています。

量子コンピュータでは、2つのビットにもつれがある場合は「ベル状態32」と呼ばれます。3量子ビットの場合には、「GHZ状態」や「W状態」として定義されています（下図）。

要点BOX

- 量子もつれにより情報が瞬時に伝わる
- 量子もつれをコンピュータや暗号に利用
- 量子テレポーテーションにより量子状態転送

量子もつれ

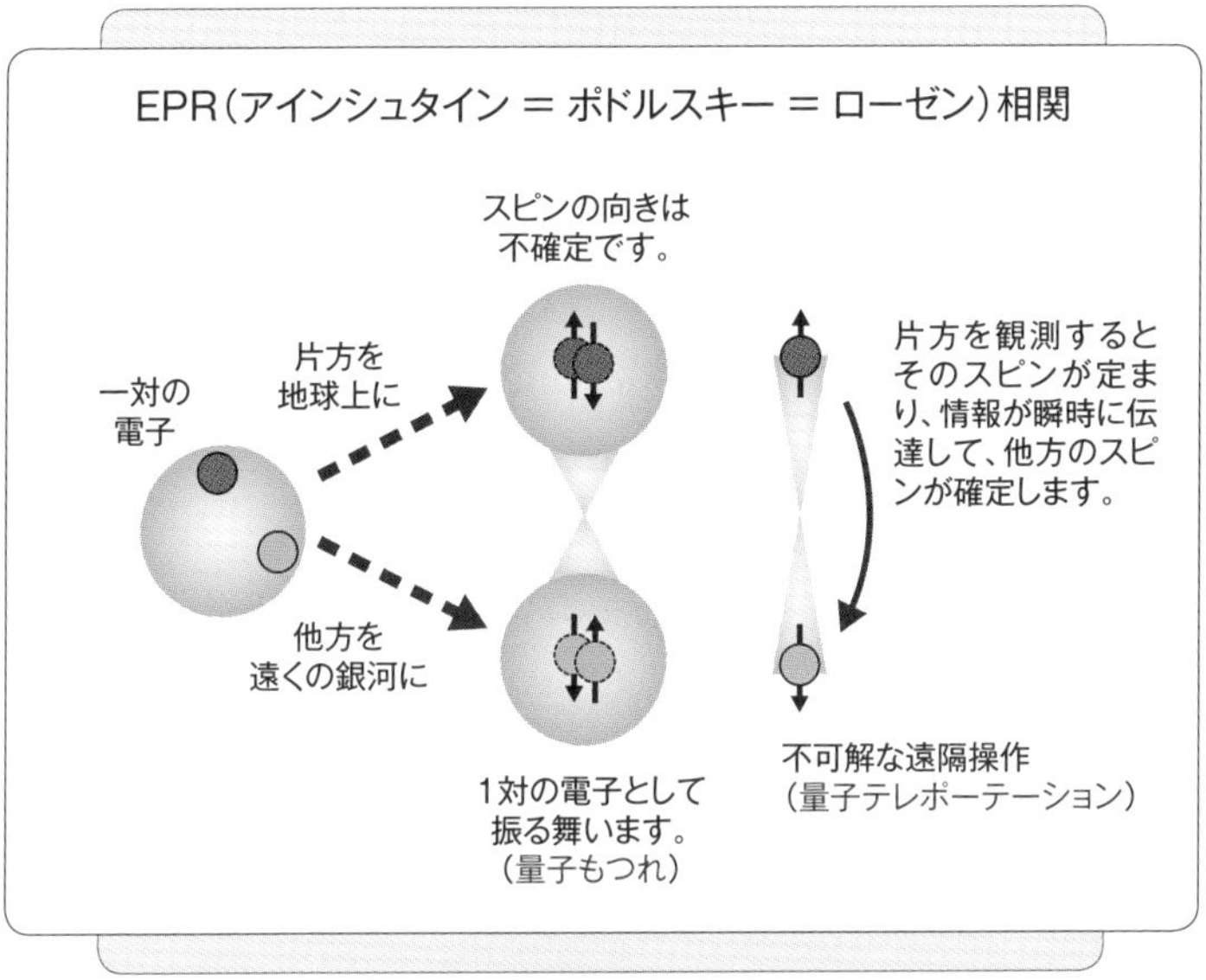

エンタングルメントの状態

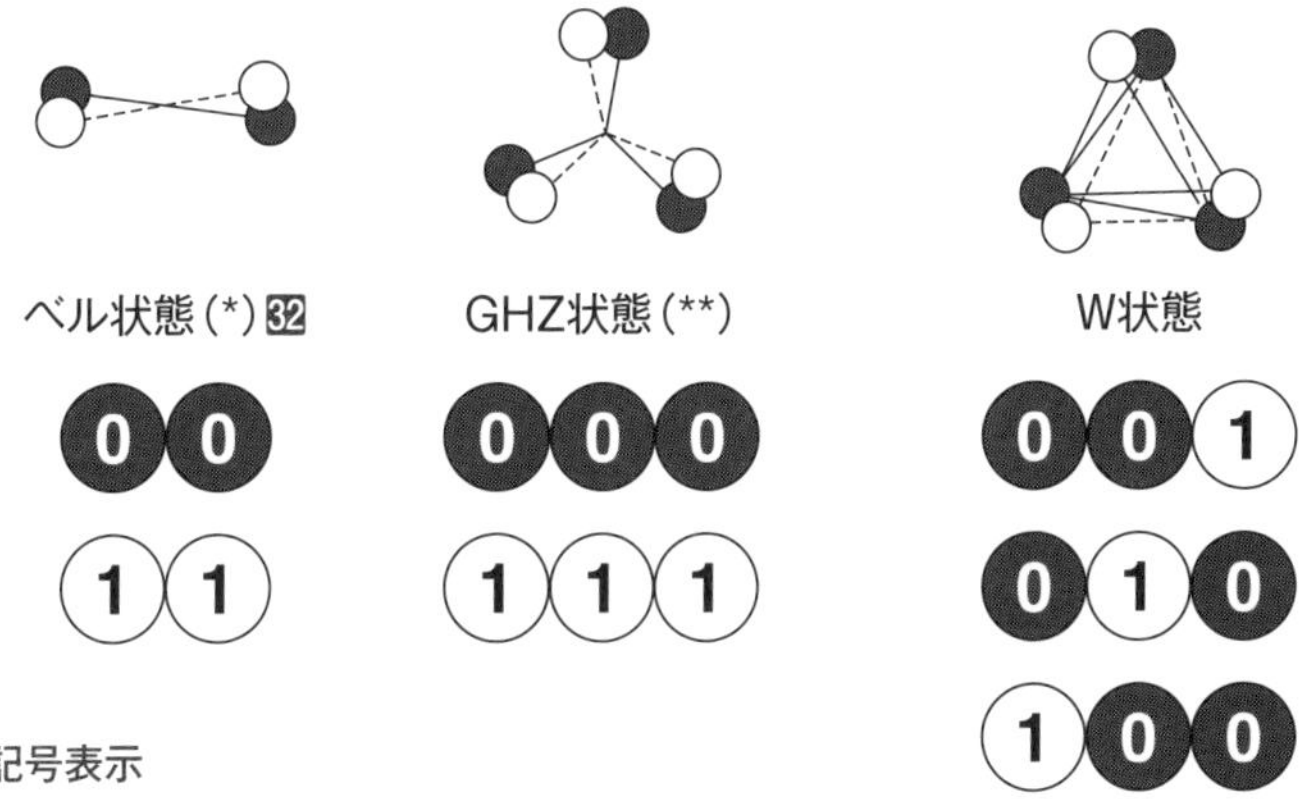

ケット記号表示

$\frac{1}{\sqrt{2}}(|00\rangle + |11\rangle)$　$\frac{1}{\sqrt{2}}(|000\rangle + |111\rangle)$　$\frac{1}{\sqrt{3}}(|001\rangle + |010\rangle + |100\rangle)$

(*) ベル：英国の物理学者ジョン・スチュアート・ベル(1928年〜1990年)
(**)GHZ：グリーンバーガー(米)、ホーン(米)、ツァイリンガー(オーストリア)の3名

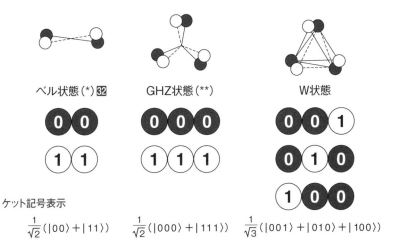

Column

量子テクノロジーによる時空間転送装置!

映画『タイムライン』(2003年)

物語は、ニューメキシコの砂漠で瀕死の男が見つかり、人体細胞が断層のようにずれていることが判明することから始まります。同時に、南フランスの修道院遺跡で14世紀の地層から現代のメガネレンズと助けを求めるメッセージが発掘されます。実は、巨大企業ITC社が最新の量子コンピュータを使った「時空間転送装置(3Dファックスマシン)」を完成させていたのです。このマシンにより、ワームホールを通じて現代と特定の時空がつながっていたとしています。そこは英仏百年戦争の真っただ中であり、7人のメンバーが、行方不明の教授の救出のために14世紀へと旅立つのです。

物語の原作者は『ジュラシック・パーク』で有名なマイケル・クライトンです。

人体や物体を構成する物質を分子レベルまで分解し、その情報を瞬時に転送して再構成する方法が、いわゆる「テレポーテーション」です。SF映画『スタートレック』などで想定されている方法です。遺伝子やたんぱく質の複雑な働きを分析するのに量子コンピュータが使われたとしています。映画で述べている「テレポーテーション」は、量子物理学で語られる「量子テレポーテーション17」と異なり、あくまでも空想の産物です。複写を繰り返すと臓器・血管・骨格が断層のようにずれた複製が生じてしまうという「転写エラー」のアイデアも取り入れられています。

映画のキャッチコピーのひとつは「その愛と勇気が歴史を変える」です。世界が分岐するという多世界解釈などは、量子アルゴリズムの生みの親デイヴィッド・ドイチュ12も提唱していた平行宇宙論にもつながっています。

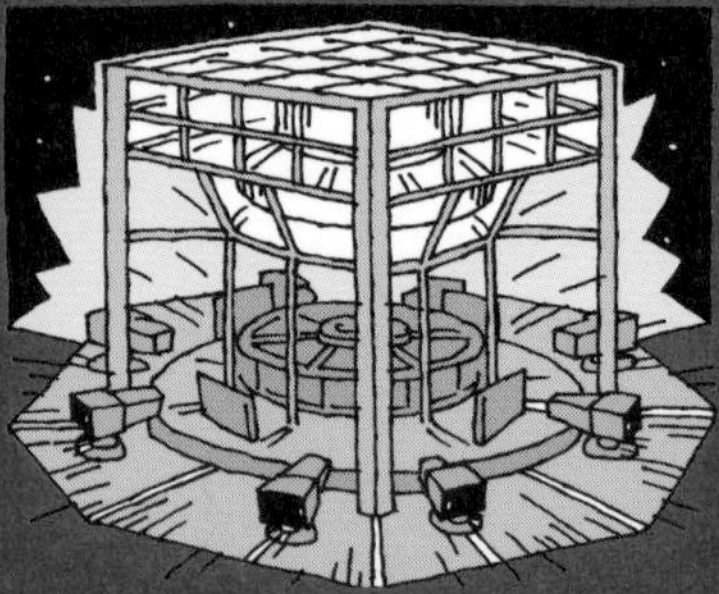

量子コンピュータを使った時空間転送装置
"3Dファックスマシン"

『タイムライン』
原題:Timeline
原作:マイケル・クライトン(1999年)
製作:2003年 アメリカ
監督:リチャード・ドナー
主演:ポール・ウォーカー、フランセス・オコナー
配給:ギャガ・ヒューマックス

第4章

量子コンピュータの種類は？

18 量子コンピュータはいろいろ?

量子ゲート型と量子イジング型

電子コンピュータはいろいろな観点から分類できます（**上図**）。一般的なデジタル型コンピュータに対して、超高速の実時間フィードバック制御にはアナログ型がよく利用されています。

現在のコンピュータは、デジタルデータのなかにプログラムを内蔵させ、CPU（中央演算処理装置）、メモリ（記憶装置）、入力装置、出力装置での構成（アーキテクチャー）の「ノイマン型コンピュータ9」です。一方、ニューロ・コンピュータのような非ノイマン型コンピュータも利用されてきています。

従来型のコンピュータ（古典コンピュータ）に対して、ミクロな自然現象のメカニズムを応用した非古典コンピュータとして、量子コンピュータや、DNA（デオキシリボ核酸）コンピュータ、分子コンピュータなどがあり、基礎的な研究開発が進められています。

量子コンピュータは、「量子ゲート型」と「量子イジング型」とに大別できます（**下図**）。狭義の量子コンピュータは量子ゲート型であり、従来のコンピュータの古典ゲートの代わりに、量子ビットを入出力とした量子ゲートを用いて超並列の計算を行います。様々なプログラム計算が可能な万能型量子計算機をめざしています。

一方、量子イジング型コンピュータでは、磁性体を構成する原子のスピンの組み合わせを表す統計力学でのイジングモデルを基礎としており、量子ゆらぎを利用して組み合わせ最適化問題に特化した計算が可能です。この量子イジング型コンピュータには、量子アニーリング（量子焼きなまし）方式と、レーザ光を利用した量子ニューラルネット（量子神経回路網）方式があります。

量子現象を実際に利用するのではなく、古典デジタル回路でソフト的に模擬（シミュレーション）するシミュレーティッド・アニーリング方式のコンピュータも開発されてきています。

要点BOX

- ●量子コンピュータは非ノイマン型
- ●万能計算用のゲート型と組み合わせ最適問題に特化したイジング型

コンピュータの分類

デジタル型 ⟷ **アナログ型**

デジタル型：通常のコンピュータ

アナログ型：高速帰還制御コンピュータ、など

ノイマン型 ⟷ **非ノイマン型**

ノイマン型：デジタルデータとして
プログラムを内蔵

非ノイマン型：ニューロ・コンピュータ、
量子コンピュータ、など

古典コンピュータ ⟷ **非古典コンピュータ**

古典コンピュータ：従来型コンピュータ

非古典コンピュータ：量子コンピュータ、
DNAコンピュータ、
分子コンピュータ、など

量子コンピュータの分類

量子ゲート型

古典ゲートの代わりに量子ゲートを用いて
高速な並列処理計算ができる万能型コンピュータ

（狭義の量子コンピュータ）

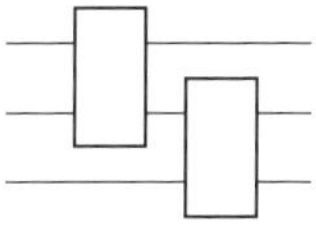

量子イジング型

統計力学のイジングモデルを用いて
組み合わせ最適化問題に特化したコンピュータ

（広義の量子コンピュータに含まれます）

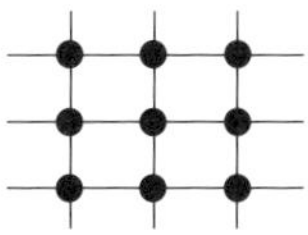

- **量子アニーリング方式**

  アニーリング（焼きなまし）法を量子回路として組み込み

- **量子ニューラルネット方式**

  ニューラルネット（神経回路網）を量子回路として組み込み

- **シミュレーティッド・アニーリング方式**

  アニーリング法を古典回路で模擬
  （広義の量子コンピュータには含めない場合が一般的です）

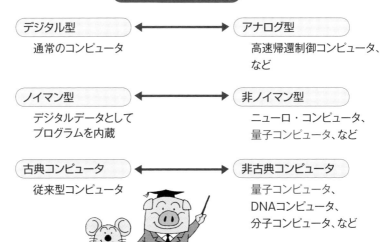

19 量子ゲート型コンピュータとは?

汎用量子コンピュータ

パソコンを含めて通常の計算機はゲート(古典ゲート)型コンピュータです。これと同じように動く汎用の量子コンピュータを目標として開発されているのが、量子ゲート型コンピュータです(上図)。

量子ゲート式コンピュータの動作原理は、量子力学でのシュレーディンガー方程式を基礎としています。量子状態の時間発展を計算機のビットの変化に対応させて、ユニタリ変換(ビットの状態を示すベクトルの大きさが常に1であり、長さを変化させない変換)を行うことで計算機のキュビットを変化させます。現状で扱える量子ビットはおよそ百個であり、実用化のためには現状の数百倍から1万倍のビット数が必要です。理論上は汎用計算機用として利用可能なアルゴリズムが存在することはわかっており、ビット数を増大させ計算ノイズを低減化させる技術の更なる開発に期待が高まっています。

「ゲート」とは門の意味であり、情報の最小単位としての「ビット」が門をくぐることで時間的に変化していきます。古典コンピュータでは0と1のビットですが、量子コンピュータでは0と1との重ね合わせでできている量子ビット(キュビット)がゲートの入出力です(中図)。量子ビットをいくつかの量子ゲートに通す論理回路は、「量子ゲート回路」とよばれます。回路は問題を解くための手順(アルゴリズム)に従って論理構築がなされ、計算機への命令の言語(プログラミング言語)により書かれます。Java、C++、Fortranなどの言語が相当します。量子アルゴリズムを表現するための量子プログラミング言語として、Q#、QCL、Python(パイソン)などが使われています。

量子ゲート型コンピュータのゲート回路のイメージを下図に示しました。入力ビットからアダマールゲート(H)を通って量子ビットが作られ、さまざまなユニタリゲート(U)により量子ビットが変形され、測定ゲート(M)を通じて出力ビットが得られます。

要点BOX

- ●量子ゲートコンピュータは汎用計算を目標
- ●ビットを変化させるゲート回路
- ●回路構成のアルゴリズムとプログラム言語

量子ゲート型コンピュータの特徴

特徴　　：超並列の万能型汎用計算機
動作原理：量子力学のユニタリ変換による時間発展
現状　　：現在は実現されているビット数が100程で更なる開発が必要
長所　　：高速万能化へのアルゴリズムが保証されている
課題　　：ビット数を増大させ、エラー修正のための開発必要

量子ゲート

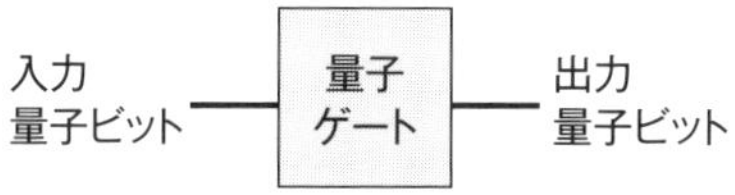

ビット　　　：情報の最小単位
ゲート　　　：ゲート（門）を通るとビットが変化する
ゲート回路　：ゲートの組み合わせで作られる論理回路
アルゴリズム：問題を解くための手順や計算方法
プログラム　：計算機への命令を言語（プログラミング言語）で書かれたもの

量子ゲート回路の例

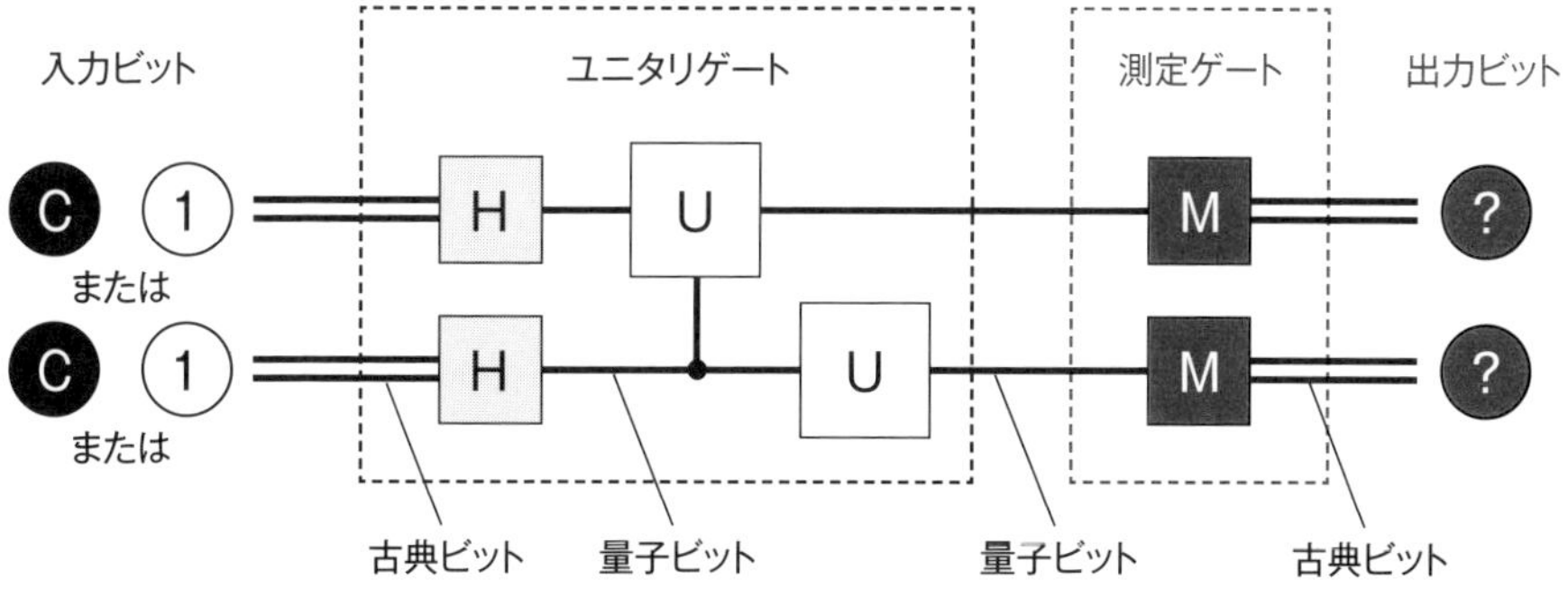

20 量子イジング方式コンピュータとは?

エネルギー最小状態

万能コンピュータをめざしてのゲート型量子コンピュータと異なり、イジング型量子コンピュータは組み合わせ最適化問題に特化して威力を発揮し、すでに実用化がなされています(上図)。ここで「組合せ最適化問題」とは、多数の組み合わせの選択肢があるなかで、最も良い組合せを選ぶ問題です。

量子イジング型コンピュータは、統計力学での磁性体内部のスピンのイジングモデルを基礎としています。熱や磁場を加えることで、エネルギーを変化させてエネルギー最小の状態を求めることができます。

現状のイジング型の量子ビット数は2千個ほどであり、実際の問題解決に利用されています。組み合わせ最適化問題に対しては、スパコンでは困難な問題を高速で処理することが可能となっています。用途が限定されているものの、ビット数を増やして、更なる発展が期待されています。

イジングモデルとは、磁性体の性質を説明するために用いた統計力学上の単純化されたモデルです。上向きまたは下向きの二つの状態をとるスピン(格子点)から構成されたモデルです(中図)。

このスピンを一列や碁盤目上に並べて低温にしたり、一様な外部磁場を加えたりすると、スピンがすべてそろってエネルギーの最小状態となります。温度が高い場合には、スピンの向きがバラバラの状態になります。この状態のハミルトニアン(エネルギー)はすべての二つのスピンの相互作用を考え、そのすべての和で与えられます。外部磁場の影響も含めて、このイジングモデルの最低エネルギー状態(基底状態)を求める問題が組み合わせ最適化問題に相当します(下図に一口メモを記載)。

隣接するスピンは、お互いに及ぼし合う作用と外部から与えられた磁場の力によりスピン状態が変化し、最終的に、エネルギーが最小の状態でスピンは収束(安定)します。

要点BOX

- ●イジング型は組み合わせ最適化問題に特化
- ●多くの上下のスピンの状態により、エネルギー最小な状態が求まる

量子イジング型コンピュータの特徴

特徴　　：組み合わせ最適化問題に特化
動作原理：統計力学でのエネルギー最小化
現状　　：現状のビット数は2000個ほどで実用化進行中
長所　　：組み合わせ最適化で高速
課題　　：用途が限定されている

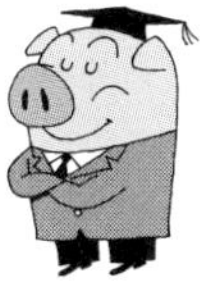

統計力学のイジング模型

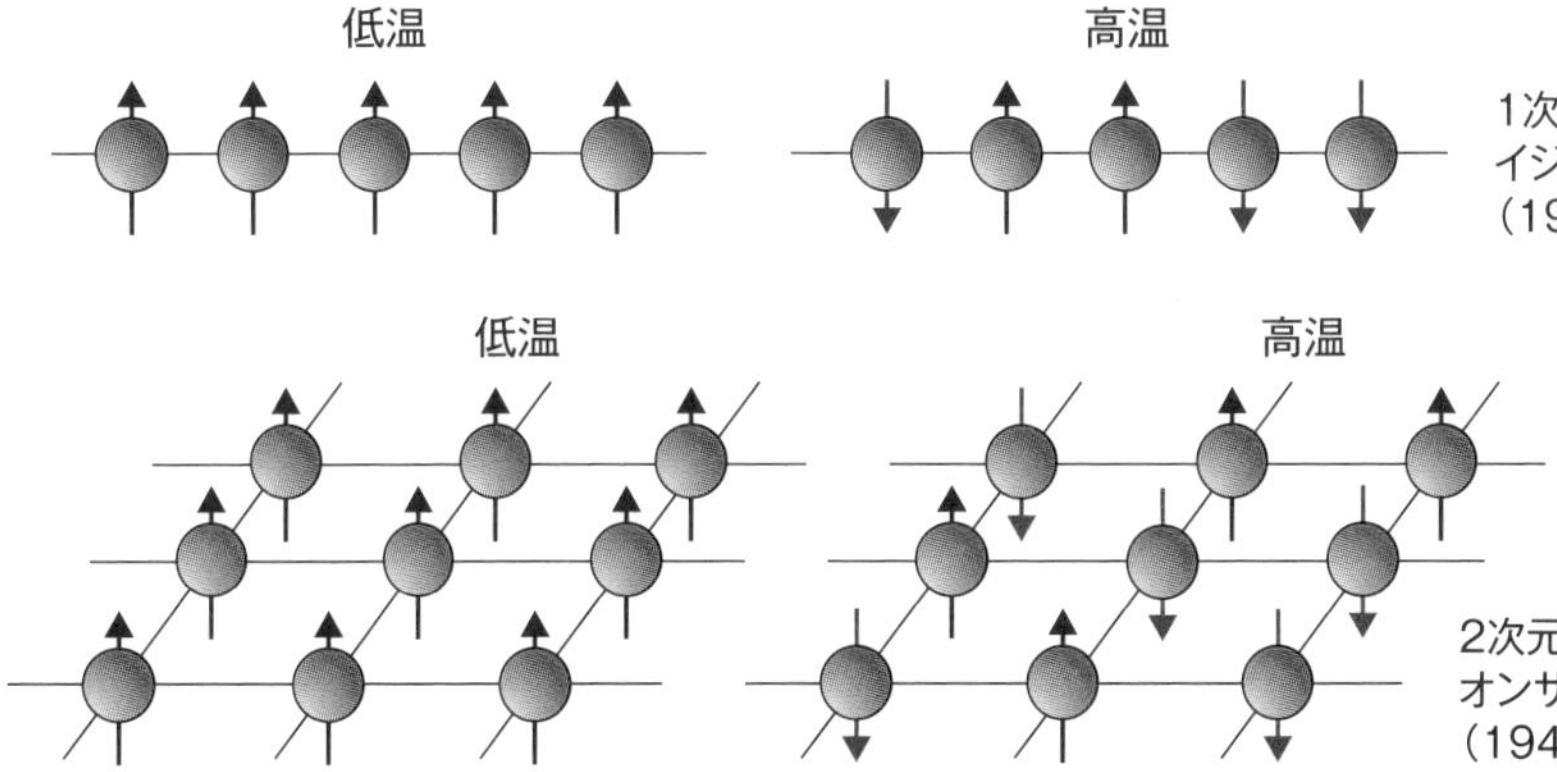

1次元模型
イジング(*)
(1925年)

2次元模型
オンサガー(**)
(1944年)

(*)　エルンスト・イジング：ドイツの物理学者(1900−1998)
(**) ラルス・オンサガー：ノルウェイ生まれのアメリカの物理学者(1903−1976)

一口メモ

エネルギー(ハミルトニアン)H　のモデルはQUBO形式(*)で表されます。

$$H(\sigma) = -\sum_{i<j} J_{ij}\sigma_i\sigma_j - \sum_{i=1}^{N} h_i\sigma_i$$

σ_i：結晶の格子点 i のスピン、+1または−1
J_{ij}：2つの格子間の相互エネルギー
例えば、$J_{ij} \sim |i-j|^{-2}$
h_i：外部磁場などの効果

(*) QUBO形式(Quadratic Unconstrained Binary Optimization)
無制約2変数2次形式最適化

21 量子アニーリング方式とは?

焼きなまし法

組み合わせ最適化問題を効率よく解く方法として、イジングモデルを利用したアニーリング法（焼きなまし法）があります。ゲート型量子コンピュータに比べて単純なので多くのビット数を実現でき、すでに実用化されています。量子アニーリング（QA）方式とシミュレーティッド・アニーリング（SA、疑似アニーリング）方式があります。

材料を高温にして急速に冷却することを「焼き入れ」といいますが、材質を硬くすることができます。一方、「焼きなまし」とは、焼鈍（しょうどん）とも呼ばれ、温度を上げてゆっくりと冷却することで、材料の組成を均一にする方法です。高温の状態から低温に徐々に変化させることで、エネルギーのやや低い「局所解」にとどまるのではなく、エネルギー最小の「最適解」を求めることができます（**上図**）。富士通のデジタルアニーラや日立のCMOS（相補性金属酸化膜半導体）アニーリングがソフト的な回路として作られています。

一方、量子力学の現象を用いて、エネルギー最小化の点を求めようとする量子アニーリング方式では、超伝導を用いて極低温を生成し、そこで生じる量子現象としての「量子ゆらぎ」を利用して演算を行います。量子ゆらぎによるトンネル効果を利用しますが、横方向の磁場を利用して量子効果を制御し、確率振幅が最大となる最適解を求めます（**下図**）。カナダのD-Waveからコンピュータが販売されています。

アニーリング方式は、組み合わせ最適化問題のほかに、AIや機械学習に適しており、ゲート式量子コンピュータに比較して、ノイズに強いのが特徴です。ただし、高速化のためのアルゴリズム（計算手順）が存在しないことや、誤り訂正の方法が存在しないことが本質的な欠点です。もともと、正確な解が存在しない問題もあり、現実的に近似的な解で十分な例が多くあります。そのような問題に特化しての演算に有効に使われています。

要点BOX

- ●アニーリングはゆっくりな冷却の焼きなまし
- ●古典回路で模擬するSA方式
- ●量子トンネル効果を利用するQA方式

シミュレーティッド・アニーリング

（疑似焼きなまし法、SA）

デジタル回路

富士通（デジタルアニーラ、FPGA（現場プログラム可能な回路））
日立（CMOSアニーリング、ASIC（特定用途向け集積回路））

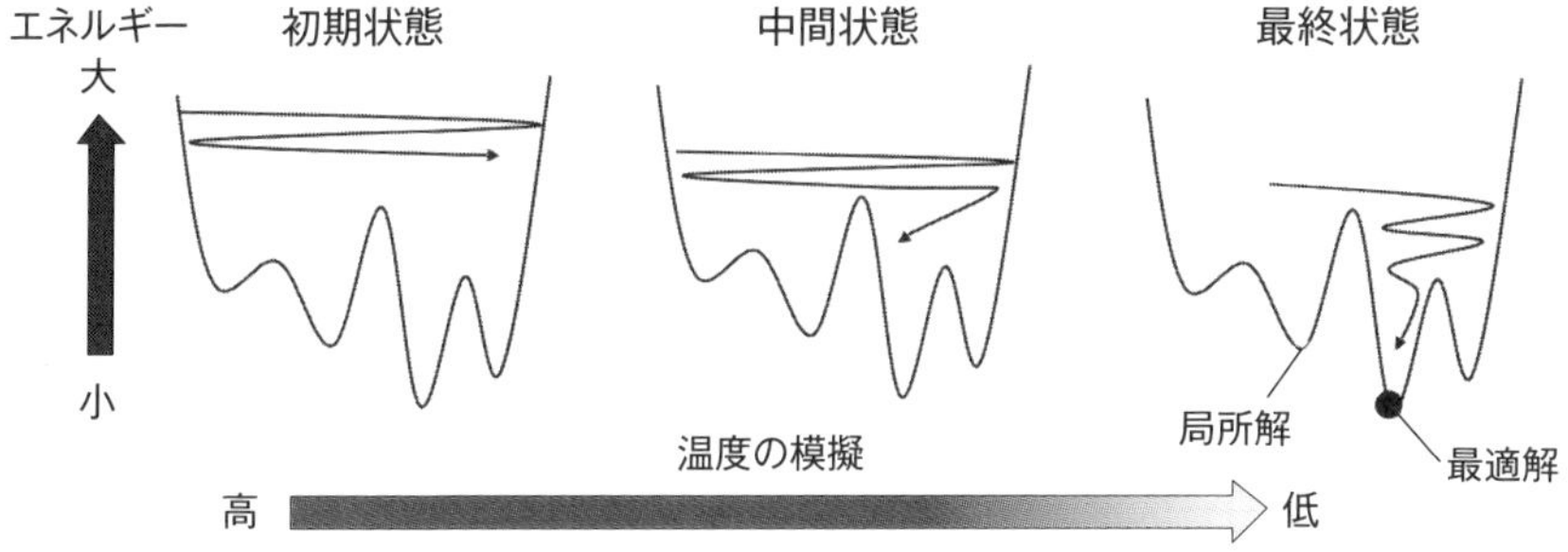

量子アニーリング

（量子焼きなまし法、QA ）

超伝導回路

D-Wave
NEC
産総研

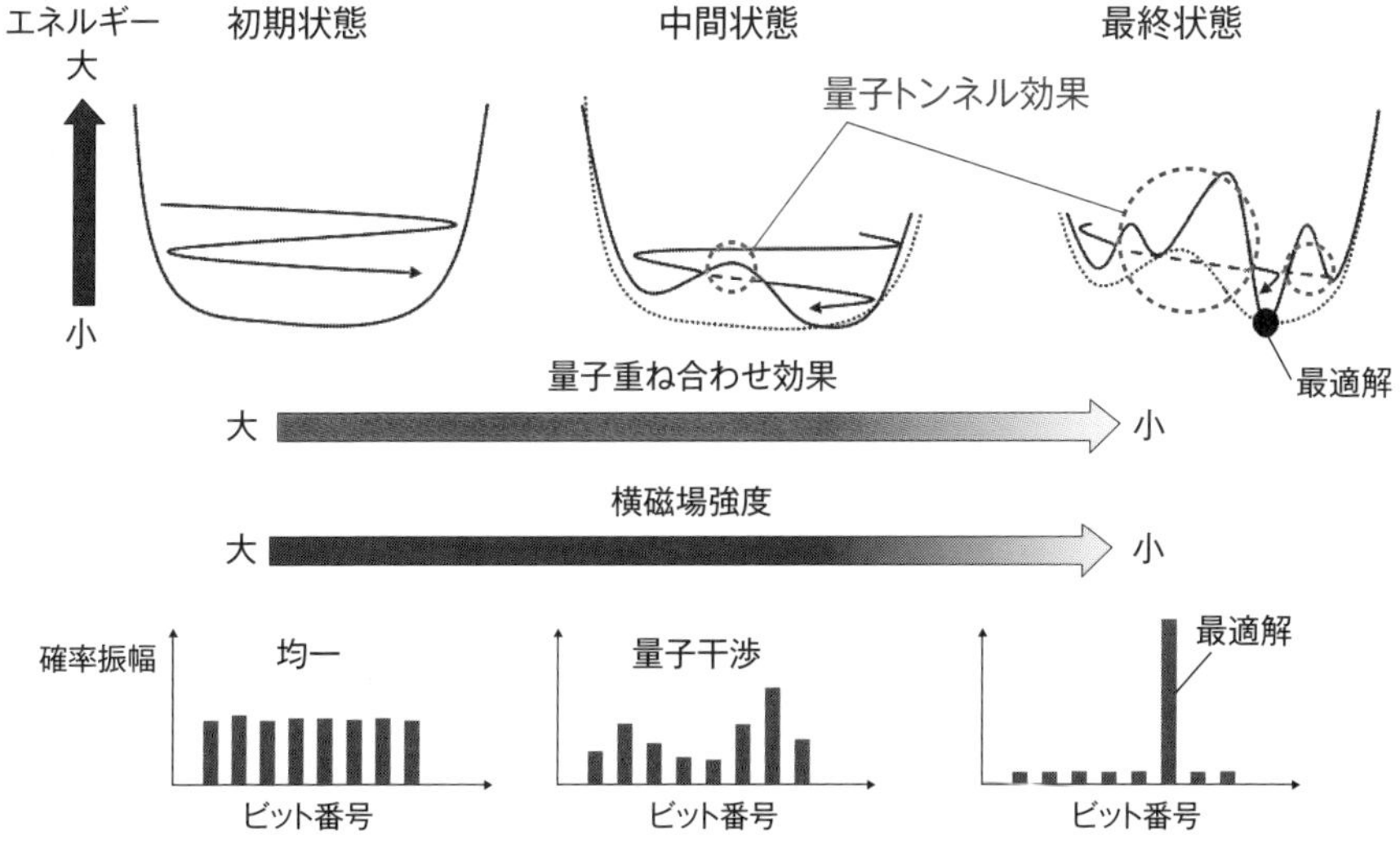

22 量子ニューラルネット方式とは？

光パラメトリック発振

量子ゲート型や量子アニーリング型のコンピュータでは、熱による雑音を減らすために極低温の超伝導を利用します。そのためにシステムは高価となり、消費電力も大きくなります。一方、量子ニューラルネットワーク（QNN）方式では光レーザを利用するので、常温で低電力での演算が可能となります。

自然と人工とのニューラルネット（神経網）を比較してみましょう（**上図**）。人間の脳には千億個のニューロンが数万個のシナプス結合で結合されています。この自然の神経網（ニューラルネットワーク）を多数の入力の閾値モデルで模擬して最適解を計算するのが、通常のニューラルネットの制御モデルです。前項の量子アニーリングモデルでは、多数の量子ビットとしての磁気スピンを横磁場で制御することを述べましたが、量子ニューラルネット方式では、多数の光パルスをレーザ発振器により制御することで問題を解きます。多数の発振器で光パルスを作るのは高価で効率が悪いので、1ナノ秒間隔（1ギガヘルツ周波数、1ナノ秒は10億分の1秒）で光ファイバー上に数千個のパルスを生成・増幅し、電子回路で組み合わせ最適化問題をモデル化して演算を行います（**上図の右**）。

光パルスの生成には光パラメトリック発振器（OPO）を利用します。パラメトリック発振の原理は、ぶらんこに乗って半分の周期（2倍の周波数）で同期して体を上下に動かし重心を移動させると、ぶらんこの振れが増大する、という身近なしくみに相当します（**下図**）。ブランコの振動は位相が「0」と「π（180度）」との2種類が表れます。これが光パルスの量子ビットとして利用されます。

量子ニューラルネット方式はNTTを中心に日本で開発がなされてきています。任意の様々な計算を行うことはできませんが、NP困難問題、NP完全問題（組み合わせ最適化問題）44に特化して、安価で高速に解く演算が試みられています。

要点BOX

- ●パラメトリック発振はブランコ漕ぎの原理
- ●ポンプ光に対して0とπの位相の2種の光パルスが量子ビットとして生成

ニューラルネットワーク

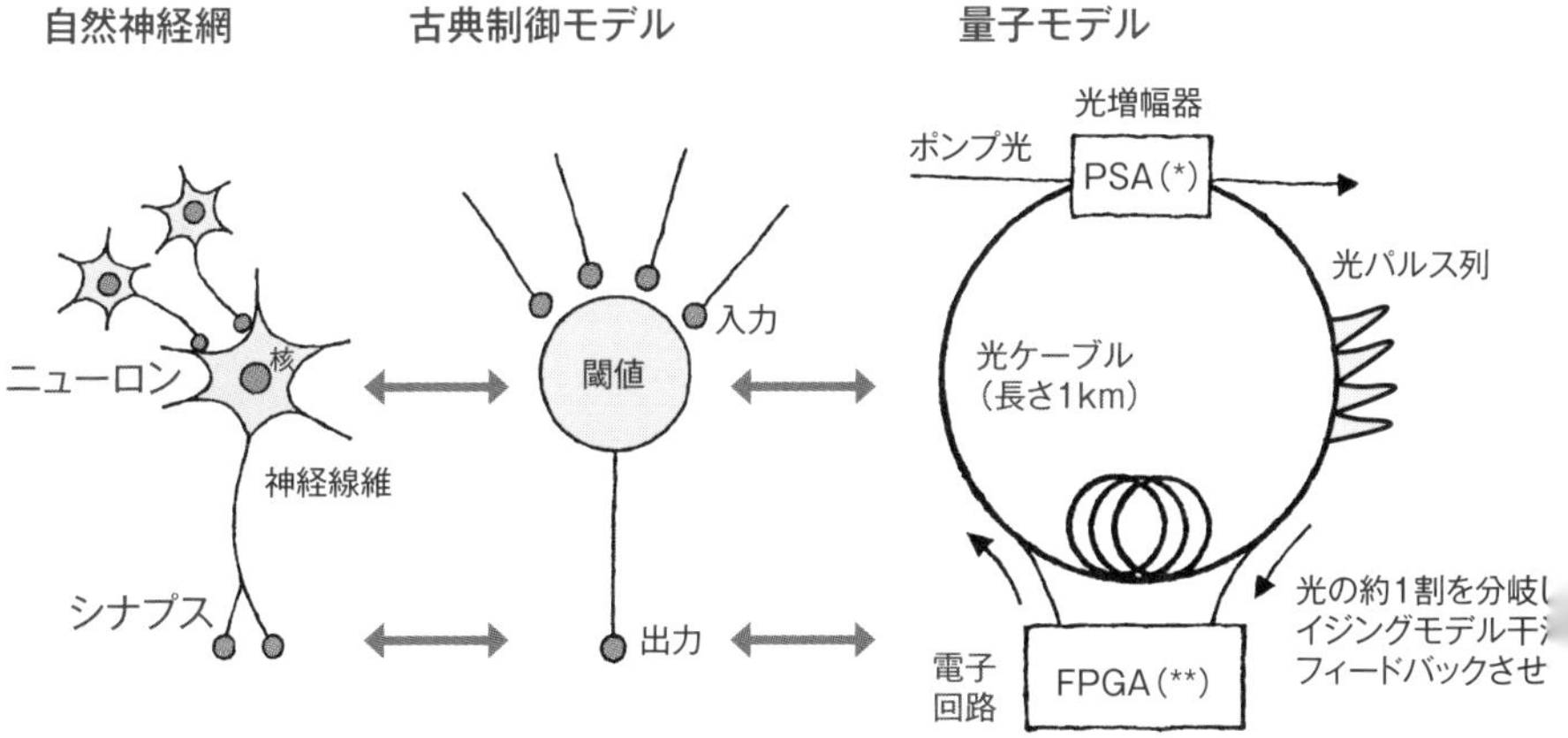

入力の総和が閾値を超えると
出力が得られます

ポンプ光の2倍の波長の光が増幅されます。
最終的に、位相が「0」か「π」のいずれかに
収束して、最適化問題が解かれます。

(*) PSA : Phase Sensitive Amplifier (位相感応増幅器)
(**) FPGA : Field Programmable Gate Array (プログラム可能な電子回路)

光パラメトリック発振(OPO)の原理

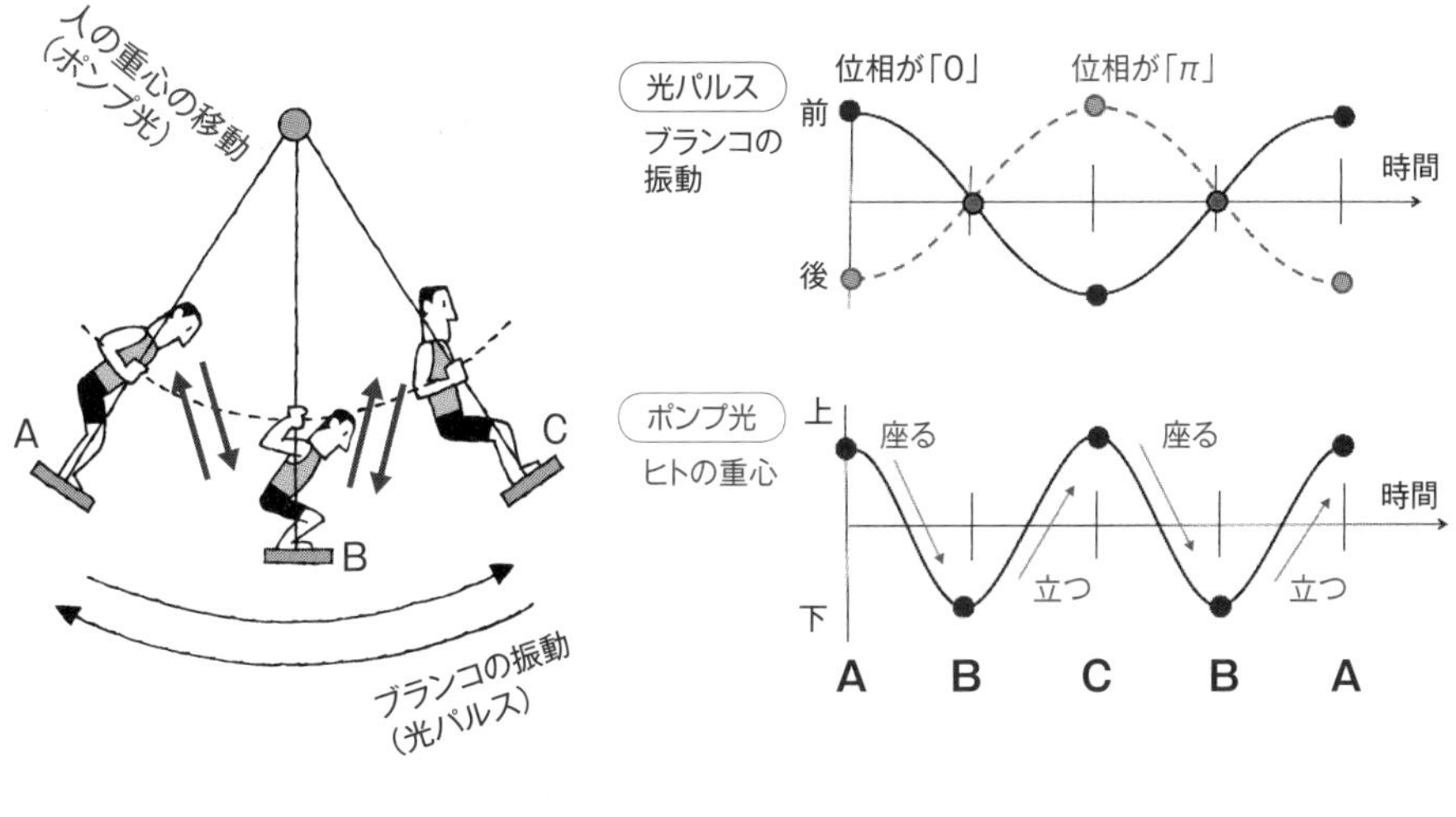

ブランコの2倍の周波数で同期させて重心を移動させることで、ブランコを加速できます。
位相が180度(π)だけずれた2種類の振動が得られます。

Column

彗星接近とシュレーディンガーの猫!
映画『ランダム 存在の確率』(2013年)

本映画は、シュレーディンガーの猫16の思考実験に着想を得て作られた不可解で知的なSFスリラーです。

物語では、ミラー彗星が地球に最も接近する夜、主人公のカップルは友人宅のパーティに招待され、男女8人で楽しい時間を過ごします。お互いに近況を報告していると突然停電が起き、あたりは真っ暗になってしまいます。外の様子を見に行くと、そこで自分たちと全く同じ人々が、全く同じ家でパーティを開いている光景を目にします。その不可解な現実のなかで、予測不能な事件が起きていきます。映画のキャッチコピーは「あなたの脳は ついてこられるか?」です。

映画の中では、ある物理学者からのメモ『共存の崩壊とシュレーディンガーの猫16』が紹介され、生と死とが共存している世界が、「観測」されることでどちらかに確定される不思議さが語られます。さらに、共存の崩壊後も2つの世界は別々に存在し続けると説明がなされます。前者が「コペンハーゲン解釈」であり、後者が「多世界解釈」です。

この映画の英語の原題は「コヒーレンス」です。干渉しやすさを意味しており、無限の可能性を持つはずの2つの世界の「もつれ」を表しています。量子論では「ランダム」な状態は波動関数で表され、その絶対値の2乗が「存在の確率」を表しています。量子コンピュータでも、独立的な量子並列性とユニタリ行列による量子もつれの量子干渉性40が扱われます。

超常現象としては、自分自身の分身を見たり、同一人物が同一時刻に別の場所に現れたりするドッペルゲンガー(自己像幻視、ドイツ語で二重の歩行者)が語られることはありますが、マクロ世界ではこの映画のような多世界は存在しません。ただし、波束の収縮、多世界解釈16など、まだまだ明確化されていない問題が量子論には残されています。

2つの世界の干渉(コヒーレンス)

『ランダム　存在の確率』
原題:Coherence
製作:2013年　アメリカ
監督:ジェームズ・ウォード・バーキット
主演:エミリー・フォクスラー、モーリー・スターリング
配給:アットエンタテインメント

第5章

量子ビットと量子ゲートとは？

（少し難解ですが、量子コンピュータの基礎となる量子計算の紹介です）

23 古典ゲートと論理回路とは?

不可逆な古典論理ゲート

古典コンピュータでは、電圧なしを0、電圧ありを1として「古典ビット」が定義されます。このビットを変化させるのに、ONとOFFの電気回路のスイッチが用いられます。これが「古典論理ゲート」です。

1ビット入力で1ビット出力の例として、否定の「NOT論理ゲート」を考えます（**上図**）。左ページには、古典論理ゲートの図と同時に、対応する電気スイッチ回路を示しています。論理計算で用いられる演算記号と、0を1に、1を0に変化させる入出力の対応（真理値表）も示されています。NOTゲートの論理回路図は三角形と白丸で描かれます。電気回路では、入力なしでは回路が接続されていて、入力が加わってスイッチが切れる回路に相当します。

2ビット入力では、論理積の「ANDゲート」や論理和の「ORゲート」があります（**下図**）。論理計算は真偽の「ブール代数」で記述され、論理積の場合には、入力が両方とも「真（1）」の場合だけが出力が「真」であり、その他の場合には「偽（0）」となります。電気回路では、ANDゲートの場合にはスイッチを直列に接続し、ORゲートの場合にはスイッチを並列につないだ電気回路を作ります。

このほかにさまざまな古典ゲートがありますが、これらはNOTゲートとANDゲートの2組の組み合わせ（この2組は「万能ゲート31」と呼ばれます）で構成できることがわかっています。

論理積や論理和の古典ゲートの場合には、2個の入力に対して出力は1個です。逆に1個の出力から2個の入力を再構成することはできません。これは可逆性がないともいえます。

可逆か不可逆かは、情報理論上は非常に重要です。損失の少ない論理回路を構成するには可逆性が原則であり、古典ゲートと異なり、次項で述べる量子ゲートには可逆性があり、優れた特徴のひとつとなっています。

要点BOX

- ●古典ゲートは電気スイッチ回路で構成可能
- ●1ビット入力で否定論理ゲート
- ●2ビット入力では論理積と論理和ゲート

1入力古典ゲートと電気スイッチ回路

古典ビット入力は「ON(1)」または「OFF(0)」
論理回路はブール代数で表示

古典NOT(否定)ゲート

<古典ゲート>

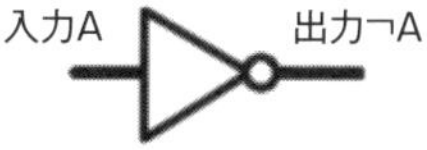

<電気回路>

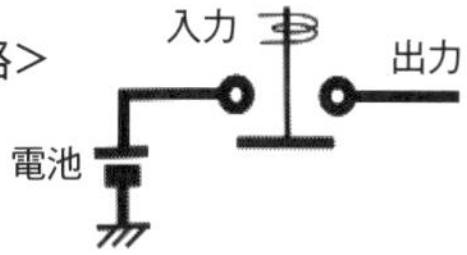

記号：¬, ∧, NOT

入力	出力
1	0
0	1

出力は、入力の「1（on）」と「0（off）」を入れ替えます。

2入力古典ゲートと電気スイッチ回路

ANDゲート(論理積)

<古典ゲート>

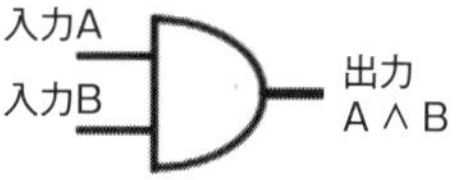

<電気回路>

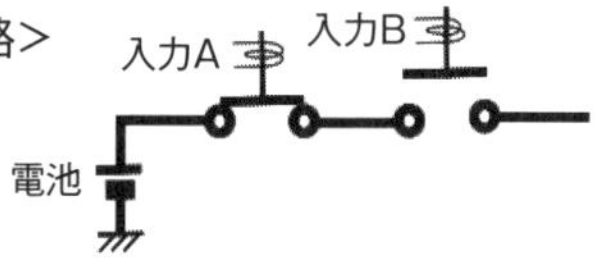

記号：∧、・、∩、⊗、AND

入力A	入力B	出力A∧B
1	1	1
1	0	0
0	1	0
0	0	0

入力が両方とも「1(on)」のときのみ出力は「1」で、その他は「0(off)」です。

ORゲート(論理和)

<古典ゲート>

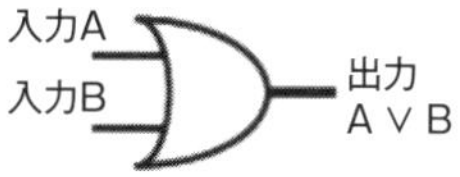

<電気回路>

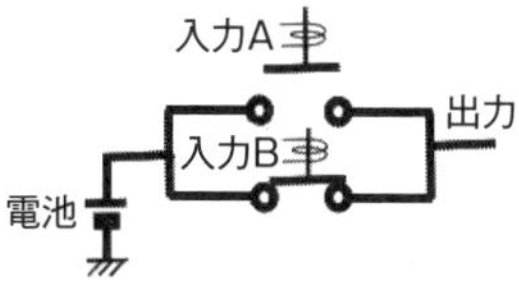

記号：∨、+、∪、⊕、OR

入力A	入力B	出力A∨B
1	1	1
1	0	1
0	1	1
0	0	0

入力が両方とも「0(off)」のときのみ出力は「0」で、その他は「1(on)」です。

24 量子ゲートとユニタリ変換とは?

可逆の量子ユニタリ論理ゲート

量子ゲートについて、前項と同じように、1ビット入力と2ビット入力とに分けて考えます。ここでは一般的な表式を述べ、具体例は27～30で説明します。

1量子ビット（キュビット）の場合には、古典ビットの0と1との基底ベクトルの重ね合わせとしての状態ベクトルで量子状態を表します（上図）。2つの基底ベクトルの重ね合わせの係数 x_1と x_2は、位相の違いを表すために複素数が用いられます。状態ベクトルは2次元の複素数の「縦ベクトル」で定義され、1階のテンソルとも呼ばれます。量子力学でのベクトルは高校での表示と異なり、縦ベクトルは縦棒|とケット記号>で囲んで表します。

この2成分1量子ビットとしての縦ベクトルを入力Xとした場合には、2×2のユニタリ行列演算子Uを定義することで、入力Xと演算子Uとの行列の計算で出力としての縦ベクトルYが得られます。ここで、ユニタリ演算とはベクトルの大きさを変えない演算です。

2量子ビット入力の場合（下図）は、基底ベクトルはテンソル積を用いて00、01、10、11の4個が定義でき、縦ベクトルの4成分表示が得られます（一口メモ参照）。この場合には、4×4のユニタリ行列演算子Uを定義することで、入力Xと演算子Uとの行列計算により出力Yが定義されます。

3量子ビットでは$2^3=8$個の基底ベクトルを考えます。一般にnキュビットでは、状態ベクトルは2^n個の成分の縦ベクトルです。その場合には、$2^n \times 2^n$の成分のユニタリ行列演算子を用いることで量子ゲートを定義することができます。

古典ゲートでは、一般的に入力と出力の数が異なり不可逆ですが、量子ゲートでは、入力と出力との数は必ず同じであり、可逆性が成り立っています。出力にエルミート演算子（転置して複素共役とする演算子）を作用することで入力が得られるという可逆性が成り立っています。

要点BOX

- ●nキュビット入力の場合、ユニタリゲート演算子は$2^n \times 2^n$の行列
- ●量子ゲートはユニタリ演算で可逆計算可能

1ビット入力の量子ゲートとユニタリ行列表示

1ビット入力で1ビット出力

1キュビットの基底ベクトル(2個)

$$|0\rangle = \begin{bmatrix}1\\0\end{bmatrix} \quad |1\rangle = \begin{bmatrix}0\\1\end{bmatrix}$$

ユニタリ演算はベクトルの大きさを変えない変換であり、量子コンピュータのゲート計算に使われています。

状態ベクトル $X = x_1|0\rangle + x_2|1\rangle = x_1\begin{bmatrix}1\\0\end{bmatrix} + x_2\begin{bmatrix}0\\1\end{bmatrix} = \begin{bmatrix}x_1\\x_2\end{bmatrix}$ x_1、x_2は複素数

「0」と「1」の重ね合わせ

ユニタリゲート(1入出力の一般形)

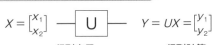

$X = \begin{bmatrix}x_1\\x_2\end{bmatrix}$

$Y = UX = \begin{bmatrix}y_1\\y_2\end{bmatrix}$

行列表示

$$\begin{bmatrix}y_1\\y_2\end{bmatrix} = \begin{bmatrix}U_{11}U_{12}\\U_{21}U_{22}\end{bmatrix}\begin{bmatrix}x_1\\x_2\end{bmatrix}$$

行列計算

$$y_1 = U_{11}x_1 + U_{12}x_2$$
$$y_2 = U_{21}x_1 + U_{22}x_2$$

2ビット入力の量子ゲートとユニタリ行列表示

2ビット入力で2ビット出力

2キュビットの基底ベクトル(2^2=4個)

$$|00\rangle = \begin{bmatrix}1\\0\\0\\0\end{bmatrix} \quad |01\rangle = \begin{bmatrix}0\\1\\0\\0\end{bmatrix} \quad |10\rangle = \begin{bmatrix}0\\0\\1\\0\end{bmatrix} \quad |11\rangle = \begin{bmatrix}0\\0\\0\\1\end{bmatrix}$$

入力の状態ベクトルは
$x = x_1|00\rangle + x_2|01\rangle + x_3|10\rangle + x_4|11\rangle$

一口メモ

$$|01\rangle = |0\rangle \otimes |1\rangle = \begin{bmatrix}1\\0\end{bmatrix} \otimes \begin{bmatrix}0\\1\end{bmatrix}$$
$$= \begin{bmatrix}1\times\begin{bmatrix}0\\1\end{bmatrix}\\0\times\begin{bmatrix}0\\1\end{bmatrix}\end{bmatrix} = \begin{bmatrix}0\\1\\0\\0\end{bmatrix}$$

$\otimes$: テンソル積の演算子

ユニタリゲート(2入出力の一般形)

$X = \begin{bmatrix}x_1\\x_2\\x_3\\x_4\end{bmatrix}$

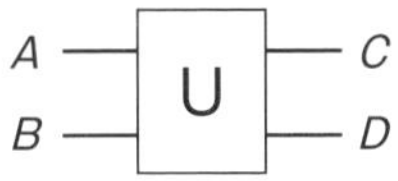

$Y = \begin{bmatrix}y_1\\y_2\\y_3\\y_4\end{bmatrix}$

$$Y = UX = \begin{bmatrix}U_{11}U_{12}U_{13}U_{14}\\U_{21}U_{22}U_{23}U_{24}\\U_{31}U_{32}U_{33}U_{34}\\U_{41}U_{42}U_{43}U_{44}\end{bmatrix}\begin{bmatrix}x_1\\x_2\\x_3\\x_4\end{bmatrix}$$

$$y_1 = U_{11}x_1 + U_{12}x_2 + U_{13}x_3 + U_{14}x_4$$
$$y_2 = U_{21}x_1 + U_{22}x_2 + U_{23}x_3 + U_{24}x_4$$
$$y_3 = U_{31}x_1 + U_{32}x_2 + U_{33}x_3 + U_{34}x_4$$
$$y_4 = U_{41}x_1 + U_{42}x_2 + U_{43}x_3 + U_{44}x_4$$

行列計算により出力が得られます。

25 量子計算のための物理の基礎は?

波動関数とシュレーディンガー方程式

量子コンピュータは、量子力学の原理で動作しています。量子計算の流れを、量子力学の原理に沿って考えてみましょう（左頁の表）。

❶不確定性を原理とする量子力学では、物質は波であると同時に粒子でもあります。❷量子状態を表すのに、波の性質を表す「波動関数」が用いられます。❸波動関数で表される量子状態に対応して、規格化された（ベクトルの大きさを1とした）「状態ベクトル」を定義し、これを量子ビットとします。❹波は重ね合わせの原理に従うので、状態ベクトルの和で重ね合わせを表します。❺単一量子ビットの場合には、0と1の基底ベクトルにより、複素数の状態ベクトルを記述します。❻波の位相の違いは三角関数（正弦関数や余弦関数）で表記できますが、オイラーの公式を用いて虚数を用いた指数関数でも表されます。❼その波動関数の時間変化率はエネルギーに関連しており、演算子H（ハミルトニアン）を用いて「シュレーディンガー方程式」で表されます。❽このシュレーディンガー方程式からユニタリゲートUが導かれます。ユニタリ（unitary）とは「単位的」の意味であり、「長さを変化させない変換」をさします。ブロッホ球14の面上の状態ベクトルの回転に相当するので、回転ゲートとも呼ばれます。❾波動関数は複素数で表されますが、実際の物理量ではありません。現実の世界では、波動関数の2乗が存在（観測）確率を示し、確率関数と呼ばれます。❿波動関数は量子的な多重の状態を表しますが、私たちが量子状態を観測した瞬間に波動関数の広がりが収束して、物理量が確定します（コペンハーゲン解釈16）。

以上のプロセスで、量子ビットを定義して、その時間変化をユニタリ行列としての量子ゲートを通して演算を行い、最終的な結果は古典的なビットとして得られます。これは量子力学での波束の収束としての観測に相当します。

要点BOX

- 波動関数または状態ベクトルの重ね合わせ
- シュレーディンガー方程式とユニタリ演算
- 観測による波の収束と確率関数からの確定

波動関数とユニタリ演算

<table>
<tr><td rowspan="2">❶</td><td>量子力学の原理は?</td><td>波と粒子の2重性</td></tr>
<tr><td colspan="2">物質は波であり粒子です。</td></tr>
<tr><td rowspan="2">❷</td><td>波を表すには?</td><td>波動波動関数 ψ</td></tr>
<tr><td colspan="2">粒子を波として表すには波動関数を用います。</td></tr>
<tr><td rowspan="2">❸</td><td>量子状態を表すには?</td><td>状態ベクトル $|\psi\rangle$</td></tr>
<tr><td colspan="2">波動関数に対応する規格化されたベクトルとして状態ベクトルを定義します。これを量子ビットとします。</td></tr>
<tr><td rowspan="2">❹</td><td>波の重ね合わせは?</td><td>重ね合わせの原理 $|\psi\rangle=|\psi_1\rangle+|\psi_2\rangle$</td></tr>
<tr><td colspan="2">状態ベクトルの和で重ね合わせを考えます。</td></tr>
<tr><td rowspan="2">❺</td><td>量子ビットとは?</td><td>量子ビット $|0\rangle$、$|1\rangle$、$|\psi\rangle$
$|\psi\rangle=a|0\rangle+b|1\rangle$</td></tr>
<tr><td colspan="2">0と1との基底ベクトルで表示します。係数a、bは複素数です。</td></tr>
<tr><td rowspan="2">❻</td><td>複素数がなぜ必要なの?</td><td>オイラーの公式　$e^{i\theta}=\cos\theta+i\sin\theta$</td></tr>
<tr><td colspan="2">波の位相の違いを三角関数(正弦関数と余弦関数)で表しますが、虚数を使った指数関数でも表せます。</td></tr>
<tr><td rowspan="2">❼</td><td>波の変化は?</td><td>シュレーディンガー方程式
$\frac{\partial}{\partial t}|\psi(t)\rangle=-iH|\psi(t)\rangle$</td></tr>
<tr><td colspan="2">ハミルトニアンHを用いて、波の変化は波動方式で表されます。</td></tr>
<tr><td rowspan="2">❽</td><td>量子ゲートとは?</td><td>ユニタリゲート$U(t)$
$|\psi(t)\rangle=U(t)|\psi(0)\rangle$
$U(t)=\exp(-iHt)=\cos\theta+i\sin\theta$</td></tr>
<tr><td colspan="2">波動方程式から量子ゲートが作られます。</td></tr>
<tr><td rowspan="2">❾</td><td>現実の世界は?</td><td>確率関数 $P=\langle\psi|\psi\rangle=\||\psi\rangle\|^2$</td></tr>
<tr><td colspan="2">波動関数の絶対値の2乗が現実の出現(観測)確率です。</td></tr>
<tr><td rowspan="2">❿</td><td>観測するとは?</td><td>コペンハーゲン解釈</td></tr>
<tr><td colspan="2">観測(測定)すると波束が収束します。</td></tr>
</table>

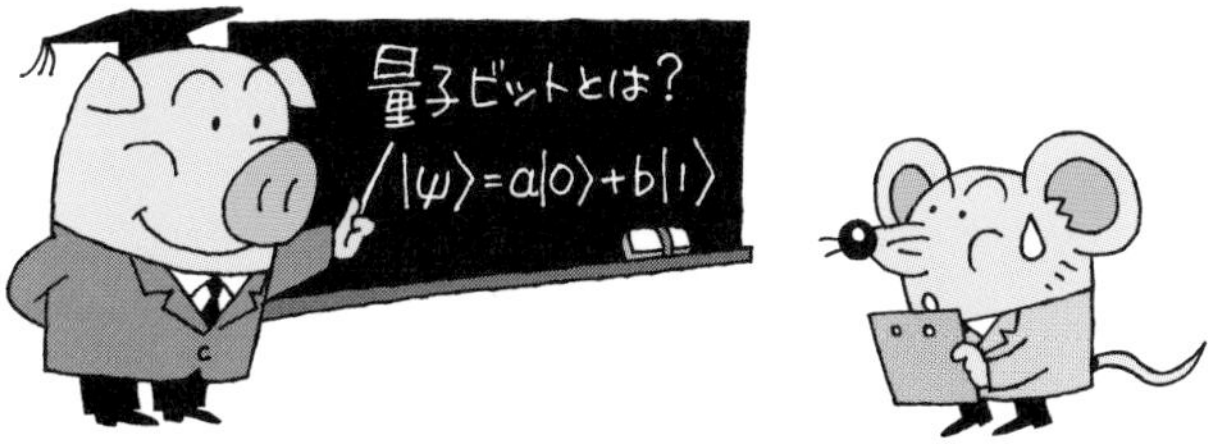

26 量子計算のための数学の基礎は?

複素ベクトルとユニタリ行列

量子コンピュータの量子ビットや量子ゲートの記述には、量子力学での行列表記が基礎となっています。本項では、量子コンピュータの数学的基礎としての初等数学のベクトル、行列や複素数についてまとめます（左頁の表）。

❶量子状態を示すブロッホ球では、複素数ベクトルが用いられ、位相の違いは、オイラーの公式で表される虚数を指数とした指数関数も用いられます。

❷単一量子ビットの場合、基底ベクトルは2個（2次元）であり、縦ベクトル（ケット記号）で表されます。0と1との重ね合わせの量子状態は状態ベクトルで表されます。❸状態ベクトルから物理的な存在確率を得るためには、縦ベクトル（ケット記号）とエルミート共役な横ベクトル（ブラ記号）との内積が用いられます。

❹複数量子ビットの場合には、量子並列性をテンソル積で表します。これは直積状態（あるいは積状態）とよばれ、量子ビットを複数独立に並べた状態です。2量子ビットの場合には、4つの基底ベクトルで状態ベクトルが定義され、一般にnビットの場合には、2^n個の基底ベクトルで構成されます。

❺状態ベクトルを変化させるのに量子ゲートとしてのユニタリ行列演算が用いられます。行列としては、転置行列、正則行列、随伴行列、エルミート（自己随伴）行列、などが定義でき、量子力学演算の数学的基礎として利用されています。縦ベクトルを転置（縦型を横型に変える）して複素共役（虚数部分の正負を変える）をとって横ベクトルを作ることができます。この操作は「エルミート共役」と呼ばれ、量子力学ではダガー記号「†」で表します。ユニタリ行列とは、随伴行列を掛けた行列が単位行列（主対角成分がすべて1）となる行列のことです。

❻暗号に関連した整数の問題では、モジュロ関数、法と合同、フェルマーの小定理などが使われますが、6章の41にまとめました。

要点BOX
- ●虚数で波の位相の違いを表示
- ●縦（ケット記号）と横（ブラ記号）ベクトル
- ●量子ゲートはユニタリ変換行列で表示

量子コンピュータを理解するための数学

❶ 複素数（ブロッホ球と波の位相）

複素数を $x = a + bi$（a、bは実数）として　　i は虚数単位　$i^2 = 1$

複素共役 $\overline{x} = a - bi$

オイラー公式　$e^{i\theta} = \cos\theta + i\sin\theta$　eは自然対数の底（てい）　$e = 2.71828\cdots$

❷ ベクトル（量子状態の重ね合わせ）

ベクトルは1階のテンソル

縦ベクトル　ケット記号（>）で表示

横ベクトル　ブラ記号（<）で表示

状態ベクトル $|\psi\rangle$　$|\psi\rangle = \alpha|0\rangle + \beta|1\rangle$

基底ベクトル

$|0\rangle = \begin{bmatrix} 1 \\ 0 \end{bmatrix}$　$|1\rangle = \begin{bmatrix} 0 \\ 1 \end{bmatrix}$

$\langle 0| = \begin{bmatrix} 1 & 0 \end{bmatrix}$　$\langle 1| = \begin{bmatrix} 0 & 1 \end{bmatrix}$

❸ 内積（観測、射影演算）

$|\psi\rangle = a|0\rangle + b|1\rangle$、$\langle\psi| = (|\psi\rangle)^\dagger = a^*\langle 0| + b^*\langle 1|$　なので

内積　$\langle\psi|\psi\rangle = aa^* + bb^* = 1$（規格化）

射影演算子　$M_0 = |0\rangle\langle 0|$、$M_1 = |1\rangle\langle 1|$、　例：$M_0|\psi\rangle = a|0\rangle$、$M_1|\psi\rangle = b|1\rangle$

❹ テンソル積（直積状態）

量子ビットを複数独立に並べた状態を「直積状態」と呼びます。

$|\psi\rangle = a|0\rangle + b|1\rangle$、$|\phi\rangle = c|0\rangle + d|1\rangle$ の場合

直積状態の状態ベクトルは

$|\Psi\rangle = |\psi\rangle \otimes |\phi\rangle = ac|00\rangle + ad|01\rangle + bc|10\rangle + bd|11\rangle$　$\otimes$：テンソル積の演算子

❺ 行列（量子ゲート）

行列を　$A = \begin{bmatrix} a & b \\ c & d \end{bmatrix}$　として

転置行列　A にたいして A^T　$A^\mathrm{T} = \begin{bmatrix} a & c \\ b & d \end{bmatrix}$

逆行列　正則行列 A に対して A^{-1}　　$A^{-1} = \dfrac{1}{ad - bc}\begin{bmatrix} d & -b \\ -c & a \end{bmatrix}$

$A A^{-1} = I$（単位行列）

正則行列　（逆行列が定義できる正規な行列）

行列式　$\det A = |A| \neq 0$　　ここで　$\det A = ad - bc \neq 0$

随伴行列　行列Aを転置し、その成分を複素共役にした行列　$A^\dagger$（または A^*）

$A^\dagger$ ダガー（短剣の意味）　：量子力学で使用

A^* アスタリスク（星印の意味）：線形代数で使用

$A^\dagger \equiv A^* = \overline{A^\mathrm{T}} = (\overline{A})^\mathrm{T}$

エルミート（自己随伴）行列　実数行列では「対称行列」

$A^\dagger = A$

ユニタリ行列　$U^\dagger U = UU^\dagger = I$

U がユニタリ行列の場合、逆行列は $U^\dagger \equiv (\overline{U})^\mathrm{T}$

❻ 整数論（暗号）

モジュロ関数、法と合同、フェルマーの小定理など41

27 パウリゲートとは?

X、Y、Zゲート

量子ビットは量子ゲートを通過すると状態が変化します。その変化を可視化するのに、ブロッホ球が便利です。状態ベクトルをX、Y、またはZ軸に対して180度回転する演算を「パウリゲート」とよびます。量子力学でのヴォルフガング・パウリのスピン行列に由来しており、エルミート（自己随伴）性（転置して虚数成分の正負の符号を逆にしても同一）とユニタリ性（複素共役な転置行列との積が単位行列となる）とが成り立ちます。回転の角度からπ（パイ、180度）ゲートとも呼ばれ、回転軸に対応して、それぞれ、Xゲート、Yゲート、Zゲートとよばれます。

基底ベクトル0をXゲート（**上段図**）に通すと、基底ベクトル1となり、逆に、基底ベクトル1は0となります。0と1との重ね合わせの割合は、Z座標で定まります。位相はX座標とY座標で表される複素数で定まり、Y軸が虚数軸に相当します。

重なり合わせの状態ベクトルをXゲートに通すと、Z座標が-Z座標に変化するので、0と1との割合が逆転します。しかし、位相は変わりません。Xゲートはビットが逆転するので、ビットフリップ（ビット反転）ゲートともよばれます。これは、古典ゲートのNOTゲートに相当します。

Yゲート（**中段図**）の場合もZ座標が-Z座標に変化するので0と1との割合が逆転しますが、0と1との割合（ビットの割合）の他に位相も変化します。

Zゲート（**下段図**）ではビットの割合は変わらず、位相が180度だけ変化します。これを位相フリップ（位相反転）ゲートとよばれます。

これらの変換を数学的に行列で表すことができます。量子状態は0と1との独立な基底ベクトルの和で表され、2成分の縦ベクトルで表されるので、変換の行列は2×2の複素数の行列です。Xゲート、Zゲートでは変換行列の成分は0、1、-1の整数ですが、Yゲートの変換行列には虚数が現れます。

要点BOX

- **パウリゲートは各軸のまわりに180度反転で、π（パイ）ゲートとも呼ばれる**
- **Xゲートはビット反転、Zゲートは位相反転**

パウリゲート（パイゲート）

状態ベクトルをX、Y、またはZ軸に対して180度回転します。

Xゲート（ビット反転）

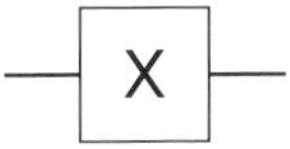

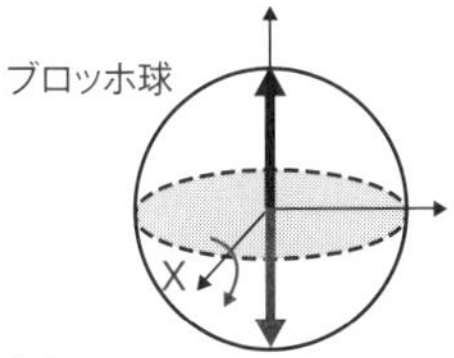

演算子

$X=\begin{bmatrix}0&1\\1&0\end{bmatrix}$

[X軸に関して反転]
0が1に、1が0に変換されます。
古典ゲートのNOTゲートに相当します。

入力 $|0\rangle=\begin{bmatrix}1\\0\end{bmatrix}$ の時　出力 $X|0\rangle=\begin{bmatrix}0&1\\1&0\end{bmatrix}\begin{bmatrix}1\\0\end{bmatrix}=|1\rangle$

入力 $|1\rangle=\begin{bmatrix}0\\1\end{bmatrix}$ の時　出力 $X|1\rangle=\begin{bmatrix}0&1\\1&0\end{bmatrix}\begin{bmatrix}0\\1\end{bmatrix}=|0\rangle$

入力 $|\psi\rangle=a|0\rangle+b|1\rangle$ の時　出力 $X|\psi\rangle=a|1\rangle+b|0\rangle$

Yゲート（位相・ビット反転）

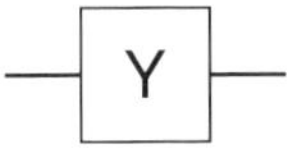

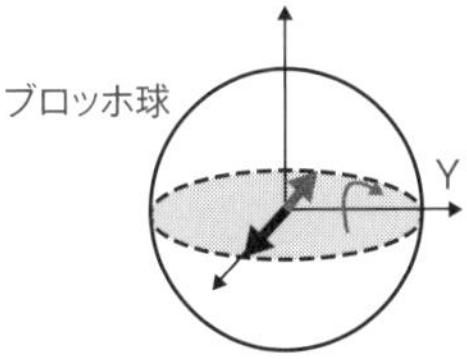

演算子

$Y=\begin{bmatrix}0&-i\\i&0\end{bmatrix}$

[Y軸に関して反転]

Zゲート（位相反転）

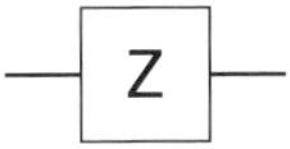

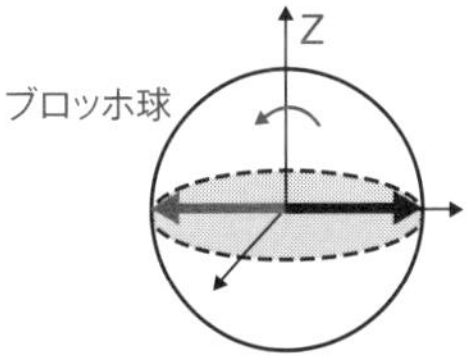

演算子

$Z=\begin{bmatrix}1&0\\0&-1\end{bmatrix}$

[Z度軸に関して反転]
$|0\rangle$ は変化せず、
$|1\rangle$ が $-|1\rangle$ に変換されます。

一口メモ

量子コンピュータでの量子ビットの変化は、ブロッホ球面上の矢印の変化で表されます。パウリゲートはパイ（180度）の変化です。

28 アダマールゲートとは?

Hゲート

ブロッホ球座標でのX軸やZ軸ではなくて、X軸とZ軸とで作られる平面の45度の軸に関して反転させると、プラスZ軸の古典ビット0やマイナスZ軸の古典ビット1は、0と1との存在確率が共に50%となる均等な量子重ね合わせ状態に変換されます。このゲートは「アダマールゲート」、または、「Hゲート」と呼ばれています(上図)。フランスの数学者ジャック・アダマール(1865-1963)にちなんで名づけられています。Hadamardなので、頭文字のHがシンボルとして用いられています。量子力学ではエネルギー演算子としてのハミルトニアンをHと書きますが、コンピュータでの量子ゲートとして、同じHが使われています。アダマールゲートを表すアダマール演算行列は、XやZ演算子と同様に、虚数を含まない実数で構成されています。

変換された重ね合わせの状態ベクトルは、おのおの基底ベクトルの成分を2の平方根で割った値になります。0の入力の場合に0と1とのプラス(+)に、1の入力の場合にはマイナス(−)になります(上図)。この基底ベクトルの成分の2乗が、おのおのの出現確率(存在確率)となるので、「0」および「1」の確率が共に2分の1となります。

ほかの単一入力の量子ゲートとして、位相シフトのSゲート(Z軸に対して90度回転)、Tゲート(Z軸に対して45度回転)もあります。Zゲートの平方根(スクエアルート)がSゲートであり、Zゲートの4乗根(テトラルート)がTゲートなのです。一般的なθ回転ゲートも定義できます(中図)。

X、Y、Zのパウリゲートであれ、Hのアダマールゲートであれ、特定の軸を中心軸として180度反転させる変換なので、同じ反転ゲートを2回使うと、最初の入力に戻ることがわかります(下図)。同様に、ひとつのパウリゲートをHゲートで挟むと、異なるパウリゲートが得られます。

要点BOX

●Hゲートは古典ビットを量子ビットに変換
●$|0\rangle$は$|+\rangle$に、$|1\rangle$は$|-\rangle$に変換される
●位相シフトのS、T、$R_Z(\theta)$ゲート

アダマールゲート

アダマール(H)ゲート

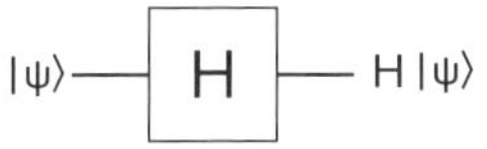

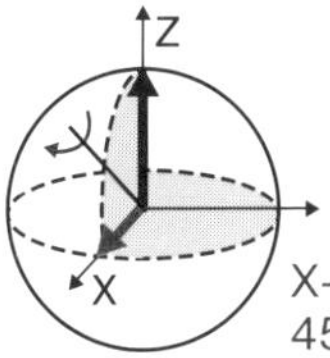

$$H=\frac{1}{\sqrt{2}}\begin{bmatrix}1 & 1\\ 1 & -1\end{bmatrix}$$

X-Z平面の
45度軸に関して反転

入力が古典ビットの場合、
0と1の50%確率の重ね合わせ状態の量子ビットに変換します。

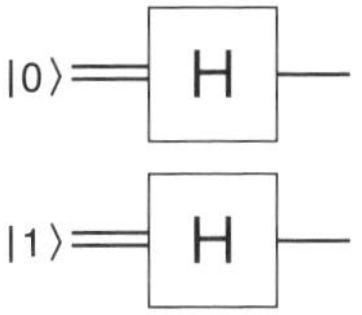

$$|+\rangle=\frac{1}{\sqrt{2}}(|0\rangle+|1\rangle)$$

$$|-\rangle=\frac{1}{\sqrt{2}}(|0\rangle-|1\rangle)$$

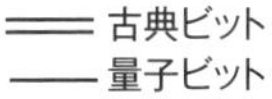

位相シフトのゲート

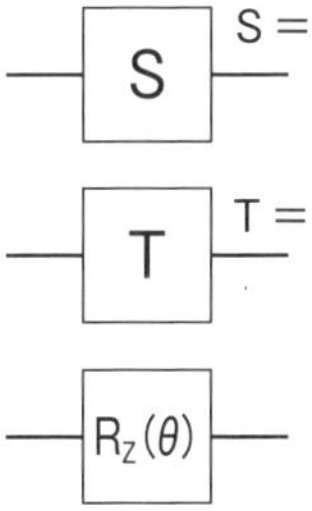

$S=\sqrt{Z}$　Z軸に対して90度($\pi/2$)回転Zの2乗根(Square root)

$T=\sqrt{S}$　Z軸に対して45度($\pi/4$)回転
Zの4乗根(4th root, Tetra root)

Z軸に対して任意の角度θ 回転

状態ベクトル|+⟩の
位相シフトの例

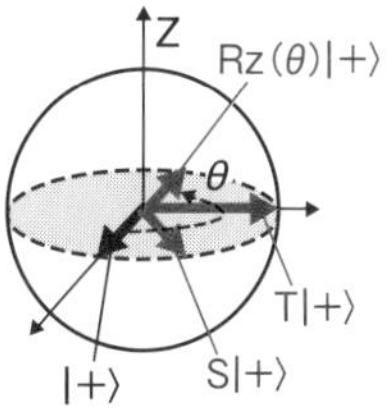

1キュビット量子ゲートの組み合わせ

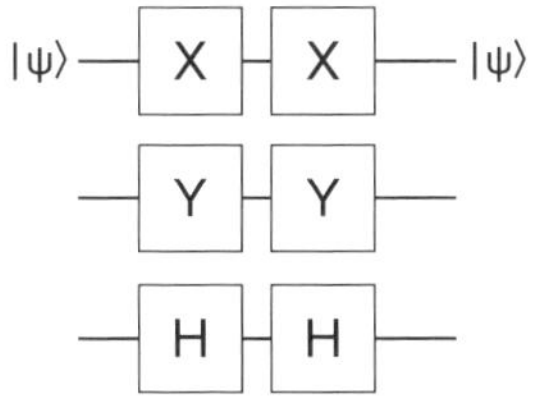

同じ反転ゲートを2回使うと、
最初の入力に戻ります。

任意のベクトル|ψ⟩の
XXゲート出力の例

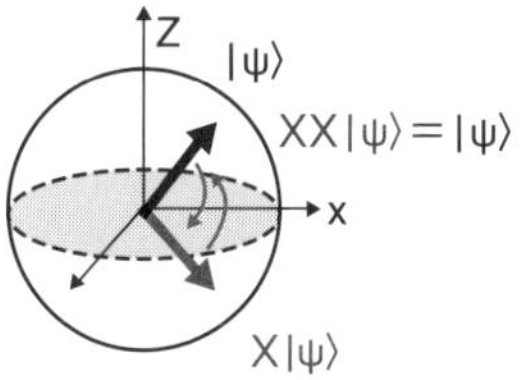

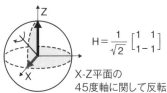

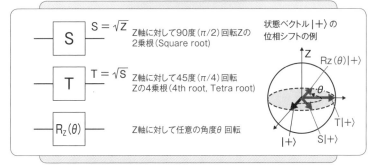

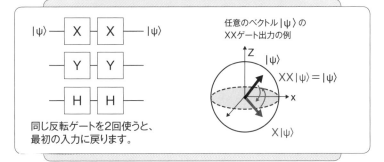

29 制御NOTゲートとは?

単一量子ビット入力での否定論理ゲートはNOTゲート（**上図**）とよばれます。これはパウリのXゲートと同じであり、0が1に、1が0に変換されます。0と1との重ね合わせの状態ベクトルでは、入出力対応表にあるように0と1が互いに逆転します。参考までに、古典NOTゲートも記載しました。

2量子ビット入力の例として、制御NOTゲート（CNOTゲート）（**中図**）があります。2量子ビットでは、2つの1量子ビットが独立で並列している状態（直積状態）でのテンソル積での組み合わせから、00から11までの4つの独立した基底ベクトルで表されます。CNOTゲートの入力として、制御ビットと標的ビットを定義します。制御ビットはそのまま出力されます。一方、標的ビットは、制御ビットが0の場合にはそのままですが、制御ビットが1のときには反転させます。これは排他的論理和（XOR）に相当し、記号⊕が用いられています。

出力は単純な算術和でなく、2で割った余り（mod2加算）を意味しています。例えば、1＋0＝1、0＋1＝1ですが、1＋1＝0です。入出力の対応表と、参考として対応する古典XORゲートも図示しています。

CNOTの入出力ビットはおのおの2個であり、それぞれ4成分の状態ベクトルなので、ユニタリ演算子として4×4の行列が作られます（**中図下段**）。

CNOTゲートの標的部分の図の表記は、NOTやXと書けますが、よりコンパクトな⊕記号がよく用いられています（**下図**）。

量子回路では入出力の個数は同じであり、出力から逆に入力を得ることができます。これは量子演算の特徴である「可逆性」を示しています。一方、2入力の古典ゲートでは、出力は一般的に1つであり、不可逆的です。古典ゲートXORゲートの場合には、入力1つをそのまま出力することで、CNOTゲートと同様の回路を組むことができます。

要点BOX

- **制御NOTゲートは、制御ビットが1の場合のみ標的ビットが反転**
- **排他的論理和としての加算を行う制御ゲート**

NOTゲート(Xゲート)の演算

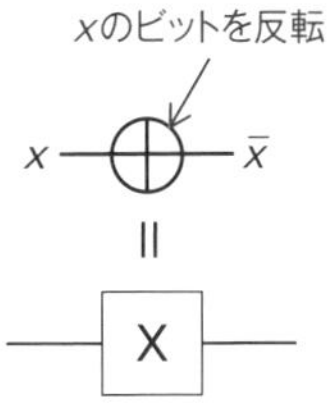

x	$\bar{x}$
$\|0\rangle$	$\|1\rangle$
$\|1\rangle$	$\|0\rangle$
$a\|0\rangle+b\|1\rangle$	$a\|1\rangle+b\|0\rangle$

(参考)古典否定ゲート

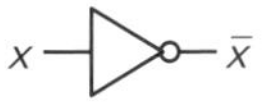

CNOT(制御NOT)ゲートの演算

CNOT(Controlled-NOT)

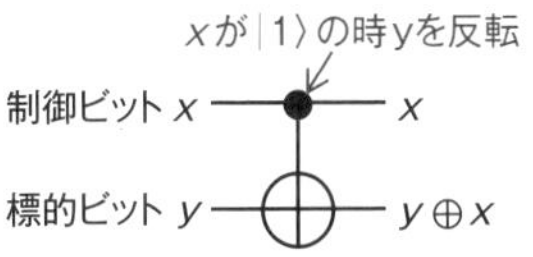

⊕: 排他的論理和(XOR)
(mod2の足し算)

(参考)古典排他的論理和ゲート
XOR(Exclusive OR)

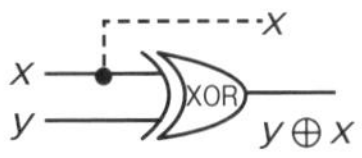

x	y	$y\oplus x$
$\|0\rangle$	$\|0\rangle$	$\|0\rangle$
$\|0\rangle$	$\|1\rangle$	$\|1\rangle$
$\|1\rangle$	$\|0\rangle$	$\|1\rangle$
$\|1\rangle$	$\|1\rangle$	$\|0\rangle$

=

入力	出力
$\|00\rangle$	$\|00\rangle$
$\|01\rangle$	$\|01\rangle$
$\|10\rangle$	$\|11\rangle$
$\|11\rangle$	$\|10\rangle$

制御ビットが0のとき、
標的ビットはそのままで、
制御ビットが1のとき、
標的ビットを反転させます。

CNOTの演算行列

$$U_{CN}=\begin{bmatrix}1&0&0&0\\0&1&0&0\\0&0&0&1\\0&0&1&0\end{bmatrix}$$

CNOTゲートの表示法

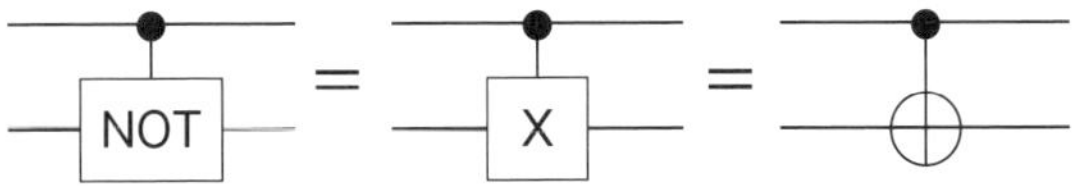

30 多量子ビットゲートへの拡張は?

トフォリゲートとフレドキンゲート

3量子ビットでの入力では、2の3乗個、すなわち8個の基底ベクトルを考える必要があります。一般にn量子ビット入力の場合には2^n個の状態が重ね合っており、多数の並列演算ができることになります。その場合の変換ゲート演算子は、$2^n \times 2^n$の行列で表されます。

3入出力量子ゲートの例として、1入力ゲートNOT、2入力ゲートCNOTの延長として、3入力CCNOT（制御制御NOT）ゲートがあります（上図）。2量子ビットの制御ビットと、1量子ビットの標的ビットを考えます。真理値表に示したように、2つの制御ビットがともに1の時だけ、標的ビットを反転させます。これはイタリア生まれのトマソ・トフォリにより1981年に提案されたので、トフォリゲートとも呼ばれています。

3入力の量子ゲートでは入出力の状態ベクトルは8次元なので、ユニタリ変換のゲート演算子の成分が8×8の行列となります。CCNOTのユニタリ演算子は、恒等演算子（対角線成分がすべて1でほかは0の行列演算子）から4か所だけ変更した行列となります。

3入出力量子ゲートのほかの例として、制御交換ゲート（CSWAPゲート）があります（下図）。2入力の交換ゲートとしてSWAPゲート36がありますが、これに制御ビットを加えた3量子ビット入力の制御交換ゲートです。制御ビットが0の場合には出力はそのままですが、1の場合に2つの標的ビットをお互いに交換する演算子です。これはフレドキンゲートとも呼ばれており、英国のエドワード・フレドキンにより提案された可逆計算ゲートです。このゲートは3個のCCNOTゲートにより作ることができます。

一般的に、1入力と2入力の基本的な量子ゲート（万能量子ゲート31）を組み合わせることにより、多入力の量子ゲートを構成することができ、ゲート型量子コンピュータの回路が作られます。

要点BOX

- ●トフォリゲーはCCNOTゲート
- ●フレドキンゲートはCSWAPゲート
- ●恒等演算子から4か所だけ変更の演算行列

3キュビット入力の量子ゲート

トフォリゲート(制御制御NOTゲート、CCNOTゲート)

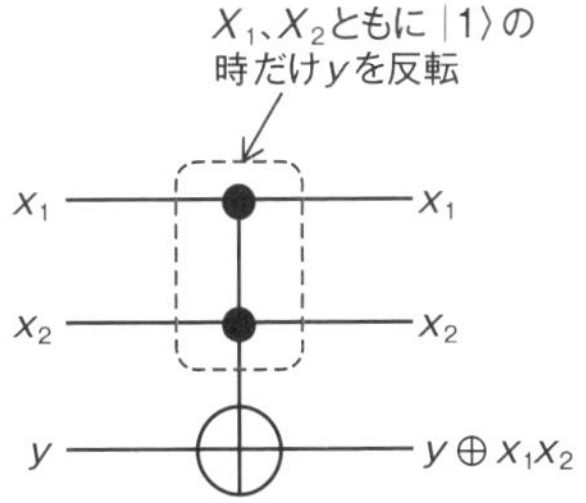

真理値表

x_1	x_2	y	$y \oplus x_1x_2$
$\|0\rangle$	$\|0\rangle$	$\|0\rangle$	$\|0\rangle$
$\|0\rangle$	$\|0\rangle$	$\|1\rangle$	$\|1\rangle$
$\|0\rangle$	$\|1\rangle$	$\|0\rangle$	$\|0\rangle$
$\|0\rangle$	$\|1\rangle$	$\|1\rangle$	$\|1\rangle$
$\|1\rangle$	$\|0\rangle$	$\|0\rangle$	$\|0\rangle$
$\|1\rangle$	$\|0\rangle$	$\|1\rangle$	$\|1\rangle$
$\|1\rangle$	$\|1\rangle$	$\|0\rangle$	$\|1\rangle$
$\|1\rangle$	$\|1\rangle$	$\|1\rangle$	$\|0\rangle$

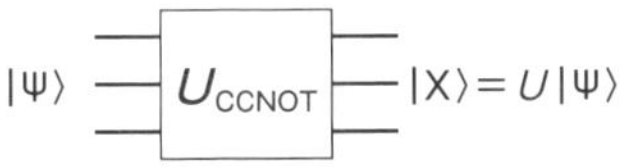

入力	出力
$\|000\rangle$	$\|000\rangle$
$\|001\rangle$	$\|001\rangle$
$\|010\rangle$	$\|010\rangle$
$\|011\rangle$	$\|011\rangle$
$\|100\rangle$	$\|100\rangle$
$\|101\rangle$	$\|101\rangle$
$\|110\rangle$	$\|111\rangle$
$\|111\rangle$	$\|110\rangle$

変換行列

$$U_{CSWAP} = \begin{bmatrix} 10000000 \\ 01000000 \\ 00100000 \\ 00010000 \\ 00001000 \\ 00000100 \\ 10000001 \\ 10000010 \end{bmatrix}$$

3キュビットの入力の場合、基底入力は2^3(=8)個です。

フレドキンゲート(制御交換ゲート、CSWAPゲート)

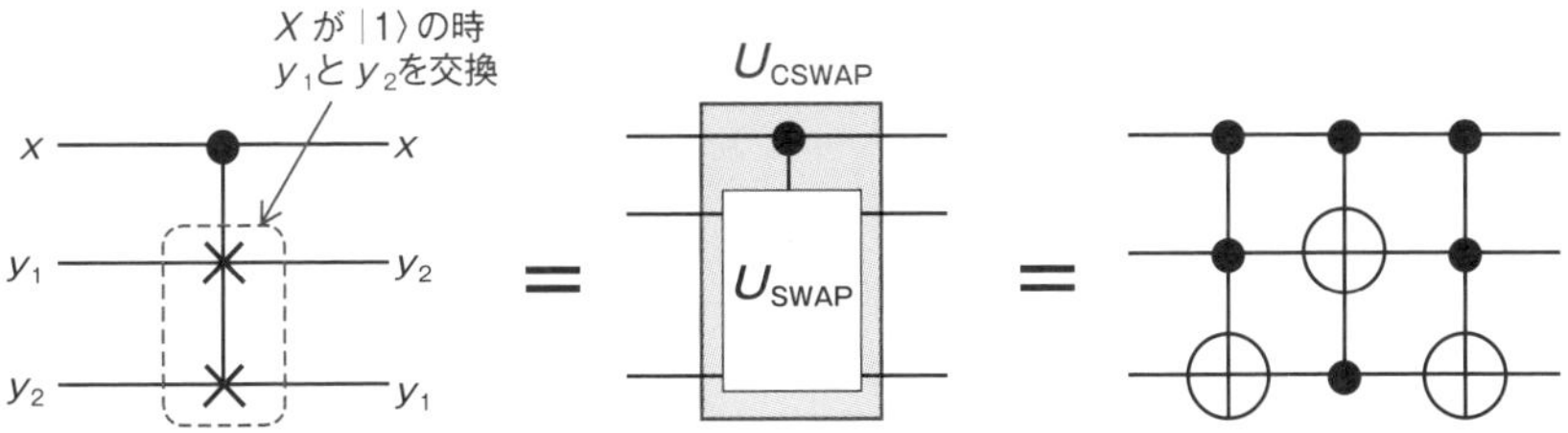

トフォリゲートはCNOTゲートと回転ゲートで作ることができます。フレドキンゲートはトフォリゲートの組合わせで作れます。一般的に、多量子ビットゲートは、1入力と2入力の万能量子ゲートの組合わせで構成することができます。

31 万能ゲートとは?

回転ゲートとCNOTゲート

古典論理回路には様々なゲートが使われますが、NOT（否定）、AND（論理積）、OR（論理和）の3つの基本的な論理ゲートのほかに、NAND（否定論理積）、NOR（否定論理和）、XOR（排他的論理和）、XNORまたはNXOR（排他的論理和の否定）などさまざまな論理ゲートが定義されています。これらの古典論理ゲートは、1ビット入力のNOTゲートと2ビット入力のANDゲート（またはORゲート）の2個の多段組み合わせにより作ることができます。この2個のゲートの組は「万能（古典）ゲート」と呼ばれます。

例えばORゲートは、2組のNOTをANDにつなぎNOTを通せば作ることができます（**上図上段**）。NAND（否定論理積）ゲート、またはNOR（否定論理和）ゲートのいずれか1個でも万能ゲートとなります。ORゲートをNANDゲートで構成する例は上図下段に示しました。NANDに同じ2入力値を入れるとNOTゲートになります。また、NANDはANDとNOTを直列接続した回路（例1の破線で囲まれた回路）になるので、例2は例1と同等になります。

一方、量子論理回路では、すべてのユニタリゲートは1量子ビットの回転ゲートと2量子ビットの制御NOTゲートとの組み合わせにより作ることができ、これが「万能量子ゲート」となります（**下図上段**）。あるいは、3量子ビットの制御制御ノット（CCNOT）ゲートのみの組み合わせでも、任意のユニタリ演算ゲートを作ることができます。

任意の1量子ビットユニタリ演算はブロッホ球面上の任意の回転に相当します。これをHゲートとTゲートの多数の組み合わせでも構成でき、十分に良い精度で近似できることが証明されています。したがって、離散的な万能量子ゲートの組としては、HとTとCNOTのゲートともいえます（**下図下段**）。

量子コンピュータの複雑な論理回路は、これらの万能量子ゲートで組み上げることになります。

要点BOX

- ●万能古典ゲートはNOTとANDゲート
- ●万能量子ゲートは1量子ビット回転ゲートとCNOT、あるいは、HとTとCNOTゲート

万能古典ゲート

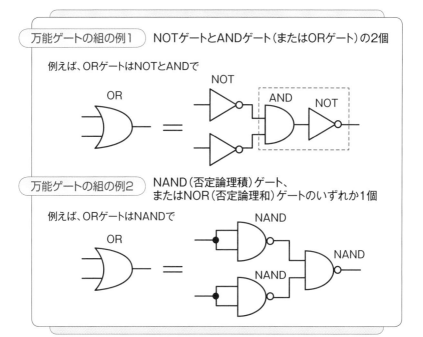

万能ゲートの組の例1　NOTゲートとANDゲート（またはORゲート）の2個

例えば、ORゲートはNOTとANDで

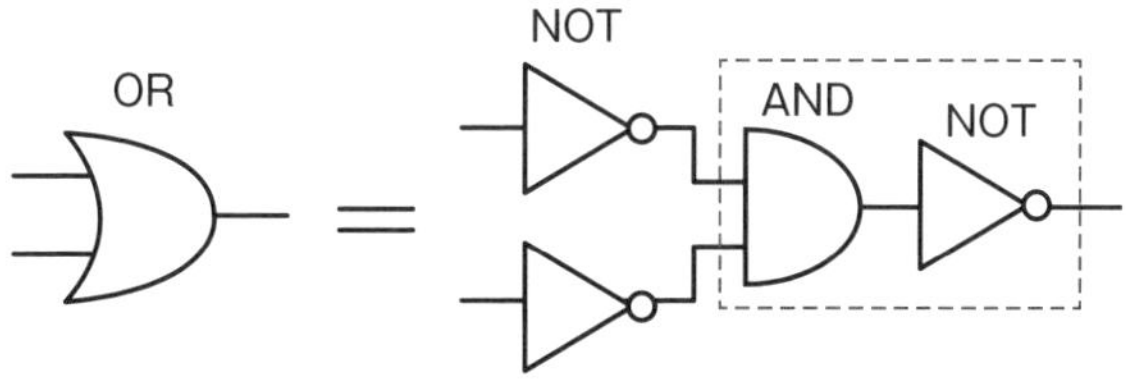

万能ゲートの組の例2　NAND（否定論理積）ゲート、
またはNOR（否定論理和）ゲートのいずれか1個

例えば、ORゲートはNANDで

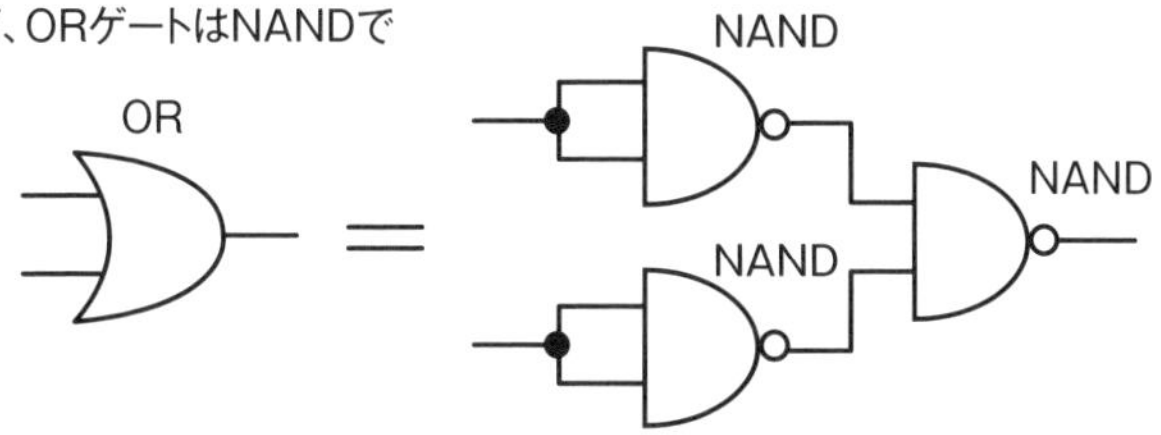

万能量子ゲート

万能量子ゲートの組の例1

1入力ユニタリ回転ゲートとCNOTゲートの2個

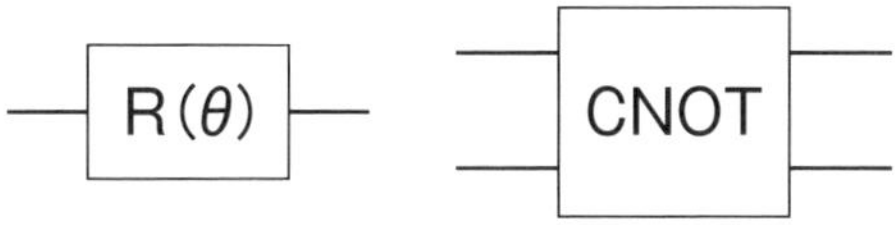

離散的万能量子ゲートの組の例2

HゲートとTゲートとCNOTゲートの3個

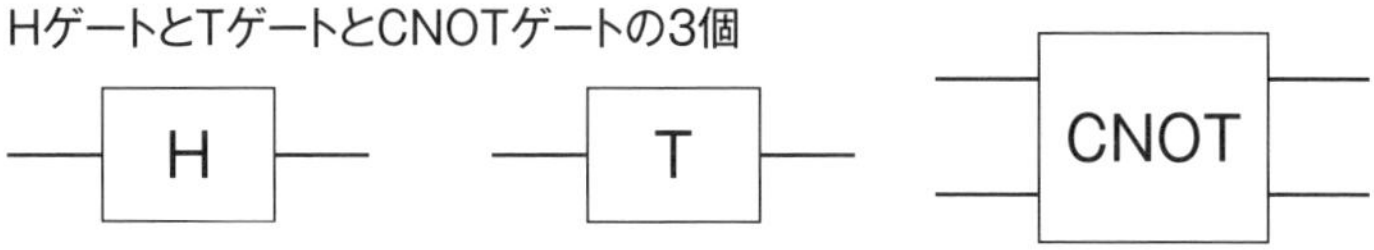

32 量子もつれ状態のゲートとは?

ベル状態とベルゲート

量子力学には、遠く離れてもお互いに量子情報に相関があり、もつれ合っているという「量子もつれ（量子エンタングルメント）」17という不思議な性質があります。この2つのビットの量子もつれの状態を「ベル状態」と呼びます。通常の古典的な局所実在論が満たすべき不等式を導いた英国の物理学者ジョン・スチュアート・ベルにちなんで名づけられています。1982年にはフランスのアラン・アスペにより実験的にベルの不等式が成り立たないことが示され、量子もつれの存在が実証されました。

2つの量子ビットの場合の「もつれていない状態（直積状態）」と「もつれている状態（量子もつれ状態）」とを比べてみましょう（**上図**）。1量子ビットが2個独立にある場合には、2つの量子状態のテンソル積で表わされ、4つの基底状態の重ね合わせ（直積状態）で表されます。一方、積の状態に分離不可能な場合がもつれ状態です。特に、2量子ビットによる4通りの基底00、01、10、11のうち、いずれか2つのみの状態が存在し、その確率が1／2である重ね合わせ状態のことをベル状態とよび、これを作り出すゲートを「ベルゲート」とよびます。

代表的なベルゲートの作り方（**中図**）は、アダマールゲートと制御NOTゲートを組み合わせる方法です。古典ビットを入力することで、4種類のベル状態の基底ベクトルを定義することができます。

量子演算は可逆的なので、逆演算も可能です。ベル状態から直積状態への変換（**下図**）は、随伴行列で表わされるベルダガーゲートにより可能です。ベルゲートの等価回路でのHとCNOTとの順番を逆にしたゲートです。

これらの現象を用いて特定の対になった情報を瞬時に伝達されることを「量子テレポーテーション（量子空間転移）」とよび、暗号処理や高速計算に応用されています。

要点BOX

- ●量子もつれの存在はベルの不等式否定で実証
- ●ベルゲートはHとCNOTで構成
- ●ベルダガーゲートは逆順のCNOTとHで構成

2キュビット量子ゲートの状態

直積状態

$|\psi\rangle = a|0\rangle + b|1\rangle$

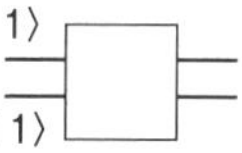

$|\chi\rangle = c|0\rangle + d|1\rangle$

$|\psi\rangle \oplus |\chi\rangle = ac|00\rangle + ad|01\rangle + bc|10\rangle + bd|11\rangle$

量子もつれ状態

例　$p|00\rangle + q|11\rangle$

$p=ac\neq 0$、$q=bd\neq 0$、$ad=bc=0$
で直積状態にはなりません。

ベル状態の生成と逆変換

ベルゲート回路図

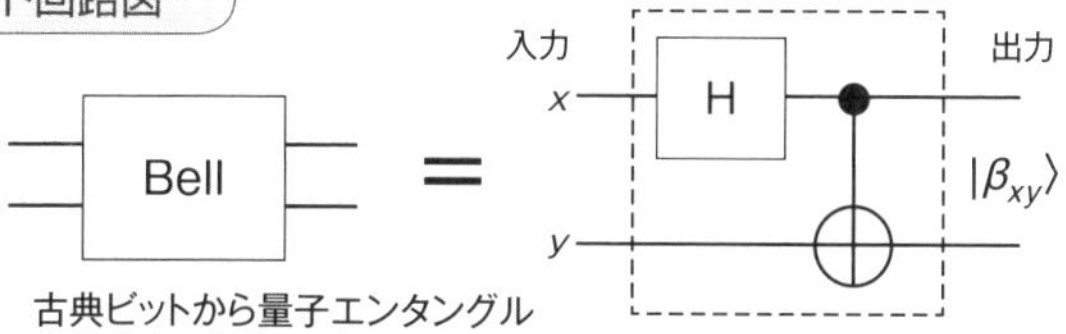

古典ビットから量子エンタングル状態（ベル状態）を生成します。

ベルゲートの真理値表

量子テレポーテーションに用いられる「量子もつれ」の基本の状態です。

入力	出力
$\vert 00\rangle$	$\frac{1}{\sqrt{2}}(\vert 00\rangle + \vert 11\rangle) \equiv \vert \beta_{00}\rangle$
$\vert 01\rangle$	$\frac{1}{\sqrt{2}}(\vert 01\rangle + \vert 10\rangle) \equiv \vert \beta_{01}\rangle$
$\vert 10\rangle$	$\frac{1}{\sqrt{2}}(\vert 00\rangle - \vert 11\rangle) \equiv \vert \beta_{10}\rangle$
$\vert 11\rangle$	$\frac{1}{\sqrt{2}}(\vert 01\rangle - \vert 10\rangle) \equiv \vert \beta_{11}\rangle$

ベル状態の基底ベクトル

ベル状態から直積状態への逆変換

Bell†（ベルダガー）ゲート

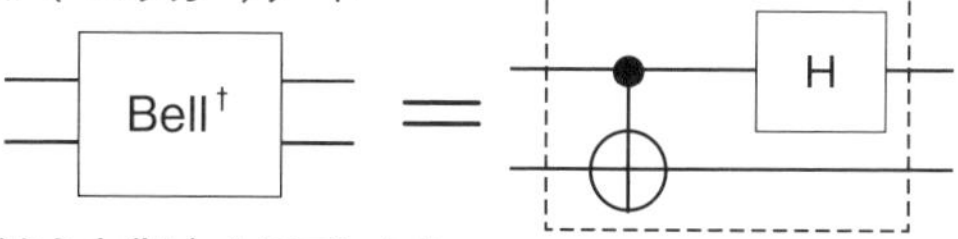

ベル状態から古典ビットに戻します。

複素共役をとって転置行列に変換する記号（エルミート記号）を「†」と書き、「ダガー（短剣の意味）」と呼びます。

33 量子フーリエ変換とは?

制御回転ゲート利用

連続的な波は、いくつかの周波数の基本的な波（正弦波や余弦波）の重ね合わせで表すことができます。これを「フーリエ級数展開」とよびます。波の振幅は時間の関数として変化しますが、さまざまな周波数の基本波を用いて、時間の関数から周波数の関数に変換することを「フーリエ変換」とよびます。特に、離散データ（飛び飛びのデータ）を用いた変換を「離散フーリエ変換（DFT）」とよび、量子計算用に「量子フーリエ変換（QFT）」を定義できます。少し複雑なので詳細は省略しますが、状態ベクトルxからyへの変換は上図の式で定義されます。QFTでの基底ベクトルの変化を、数列の和を示すシグマ（Σ）の記号を使った数式で表されています。

具体的な量子フーリエ変換の例を考えます（下図）。最も簡単な量子離散フーリエ変換は、単一量子ビットでのアダマール変換です。2量子ビットの場合には、アダマールゲートの他に制御回転ゲートが必要になります。変換行列演算の成分は、ω（オメガ）の角度の回転で表されます。この場合、ωは90度回転で虚数iに相当しますが、ωの2乗は180度回転、ωの3乗は270度回転の数字になります。3キュビットの場合には、定義式からωは45度回転の複素数であり、2ビット量子回路にHゲートと90度と45度の制御回転ゲートを加えて構成されます（下図最下段）。

さらに多数の量子ビットの場合には、これを拡張していきます。たくさんの微小角の制御回転ゲートの接続による量子計算の出力を数値で記述する場合には、図に示したような2進法の小数点表示を使って簡潔な表示がなされます。

計算量は、古典的な高速フーリエ変換DFTでは$n2^n$の指数関数時間ですが、量子フーリエ変換ではn^2の多項式時間に短縮できます。この変換はショアの素因数分解アルゴリズム42に利用されています。

要点BOX

- ●Hゲートは1キュビットの量子フーリエ変換
- ●多ビットの量子フーリエ変換では制御回転ゲートの連鎖で構成

量子離散的フーリエ変換（QFT）の定義

$$|x\rangle = \sum_{j=0}^{N-1} x_j \boxed{|j\rangle} \qquad \sum_{j=0}^{N-1} \left|x_j\right|^2 = 1$$ （規格化）

$$|y\rangle = \sum_{k=0}^{N-1} y_k\,|k\rangle = \sum_{k=0}^{N-1}\left(\frac{1}{\sqrt{N}}\sum_{j=0}^{N-1} x_j\,\omega^{kj}\right)\frac{1}{\sqrt{N}}\,|k\rangle = \sum_{j=0}^{N-1} x_j \boxed{\frac{1}{\sqrt{N}}\sum_{k=0}^{N-1}\omega^{kj}\,|k\rangle}$$

n キュビット のとき、データの次元は $N = 2^n$ であり、
基底ベクトルの量子フーリエ変換は

$$\boxed{|j\rangle} \xrightarrow{\text{QFT}} \boxed{\frac{1}{\sqrt{2^n}}\sum_{k=0}^{2^n-1}\omega^{kj}\,|k\rangle}$$

ここで $\omega = e^{i\frac{2\pi}{N}}$

$$e^{i\theta} = \cos\theta + i\sin\theta$$

（オイラーの公式）

量子フーリエ回路図

1キュビット

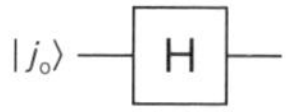

$$\frac{1}{\sqrt{2}}\left(|0\rangle + \exp\left(i\,\frac{2\pi}{2}j_o\right)|1\rangle\right)$$

$n = 1$
$N = 2$
$\omega = e^{i\pi} = -1$

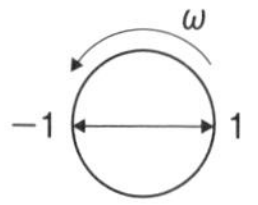

$$|0\rangle \rightarrow \frac{1}{\sqrt{2}}\left(\omega^0|0\rangle + \omega^0|1\rangle\right) = \frac{1}{\sqrt{2}}\left(|0\rangle + |1\rangle\right)$$

$$|1\rangle \rightarrow \frac{1}{\sqrt{2}}\left(\omega^0|0\rangle + \omega^1|1\rangle\right) = \frac{1}{\sqrt{2}}\left(|0\rangle - |1\rangle\right)$$

2キュビット

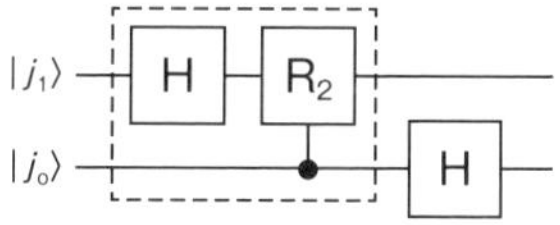

制御回転ゲート $R_m = \begin{bmatrix} 1 & 0 \\ 0 & e^{i\frac{2\pi}{2^m}} \end{bmatrix}$

制御ビット $|j_0\rangle$ が0の時はそのまま、
1の時は標的ビットを $e^{i\frac{2\pi}{2^m}}$ 倍

$n = 2$
$N = 4$
$\omega = e^{i\pi/2} = i$

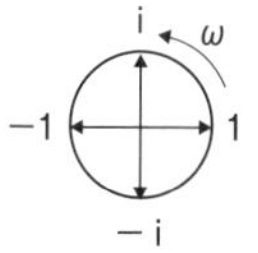

$$\begin{bmatrix} |0\rangle \\ |1\rangle \\ |2\rangle \\ |3\rangle \end{bmatrix} \rightarrow \frac{1}{\sqrt{4}}\begin{bmatrix} 1 & 1 & 1 & 1 \\ 1 & \omega & \omega^2 & \omega^3 \\ 1 & \omega^2 & \omega^4 & \omega^6 \\ 1 & \omega^3 & \omega^6 & \omega^9 \end{bmatrix}\begin{bmatrix} |0\rangle \\ |1\rangle \\ |2\rangle \\ |3\rangle \end{bmatrix}$$

$|0\rangle = |00\rangle$
$|1\rangle = |01\rangle$
$|2\rangle = |10\rangle$
$|3\rangle = |11\rangle$

3キュビット

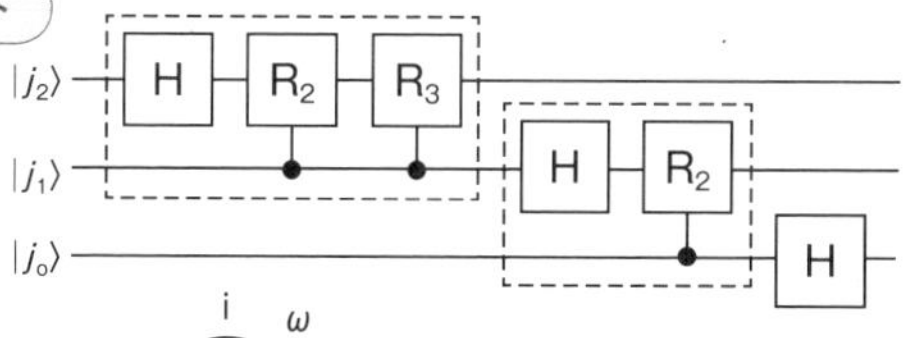

$$\frac{1}{\sqrt{2}}\left(|0\rangle + \exp(i2\pi 0.j_2 j_1 j_0)|1\rangle\right)$$

$$\frac{1}{\sqrt{2}}\left(|0\rangle + \exp(i2\pi 0.j_1 j_0)|1\rangle\right)$$

$$\frac{1}{\sqrt{2}}\left(|0\rangle + \exp(i2\pi 0.j_0)|1\rangle\right)$$

$n = 3$
$N = 8$
$\omega = e^{i\pi/4}$
$= \frac{1}{\sqrt{2}}(1 + i)$

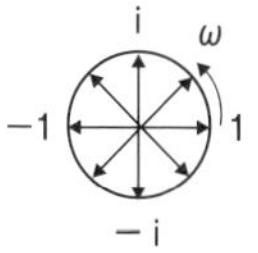

j_2、j_1、j_0 は0または1として、
2進小数表記 $0.j_2 j_1 j_0 \rightarrow j = j_2 2^{-1} + j_1 2^{-2} + j_0 2^{-3}$
（参考）
2進整数表記 $j_2 j_1 j_0 \rightarrow j = j_2 2^2 + j_1 2^1 + j_0 2^0$

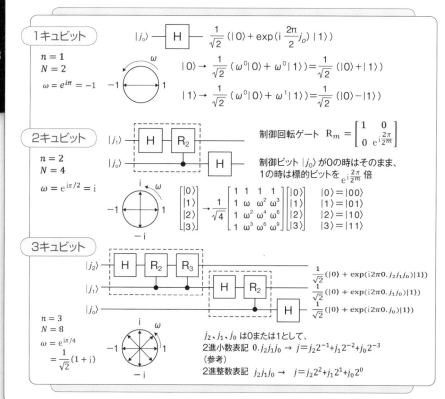

34 量子誤り訂正とは?

フォールト・トレラント計算

コンピュータはいつも正確な計算結果を出してくれますが、古典コンピュータでは、回路での熱雑音や外部からの雑音により、確率的に0が1に変化するビット反転エラーが起こる場合があります（上図）。このエラーに対しては、確率的な訂正機能が働いて、自動でエラーを検出・訂正しています。

一方、量子コンピュータの場合には、エラーの有無をチェックするために量子ビットを直接測定しようとすると、量子状態が変化してしまいます。また、同じ量子状態をコピーしてエラーをチェックしようとしても、量子力学の基本法則としての「ノークローニング（非クローン化、量子複製不可能）定理」により、コピー（クローン）をつくることはできません。エラーがある場合とない場合の重ね合わせの状態が100％作られてしまうので、特別なアルゴリズムが必要となってきます。

古典コンピュータで行われるエラー訂正の原始的な方法は、同じ計算を何度も行い、多数決でエラーの有無を決めることです（下図の上段）。現実的なエラー訂正の方法としては、nビットの情報を表すのにnビットより多いビット数で表すことです。

量子エラーとしては、ビット反転のほかに、位相フリップのエラーがあります。一般に、データの誤りを訂正するために加えられる符号を「誤り訂正符号」とよびます。データを符号化（エンコード）すれば、ビットにある程度のエラーが生じても、元の状態に復号（デコード）することができます。この計算をフォールト・トレラント（誤り耐性）計算とよびます。

量子エラー訂正の簡単な例を下図に示します。ビット反転の場合には、2つの補助ビットを追加し、両方とも変化があれば、Xゲートにより自動で訂正を行います。位相フリップエラーについては、さらにアダマールゲートを加えて、エラーの自動訂正が可能となります。より一般的に、これらのエラーの重ね合わせとして、自動訂正を行うことができます。

要点BOX

- 量子ビットはコピーによるエラー修正不可
- 量子誤り訂正符号を加え、CNOT、Hゲートを利用して量子エラー訂正

古典および量子ビットエラー

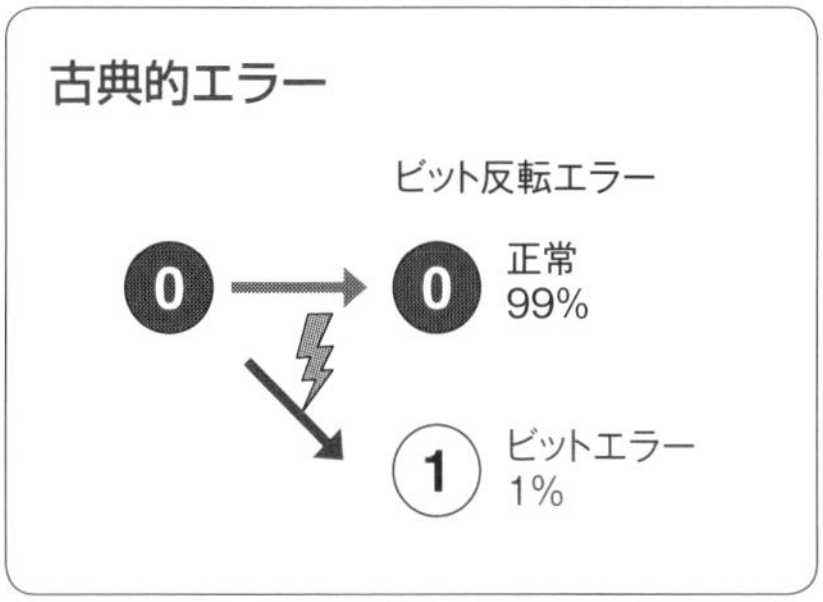

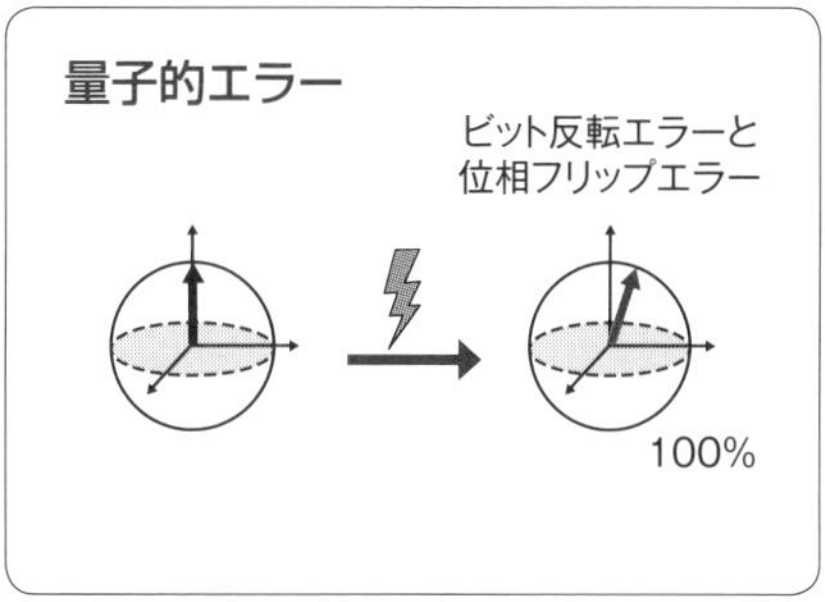

古典および量子誤り訂正

古典誤り訂正符号

量子誤り訂正符号

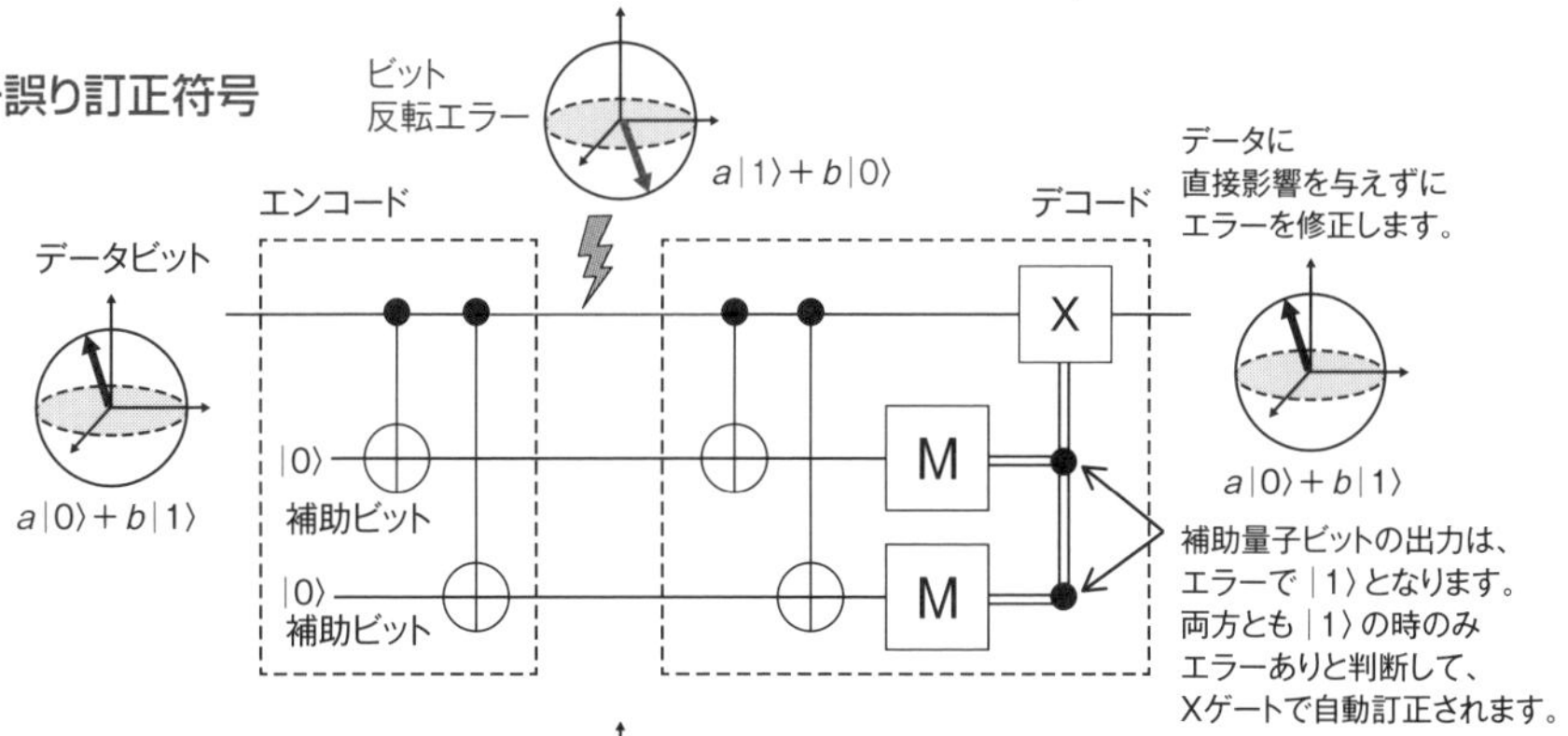

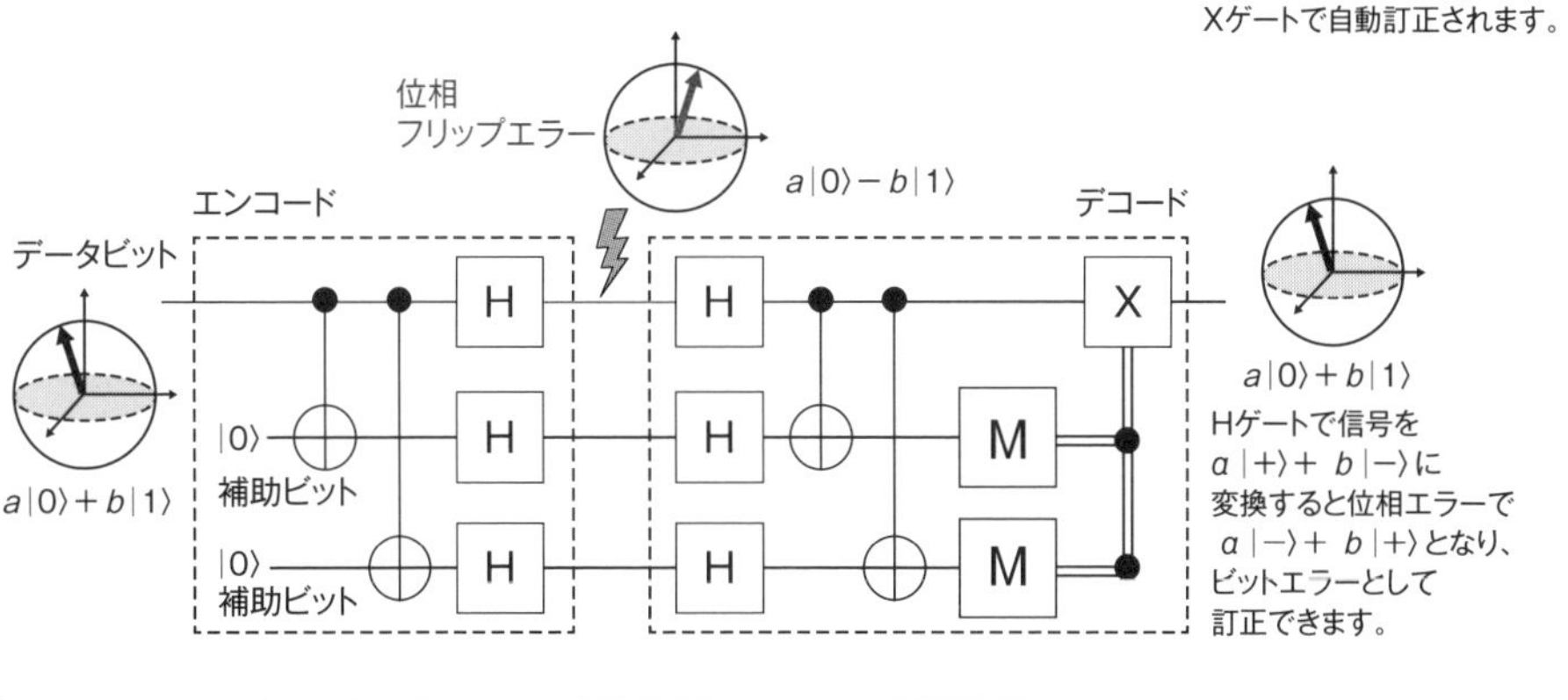

記憶が80分しか続かない数学博士！

映画『博士の愛した数式』(2006年)

物理の中で最も美しい式のひとつとして、アインシュタインのエネルギーの式$E=mc^2$があります。座標系に依らず速度不変という不思議な光の速度cを使って、エネルギーEと質量mを結びつけています。

数学でも、目を見張る美しい式があります。これが映画で登場する「博士の愛した数式」です。まったく無関係に思われる虚数、円周率、ネイピア数で作られる美しい等式です。

映画は、交通事故により80分しか記憶の続かない障害を抱えた数学博士とその家で家政婦として働くシングルマザーの姿を描く心温まる物語です。

第一回本屋大賞を受賞(2004年)した小川洋子原作の小説の映画化です。最近では、本屋大賞作品は多くが映画化されています。第9回「舟を編む」、第13回「羊と鋼の森」、第14回「蜜蜂と遠雷」などがあります。

映画の中の「博士の愛した数式」は、虚数単位iと円周率πとの積を指数として、ネイピア数(自然対数の底《てい》)の指数乗に1を加えることでゼロになるという美しい数式です。これはオイラーの等式と呼ばれており、オイラーの公式で、角度θ(シータ)を180度(ラジアン単位でπ)とすれば導き出されます。

このオイラーの公式25 26は、量子力学でのブロッホ球14での状態ベクトルの回転27に関連しています。

映画の中では、どのような数字でも(負数や虚数でも)やさしく包んでくれる「ルート」や、独立自尊で孤高の数字「素数」、潔い驚愕の数「階乗」、さらに、「完全数」や「友愛数」が話題として飛び出してきます。数学は美しく楽しい学問です。量子情報科学を含めて、さまざまな科学への応用も行われてきています。まずは、完全数などの数字に親しんでもらえればと思います。

オイラーの等式

$$e^{i\pi} + 1 = 0$$

$$e = 2.718281828459045\cdots$$

オイラーの公式

$$e^{i\theta} = \cos\theta + i\sin\theta$$

オイラーの等式と公式

『博士の愛した数式』
原作：小川洋子
製作：2006年　日本
監督：小泉堯史
主演：寺尾聡、深津絵里
配給：アスミック・エース

第6章

量子回路と
量子アルゴリズムとは？

35 量子計算は従来となにが違うのか?

量子計算の回路とアルゴリズム

古典コンピュータでは、電気パルスに相当するビット（情報の最小単位）を電気素子に対応するゲート（ビットの変更操作）で制御します。電気素子の組み合わせの電気回路図に対応するのが、ゲートの組み合わせを示す「ゲート論理回路」です。

一方、演算のための論理回路を作るための手順や計算方法は「アルゴリズム」と呼ばれます。「算法」と訳されることもあります。そのアルゴリズムを計算機へ命令する文が「プログラム」であり、その言語が「プログラム言語」です。

量子回路は、従来のゲート回路と異なる原理で構築されています（**上図**）。古典回路と異なり、量子回路では入力と出力の数が必ず同じで、演算が可逆的です。量子計算では、量子並列性と量子干渉性を組み合わせて演算を行いますが、量子状態のビットのコピー（複製）ができない点にも特徴があります。

量子ゲートを要素として組み合わせて、さまざまな量子回路（量子論理回路）を作ることができます。足し算回路37や乱数回路38などがあります。また、量子コンピュータでは特別の量子アルゴリズム（計算手順）も必要となります。

例えば、古典アルゴリズムでは1ビットで8個の入力に対して、シリーズで8回の計算が必要になりますが、量子アルゴリズムでは3キュビットでの1回の演算で済むことになります（**中図**）。3キュビットの量子並列により重ね合わせ状態を作り、量子ビットの量子干渉を起こさせて量子演算を行うことができます。ただし、古典コンピュータでの並列計算とは異なり、並列計算の重なり合った状態の観測は不可能であり、結果は3個しか得られません。

計算量低減のための量子アルゴリズムとして（**下図**）、量子フーリエ変換利用の素因数分解42、量子検索43や、量子シミュレーションのアルゴリズムなどが開発されてきています。

要点BOX

- 量子ゲートの組み合わせとしての量子回路
- 量子回路作成手順としての量子アルゴリズム
- 素因数分解や量子検索に利用

古典回路と異なる量子回路の特徴

- 量子計算は入力と出力の数が同じ
- 量子計算は演算が可逆的
- 量子並列性と量子干渉性を組み合わせる
- 量子計算では複製が不可能

量子アルゴリズムの考え方

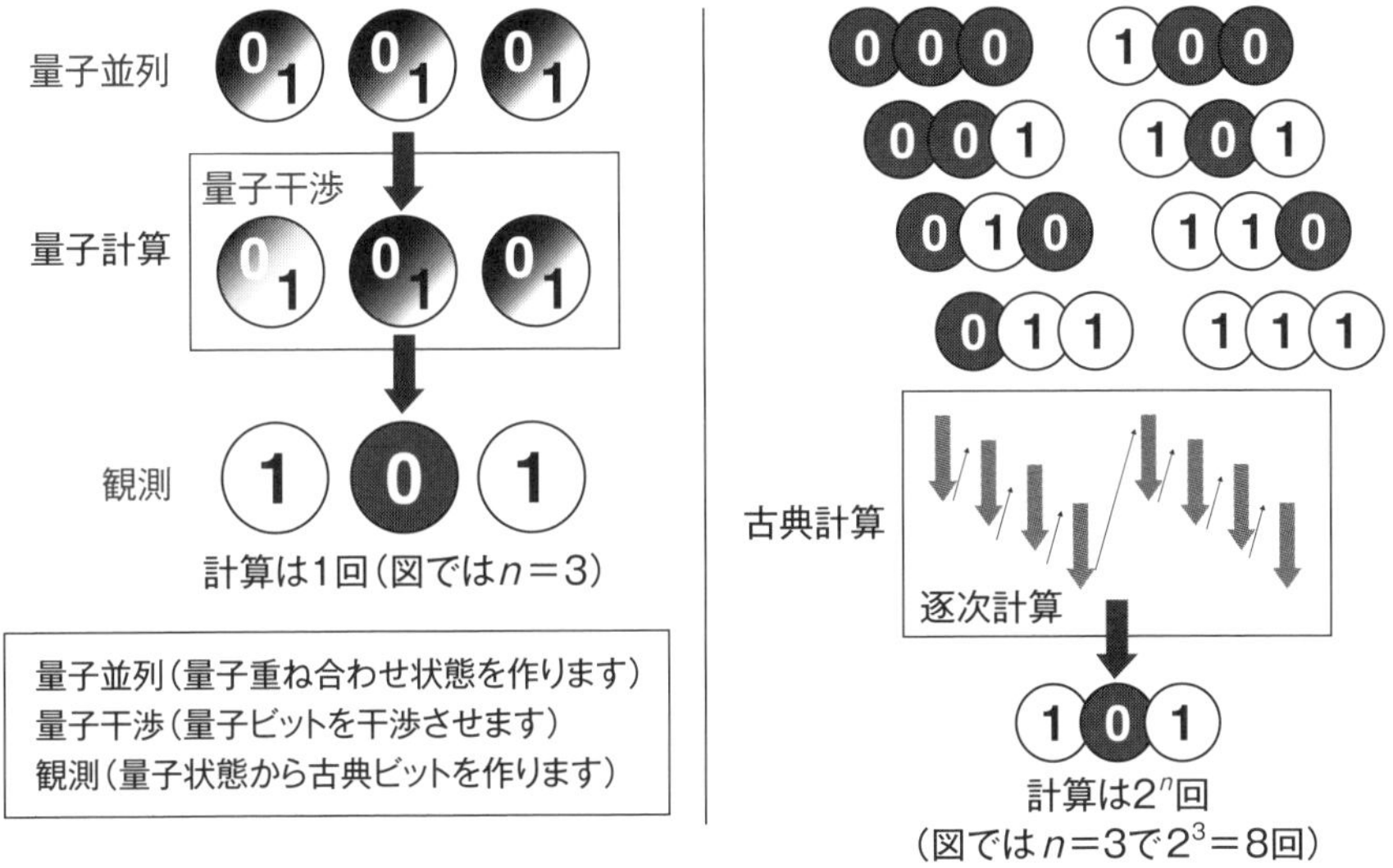

量子アルゴリズムの例と計算量比較

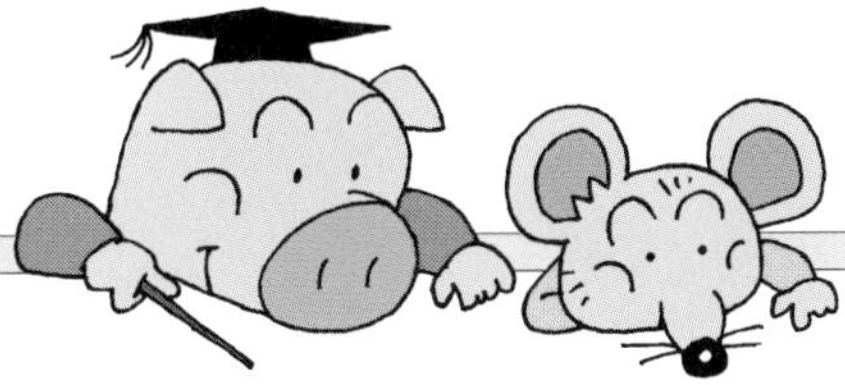

		量子計算	古典計算
関数推定問題	ドイッチュ=ジョサ(1992) 36	O(1)	O(2^n)
因数分解(位相推定)	ショア(1994) 38	O($\log_2{}^n$)	O(n)
量子検索(振幅増幅)	グローバー(1996) 39	O($2^{n/2}$)	O(2^n)
線形連立方程式	ハロー=ハシディム=ロイド(2009)	O(n)	O(2^n)

36 スワップ回路とは?

交換演算

単一キュビットの入出力のユニタリゲートに対して、2キュビットの入出力のユニタリゲートが定義されます。最も重要な2入力ゲートとして、制御NOTゲート[29]があります。1量子ビットの回転ゲートと2量子ビットの制御NOTゲートとの組み合わせによりすべての量子ゲートを作ることができ、万能量子ゲート[31]と呼ばれています。

2キュビット入力で2キュビット出力の量子回路の応用例として、2つの入力を交換する交換回路（スワップ回路、SWAP回路）があります（上図）。これはCNOTゲートの向きを交互に変えて3個つなげることで作ることができます。入力の直積状態から3個のCNOT演算により制御ゲートが1の場合に否定する論理を考えて、上図のように順次たどっていくことで、01と10との交換がなされることが示されています。これはxのビットとyのビットを交換したことに相当します。CNOTゲートの演算行列の掛け算からも、SWAP行列演算子を導くことができます。

交換回路を作るのに毎回3個の制御NOTゲートを書くのは煩わしいので、量子回路図上では、バツを描いて結ぶか、または、線をクロスさせるか、の表示で交換ゲートを表します（中図）。

下図には、制御NOTゲートやアダマール（H）ゲートを用いた回路例を示しています。CNOTゲートを2つつなげることで、恒等回路となります。CNOTの演算行列の掛け算で恒等ゲートが得られることがわかります。また、CNOTゲートの2入出力の前後にHゲートを加えることで、制御ビットと標的ビットとを逆にしたCNOTゲートと等価になります。HとHとのテンソル積により2キュビット入力の直積状態を表す演算子が定義され、これを用いて行列計算を行うことで、制御ビットと標的ビットとを逆にしたCNOT演算子が得られます。この演算行列を用いて、上図のスワップ演算行列が得られます。

要点BOX

●CNOTゲート3個で交換(スワップ)回路
●CNOTゲート2個で恒等ゲート
●CNOTとHゲートで逆さのCNOTゲート

交換回路(SWAP回路)

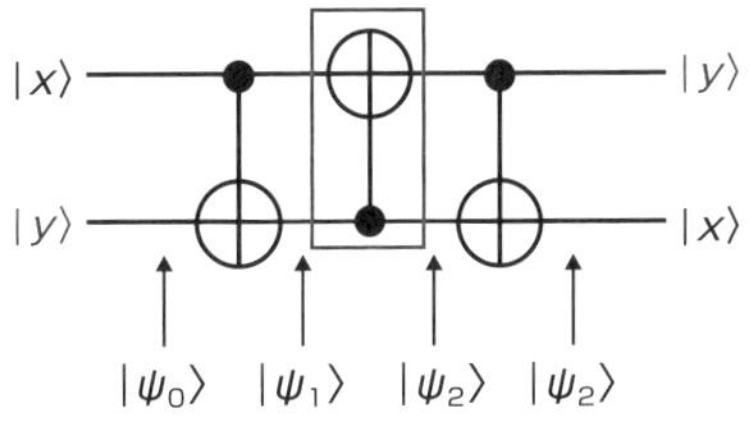

xのビットとyのビットとを交換します。
3個の制御NOTゲートで構成可能です。

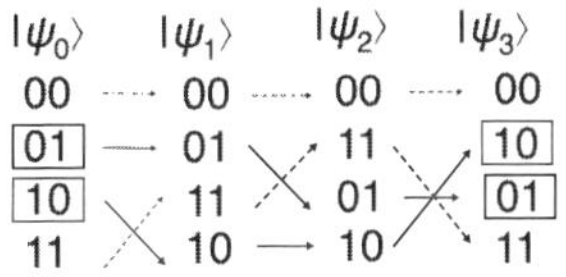

SWAP演算子

$$U_{\text{SWAP}} = \begin{bmatrix} 1 & 0 & 0 & 0 \\ 0 & 0 & 1 & 0 \\ 0 & 1 & 0 & 0 \\ 0 & 0 & 0 & 1 \end{bmatrix}$$

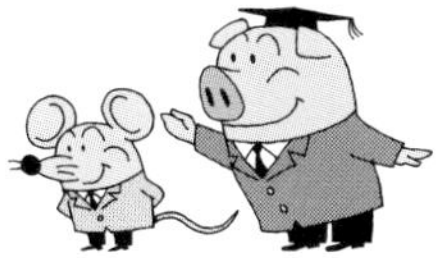

交換ゲートの他の表示法

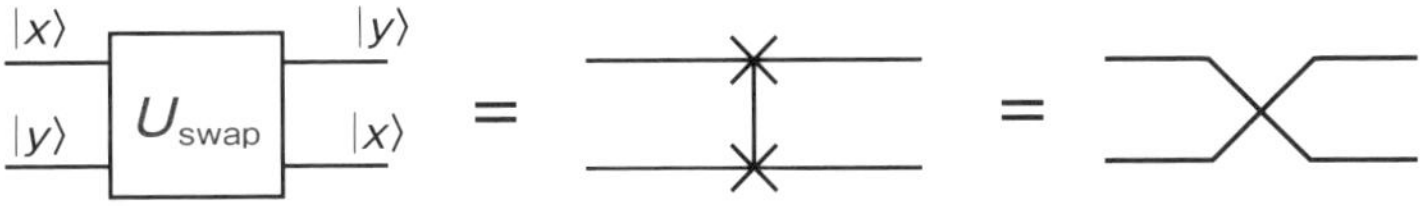

CNOTゲート、Hゲートの結合例

恒等ゲート

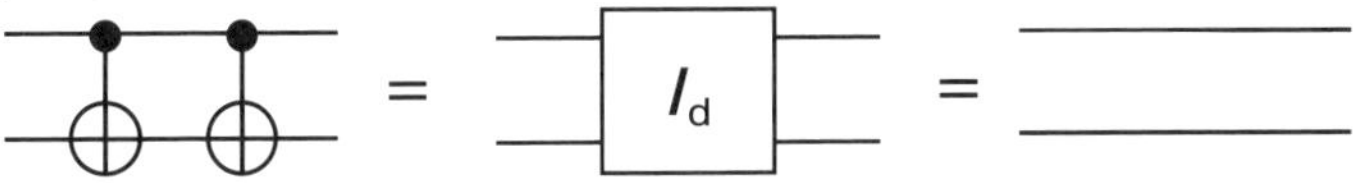

$$U_{\text{CN}}U_{\text{CN}} = \begin{bmatrix} 1 & 0 & 0 & 0 \\ 0 & 1 & 0 & 0 \\ 0 & 0 & 0 & 1 \\ 0 & 0 & 1 & 0 \end{bmatrix}\begin{bmatrix} 1 & 0 & 0 & 0 \\ 0 & 1 & 0 & 0 \\ 0 & 0 & 0 & 1 \\ 0 & 0 & 1 & 0 \end{bmatrix} = \begin{bmatrix} 1 & 0 & 0 & 0 \\ 0 & 1 & 0 & 0 \\ 0 & 0 & 1 & 1 \\ 0 & 0 & 0 & 1 \end{bmatrix} = I_{\text{d}}$$

制御と標的ビットを逆にしたCNOTゲート

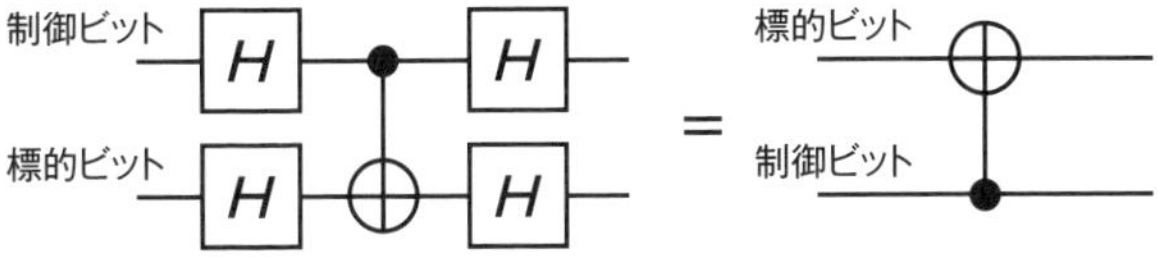

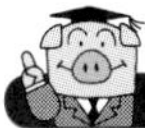

一口メモ

量子コンピュータでは、古典コンピュータと同様に、いろいろな回路(否定、和、積など)を組み込んで演算がなされます。交換回路(SWAP回路)もそのひとつです。古典コンピュータとの違いは、量子コンピュータでは0と1との重ね合わせのビットを扱える回路(量子回路)を用いることです。量子回路では、演算子はnキュビット入力の場合に$2^n \times 2^n$の成分の大規模な行列となります。

37 足し算回路は？

半加算回路と全加算回路

コンピュータでの数字の足し算では、まず数字を10進法から2進法に変換して、2進法での足し算を行う必要があります。

1ビットどうしの和の古典回路では、XOR（排他的論理和）で繰り上がりを無視した加算ができます（上図）。このゲートの出力は、2つの入力が異なる場合に1（真）、同じ場合に0（偽）とします。繰り上がり桁はAND（論理積）で計算されます。これは「半加算器（HA）」と呼ばれる桁上がりのない加算器です。

古典回路での半加算器は、和はXOR（排他的論理和）回路で、繰り上がり桁はAND（論理積）回路で表されます。例えば、二進数加算では1+1=10となりますが、桁上がり処理を行わない半加算器での出力としての和は1+1=0となります。この場合には桁上がりは1です。

半加算器では桁上がりを考慮していないのに対し、「全加算器（FA）」では下の桁からの桁上がりを考慮します（下図）。複数桁同士の加算の場合、下の桁からの桁上がりの入力を含めて上の桁への桁上がりの結果が得られるので、計算が可能となります。

量子回路でも、古典回路のように足し算を作ることができます。古典回路のXORでの桁上がりなしの足し算は、量子回路では制御NOT（CNOT）回路で表されます。桁上がりのAND回路は、量子ビット「0」を加えて、トフォリゲート30と呼ばれる制御制御NOT（CCNOT）ゲートを利用して、半加算の量子回路を作れます。この半加算回路での桁上がりの足し算の組を2つ合わせて、全加算回路が作られます。これを順次拡張して多ビットの数字の足し算が可能となります。

量子アルゴリズムでは、0と1との重ね合わせの量子ビットを入力として用いることで、古典回路では困難な膨大な計算が超高速で可能となります。

要点BOX

- ●半加算器は桁上がりのない加算器
- ●全加算器は下の桁からの桁上がりを含める
- ●CNOTとCCNOTゲートを利用

半加算器(Half Adder)

古典回路

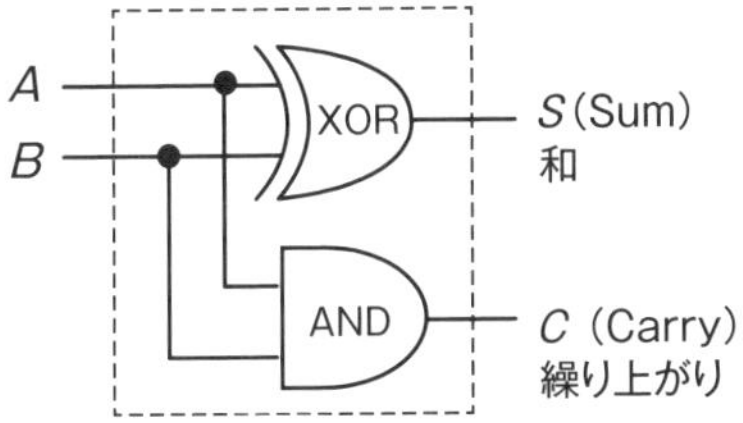

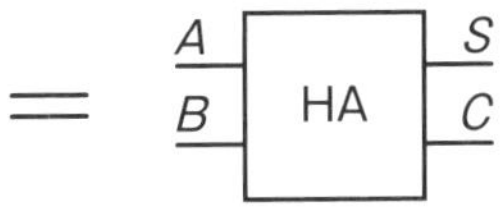

例えば　$A=1$、$B=1$のとき
2進法で　$A+B=10$($C=1$、$S=0$)

量子回路

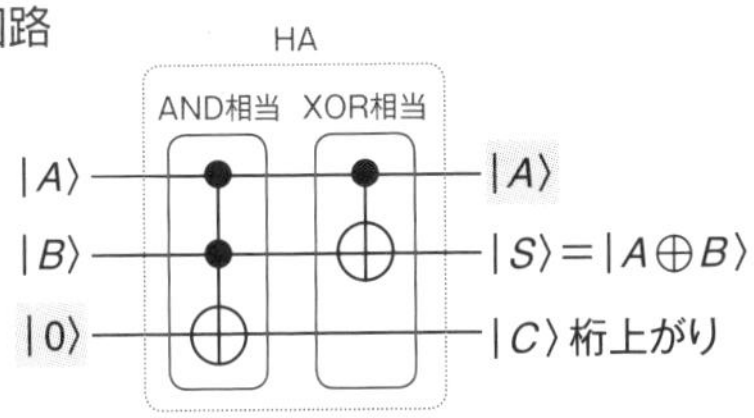

⊕：桁上がりなしの足し算

A	B	C	S
$\|0\rangle$	$\|0\rangle$	$\|0\rangle$	$\|0\rangle$
$\|0\rangle$	$\|1\rangle$	$\|0\rangle$	$\|1\rangle$
$\|1\rangle$	$\|0\rangle$	$\|0\rangle$	$\|1\rangle$
$\|1\rangle$	$\|1\rangle$	$\|1\rangle$	$\|0\rangle$

全加算器(Full Adder)

古典回路

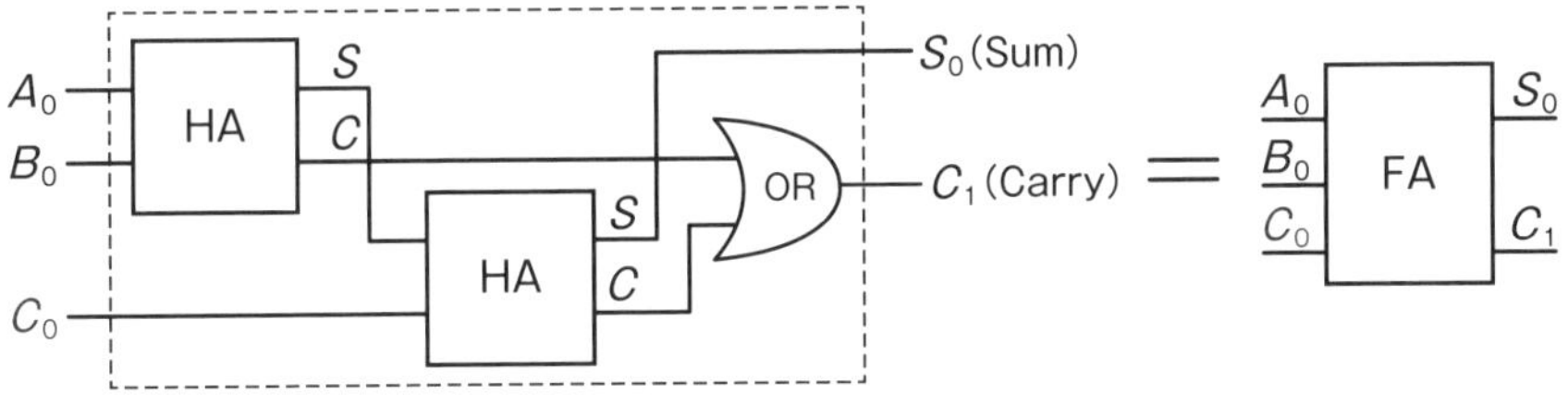

量子回路

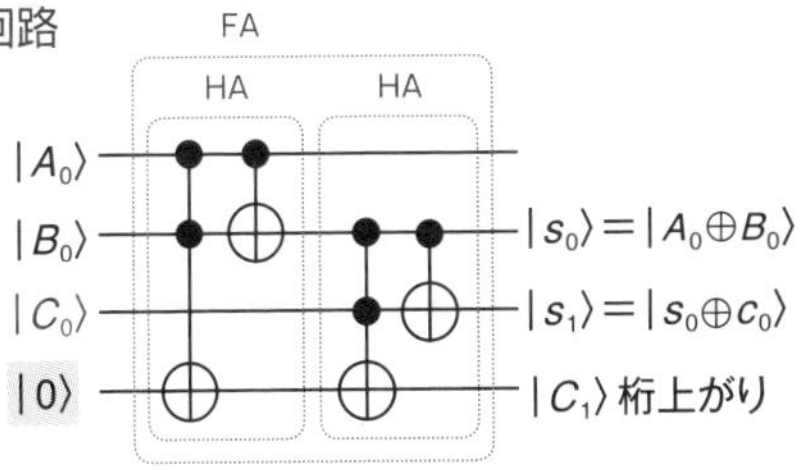

$|C_0\rangle$：下の桁からの桁上がりの入力

A_0	B_0	C_0	C_1	S_1
$\|0\rangle$	$\|0\rangle$	$\|0\rangle$	$\|0\rangle$	$\|0\rangle$
$\|0\rangle$	$\|1\rangle$	$\|0\rangle$	$\|0\rangle$	$\|1\rangle$
$\|1\rangle$	$\|0\rangle$	$\|0\rangle$	$\|0\rangle$	$\|1\rangle$
$\|1\rangle$	$\|1\rangle$	$\|0\rangle$	$\|1\rangle$	$\|0\rangle$
$\|0\rangle$	$\|0\rangle$	$\|1\rangle$	$\|0\rangle$	$\|1\rangle$
$\|0\rangle$	$\|1\rangle$	$\|1\rangle$	$\|1\rangle$	$\|0\rangle$
$\|1\rangle$	$\|0\rangle$	$\|1\rangle$	$\|1\rangle$	$\|0\rangle$
$\|1\rangle$	$\|1\rangle$	$\|1\rangle$	$\|1\rangle$	$\|1\rangle$

38 乱数回路を作る?

古典乱数と量子乱数

コンピュータでは、粒子挙動のシミュレーション実験や暗号の数列として乱数が使われています。通常は、本当の乱数列と異なり、周期性がある疑似乱数が利用されています。本当の意味での乱数（真正乱数）ではありません。

古典的な「疑似乱数」の作り方の例として、フォン・ノイマンによる「平方採中法」があります。4桁の数字を2乗すると7桁または8桁の数字が得られますが、7ケタの場合には最上位に0を加えて8桁として、真ん中の4桁の数字を乱数の一部とします。更にその4桁の数字を同様に2乗して乱数を求めます。この方法で乱数の数列が得られます。しかし、同じ数字が出れば、そこからループができることになります。

一方、「真正乱数」としては、原子核のアルファ崩壊からの放射線センサ信号や、レーザ光でのショットノイズ信号などの量子物理乱数があります。熱雑音信号などの物理現象を用いることもできますが、古典物理現象では初期条件がわかれば予測が可能となります。一方、量子現象を用いれば予測不可能です。

量子コンピュータでの量子論理回路では、アダマールゲートを用いて「量子乱数」を作ることができます。量子ビットの基底値「0」をアダマールゲートに入力すると、「0」と「1」との半分半分の重ね合わせ状態が作られます。これを観測演算することで、古典ビットとしての値「0」または「1」が得られます。これは量子乱数になります。例えば、このHゲートの回路を4列独立に（直接状態として）並べることで、2進法での4桁の真正乱数が作られます。この4ビットの場合には、10進法では0から15の間の乱数となります。

一般的にnビット並列で独立の量子乱数回路は、左頁の最下段に示したように、縮約した簡便な図で表示することができます。

要点BOX

- ●疑似乱数と真正乱数
- ●古典物理乱数と量子物理乱数
- ●アダマールゲートで量子乱数生成

量子乱数の生成

0の基底値をアダマールゲート（Hゲート）を通して測定します。

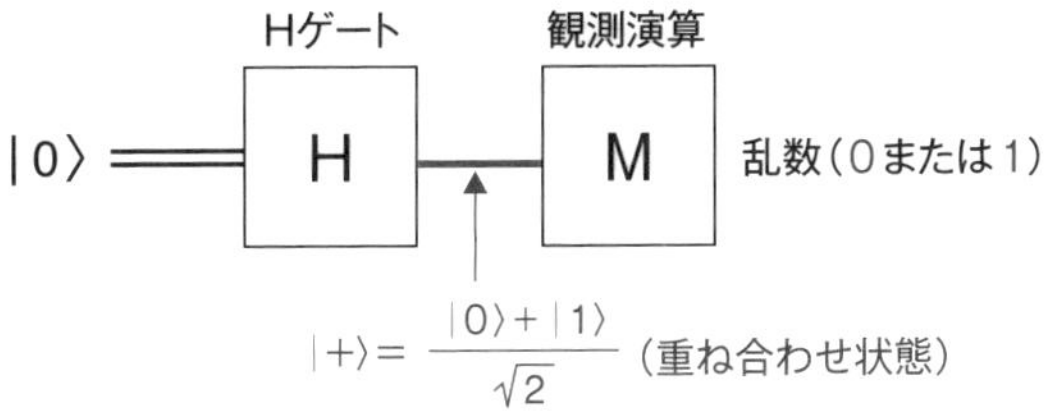

例えば、これを4列並べます。

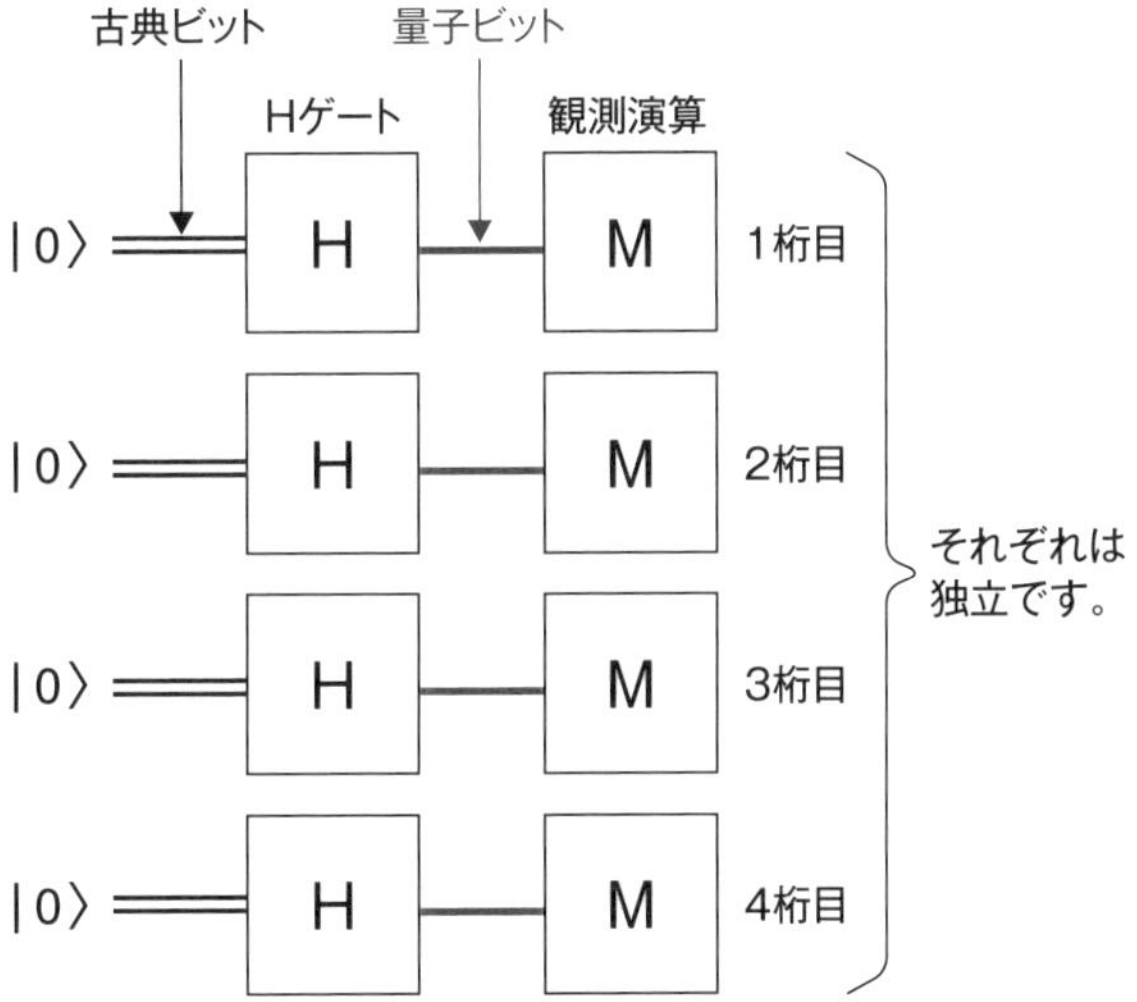

4ビットの場合、|0000⟩から|1111⟩までの2^4個（16個）が作られ、
2進法で4桁までの乱数（10進法では0～15の乱数）が生成できます。

*n*ビット並列（直積状態）回路の場合は、下記のように図示することもできます。

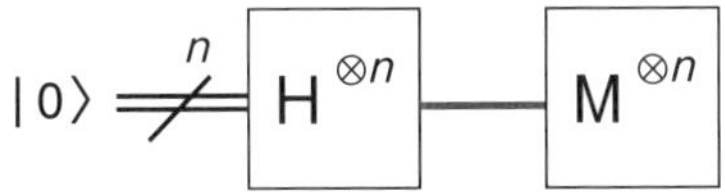

39 量子テレポーテーション回路とは?

ベルダガーゲート

量子もつれを利用した情報通信回路を考えてみましょう。量子もつれの現象を用いて情報を遠方へ瞬時に伝達されることを「量子テレポーテーション（量子空間転移）」17とよびます。残念ながら、スタートレックなどのSF映画で描かれているような物質が移動する「テレポーテーション（瞬間移動）」ではありません。

地上にいるアリスが月面のボブに量子情報を送るとします。送信者であるアリスの環境内の粒子の状態を、受信者であるボブの粒子で再現させるには、元の粒子の送りたい情報を壊さなくてはなりません。量子の世界では、ノークローニング（非クローン化、量子複製不可能）定理により、量子状態の複製を作ることができないからです。複製ではなく、量子もつれ現象を用いて量子情報を送る方法が、量子テレポーテーションです。

左図上段に量子テレポーテーションの量子回路を示しました。まずアダマールゲートと制御NOTゲートを組み合わせたベルゲート32を用いて、量子もつれ状態を作ります。ベルゲートに00の入力を加えると、00と11だけの和で表されるもつれた状態の出力が得られます。送りたい情報（状態ベクトル）とこのベルゲートの出力の1つとをベルダガーゲートの入力とします。ベルダガーゲートは、量子もつれ状態から直積状態に変換するゲートであり、CNOTゲートにHゲートをつなげます。出力を測定して「1」の場合におのおののXゲートとZゲートの制御を行います。実際に、アリスの量子情報がボブに届くことを、左頁の一口メモに詳細に記載しましたので、気になる方は確認してみてください。

以上の量子テレポーテーションの技術は、量子暗号に利用されています。盗聴者が途中で信号を盗めば、通信チャンネルの擾乱として盗聴が明らかとなってしまいます。この量子の世界の原理が量子通信で利用されているのです。

要点BOX

- ●量子テレポーテーション（量子空間転移）
- ●ベルゲートとベルダガーゲート
- ●ノークローニング（量子複製不可能）定理

量子テレポーテーションの量子回路

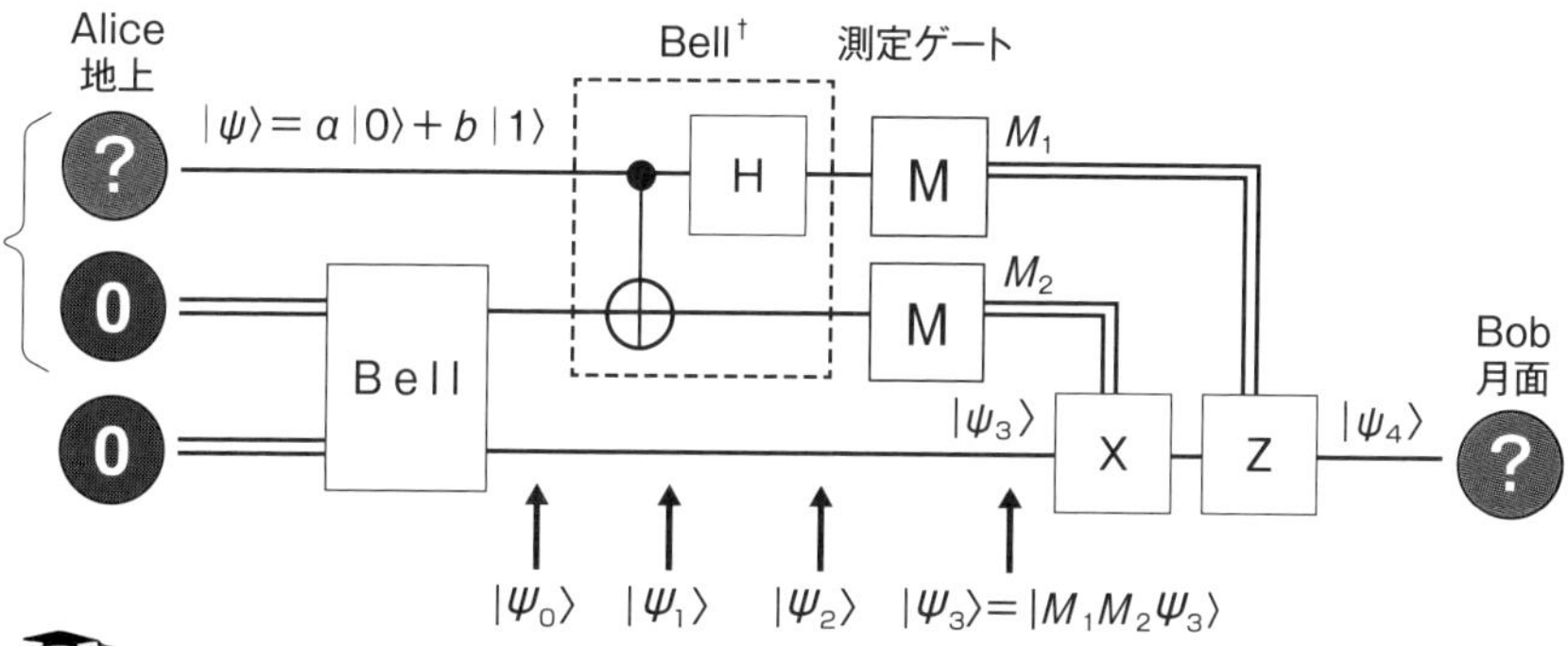

一口メモ

地上のアリスが送った同じ量子情報が
月面のボブに届く仕組みを、数式で確認してみましょう。

ベルゲート後

$$|\psi_0\rangle = |\psi\rangle \otimes \frac{1}{\sqrt{2}}(|00\rangle + |11\rangle)$$

$$= \frac{1}{\sqrt{2}}\{a\,|0\rangle \otimes (|00\rangle + |11\rangle) + b\,|1\rangle \otimes (|00\rangle + |11\rangle)\}$$

CNOTゲート後

$$|\psi_1\rangle = \frac{1}{\sqrt{2}}\{a\,|0\rangle \otimes (|00\rangle + |11\rangle) + b\,|1\rangle \otimes (|10\rangle + |01\rangle)\}$$

Hゲート後

$$|\psi_2\rangle = \frac{1}{\sqrt{2}}\{a\,\frac{|0\rangle + |1\rangle}{\sqrt{2}} \otimes (|00\rangle + |11\rangle) + b\,\frac{|0\rangle - |1\rangle}{\sqrt{2}} \otimes (|10\rangle + |01\rangle)\}$$

$$= \frac{1}{2}(a\,|000\rangle + a\,|011\rangle + a\,|100\rangle + a\,|111\rangle + b\,|010\rangle + b\,|001\rangle - b\,|110\rangle - b\,|101\rangle)$$

$$= \frac{1}{2}|00\rangle \otimes (a\,|0\rangle + b\,|1\rangle) + \frac{1}{2}|01\rangle \otimes (a\,|1\rangle + b\,|0\rangle) + \frac{1}{2}|10\rangle \otimes (a\,|0\rangle - b\,|1\rangle) + \frac{1}{2}|11\rangle \otimes (a\,|1\rangle - b\,|0\rangle)$$

Mゲート後（ベルダガーゲート後）

$|M_1 M_2\rangle$ は、$|00\rangle$ ～ $|11\rangle$ の4個、確率は1/4で確率振幅は1/2

$|00\rangle$ の場合：$|\psi_3\rangle = a\,|0\rangle + b\,|1\rangle$　ゲートなしで　$|\psi_4\rangle = |\psi\rangle$

$|01\rangle$ の場合：$|\psi_3\rangle = a\,|1\rangle + b\,|0\rangle$　Xゲートで　$|\psi_4\rangle = |\psi\rangle$

$|10\rangle$ の場合：$|\psi_3\rangle = a\,|0\rangle - b\,|1\rangle$　Zゲートで　$|\psi_4\rangle = |\psi\rangle$

$|11\rangle$ の場合：$|\psi_3\rangle = a\,|1\rangle - b\,|0\rangle$　X+Zゲートで　$|\psi_4\rangle = |\psi\rangle$

40 ドイチュ＝ジョサ・アルゴリズムとは?

関数の推測問題

量子計算機が古典計算機に対して明確に優位であることを示すアルゴリズムの例として、ドイチュ＝ジョサ・アルゴリズムがあります。1992年にイギリスのデイヴィッド・ドイチュとオーストラリアのリチャード・ジョサにより提案されました（**上図**）。入力がnビットで出力が1ビットの関数があるとします。この関数が定数型（すべてのxに対して関数が0、または、1の一定の値）か、あるいは、分布型（ちょうど半分のxに対して関数が0で、残り半分に対して関数が1（xの分布は任意））か、どちらであるかを特定する「関数の推測問題」です。

古典コンピュータで解く場合には、0または1の全入力は2^n個ですが、この半分の2^{n-1}個まで関数を計算して、更に1個計算することで定数型か分布型かがわかります。計算量は指数関数的な位数（オーダー）で2^nです。

実際の量子アルゴリズムを下図に示します。①n個の「0」と1個の「1」とを初期入力として、②アダマール（H）ゲートを通して量子並列性を作ります。③関数を含めたオラクルゲートを通しての量子干渉性を考えます。④$n+1$ビットの測定結果の上位nビットの値が全て0であれば定数型であり、それ以外は分布型です。ここで、「オラクル」とは「古代ギリシャの神託」と訳されますが、正誤を確認するアルゴリズムを意味しています。ここでは、yと関数値fとの排他的論理和（足し算）の演算です。

古典コンピュータでは関数を$2^{n-1}+1$回呼び出す必要がありますが、量子コンピュータでは$n+1$個の入力の量子ゲートを原理的に1回作用させることで問題を解くことができます。

この関数の推測問題のアルゴリズムの実用性はほとんど認められませんが、指数関数時間から多項式時間に短縮可能なアルゴリズムなので、量子計算の優位性を初めて示した点で重要なアルゴリズムです。

要点BOX

- ●ドイチュ＝ジョサのアルゴリズムは、関数が定数型か分布型かの関数推測問題
- ●指数関数時間から多項式時間に短縮可能

ドイチュ＝ジョサ・アルゴリズム（1992年）

問題の設定「関数の推測問題」

入力がnビット（入力2^n個）で、出力が1ビットの関数 $f(x)$ があるとします。
この関数が

定数型（すべての x に対して、$f(x) = 0$、または、$f(x) = 1$）、

分布型（ちょうど半分の x に対して$f(x) = 0$で、残り半分で$f(x) = 1$）、

どちらであるかを特定する問題を考えます。

計算量

古典コンピュータでは、

全入力個数の半分以上の $2^{n-1}+1$個までの計算で推定できます。

計算量は指数関数的な 2^n のオーダーです。

量子コンピュータでは、

オラクル（oracle）ゲート $|x\rangle|y\rangle \rightarrow |x\rangle|y \oplus f(x)\rangle$ を定義し、

これを1回作用させることで解け、計算量が $n+1$個で圧倒的に少ない。

課題

限定された問題設定であり、実用性にとぼしい。

ドイチュ=ジョサ・アルゴリズムの実際

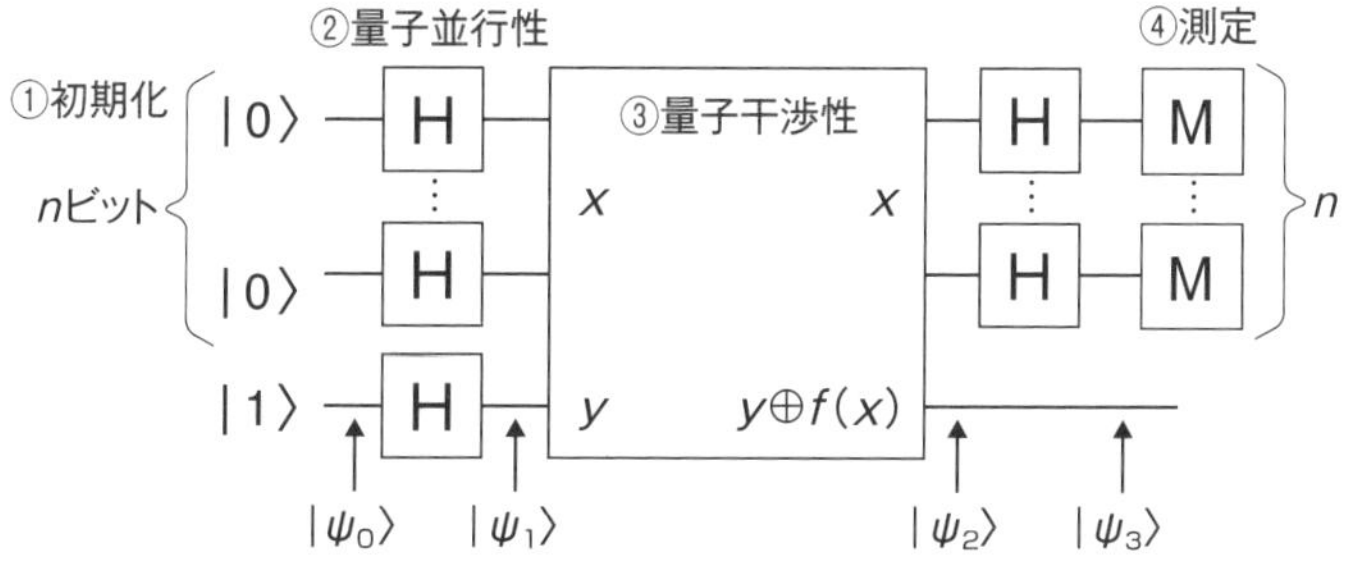

(1) 上の量子回路に $|\psi_0\rangle = |00 \cdots 0\rangle|1\rangle$ を入力します。

(2) 出力された結果の上位nビットを測定します。

(3) 測定結果の上位nビットが $|00 \cdots 0\rangle$ であれば定数型で、
そうでなければ分布型であると判断します。

41 素数判定と素因数分解の方法は?

フェルマーの小定理

自然数（正の整数）は、素数と合成数（1以外の2つ以上の素数の積）に分類できます。合成数の因数分解の問題では、ある数が素数かどうかの素数判定が重要であり、決定的判定法と確率的判定法があります（**上図**）。

単純な決定的判定法としては、判定したい自然数をNとして、2から$N-1$までNを割ってみることです（試し割り法）。どこかで割り切れたらNは合成数であり、最後まで割り切れなかった場合が素数です。Nまでの全ての素数を見つけるには古代ギリシャの「エラトステネスのふるい」の方法もあります。2に印をつけて2の倍数を消去し、残りの次の小さな数3に印をつけてその3の倍数を消去し、さらに印と削除を続けていき、残った印をつけた数すべてが素数となります。

素数の確率判定法としては、フェルマーの小定理の対偶（結論の否定から仮定の否定を導く定理）を用いる方法があります。「フェルマーの小定理」とは、pを素数とし、aをpの倍数でない整数（aとpは互いに素）とするときに、aの$p-1$乗をpで割った余りが1であるという定理です。有名なフェルマーの最終定理と区別するために「小」定理とよばれています。この定理を用いた因数分解法の実際は、次項のショア・アルゴリズムで述べます。そのための初等整数論として、割り算での剰余を表すモジュロ関数や法と合同、さらに合同式と位数（いすう、オーダー）を定義します（**中図**）。

また、2つの整数（上記のaとp）が互いに素かどうかを調べるのに、「ユークリッド互除法」を用いて最大公約数を求めることができます。大きい整数を小さな整数を除数として剰余を求め、さらに除数と剰余からさらに剰余を求め、最終的に最大公約数を求めることができます（**下図左**）。これを図で理解することもできます（**下図右**）。

要点BOX

- ●決定的と確率的との素数アルゴリズム
- ●互いに素な数に関するフェルマーの小定理
- ●最大公約数を求めるユークリッドの互除法

素数判定法

決定的	試し割り法
確率的	フェルマーの小定理

整数論の基礎

mod（モジュロ）関数……整数 a ÷ 除数 n ＝ 商----剰余 c　のとき、
$\mathrm{mod}(a, n) = c$　または　$a\ (\mathrm{mod}\ n) = c$

法と合同……a を n で割った余りと b を n で割った余りが同じとき、
$\mathrm{mod}(a,n) = \mathrm{mod}(b,n)$　a と b とは 法 n に対して合同という。

合同式……a と b を n で割った余りが等しいとき、
$a \equiv b\ (\mathrm{mod}\ n)$　「a 合同 b モッド n」と読みます。

位数（いすう、オーダー）……$a^r\ (\mathrm{mod}\ n) = 1$ を満たす最小の自然数 r を位数という。

フェルマーの小定理……p が素数、a が任意の自然数のとき　$a^p \equiv a\ (\mathrm{mod}\ p)$
特に、p が素数で、a と p とが互いに素な自然数のとき
$a^{p-1} \equiv 1\ (\mathrm{mod}\ p)$

ユークリッドの互除法（最大公約数の求め方）

gcd : greatest common divisor

2 つの自然数 $a, b\ (a \geqq b)$ で、a を b で割った余りを c とすると、
a と b との最大公約数 $\mathrm{gcd}(a, b)$ は、
b と c との最大公約数 $\mathrm{gcd}(b, c)$ に等しい。

$$c = \mathrm{mod}(a, b) \rightarrow \mathrm{gcd}(a, b) = \mathrm{gcd}(b, c)$$

一口メモ

例題：147と105との最大公約数を求めよ → （答）21

計算法

整数		除数			剰余
147	÷	105	＝ 1	あまり	42
105	÷	42	＝ 2	あまり	21
42	÷	21	＝ 2	あまり	0

（21：最大公約数）

整数と除数から剰余を求め、
除数と剰余からさらに剰余を求めます。

図式法

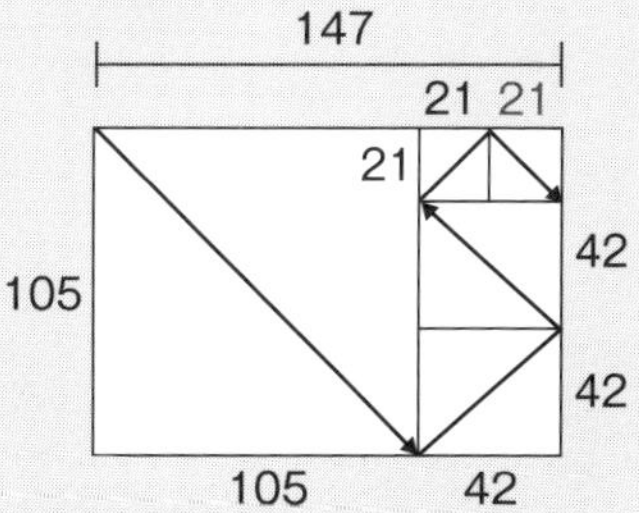

長方形を正方形で埋めていきます。

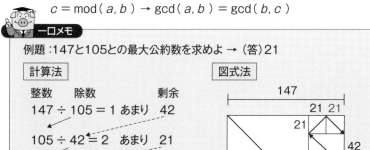

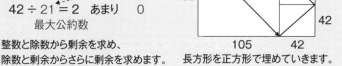

42 ショア・アルゴリズムとは?

量子素因数分解と暗号解読

数百ケタの数字の素因数分解は非常に困難です。このことを前提として、現代社会では、金融や防衛などに関連するさまざまな暗号が用いられています。これを古典コンピュータで解こうとすると、数百年以上の期間がかかり、事実上解くことができません。

一方、量子コンピュータでは素因数分解を高速に解ける可能性があることを、米国のピーター・ショアが示しました。これにより、現在の暗号がすべて解読されてしまうのでは、との懸念も広がりました。

ショアの素因数分解アルゴリズムは上図に示すように①～⑥の手順にまとめられます。因数分解する自然数をNとします。簡単のためNは2つの素数pとqとの積とします。①数字の2からNの平方根までの1つの自然数aを選びます。②aとNとの最大公約数が1ならば③に進み、1以外ならば①に戻ります。③aのr乗をNで割った余りが1となる最小の自然数r（これを位数《いすう》（あるいはオーダーと呼びます）を求めます。④rが偶数ならば⑤へ、奇数ならば①からやり直します。⑤$a^{r/2}+1$とNとの最大公約数p'と、$a^{r/2}-1$とNとの最大公約数q'を計算します。⑥p'かq'のいずれかがNならば①からやり直します。そうでなければ、p'かq'が求める素因数pとqとになります。

②と⑤の最大公約数の計算は、ユークリッドの互除法41などで古典コンピュータでも容易に計算することができます。③の位数を求める計算箇所で、量子コンピュータによる高速演算が可能となります。

位数を求める量子回路は、位相推定アルゴリズム（下図）と呼ばれ、nビットの入力をアダマールゲートに通して、順番に異なる位相の変換を行います。ブラックボックス（オラクル）としての制御ユニタリ行列演算子Uに対して、固有値（λ：ラムダ）と固有ベクトル$|u\rangle$を定義し、量子フーリエ変換33の逆変換を行うことで、位相を推定することができます。

要点BOX

- 現在の暗号は大きな数の素因数分解利用
- ショア・アルゴリズムで高速での素因数分解
- 量子フーリエ逆変換の位相推定アルゴリズム

素因数分解のショア・アルゴリズム（1994年）

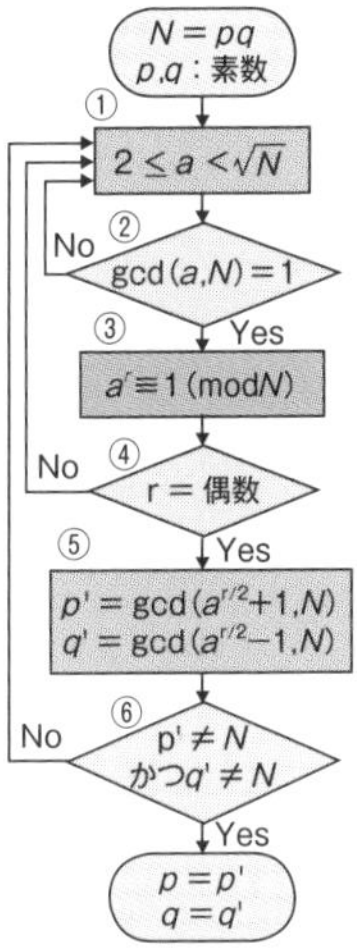

因数分解する自然数をNとします。
簡単にするためNは2つの素数p、qの積（$N=pq$）とします。

① 2から$\sqrt{N}$までの1つの自然数aを選びます。

② aとNとの最大公約数gcd（a,N）が1ならば③に進み、
1以外ならばに①戻ります。

③ mod N におけるaの位数r（となる最小の自然数r）を求めます
（フェルマーの小定理の利用）（量子コンピュータによる高速化）

④ rが偶数ならば⑤へ、奇数ならば①からやり直します。

⑤（a^r-1）がNで割り切れるので、最大公約数
$p'=\gcd(a^{r/2}+1, N)$、$q'=\gcd(a^{r/2}-1, N)$を計算します。

⑥ p',q'のいずれかがNならば①からやり直します。
そうでなければp',q'が求める素因数p,qです。

位数を求める量子回路

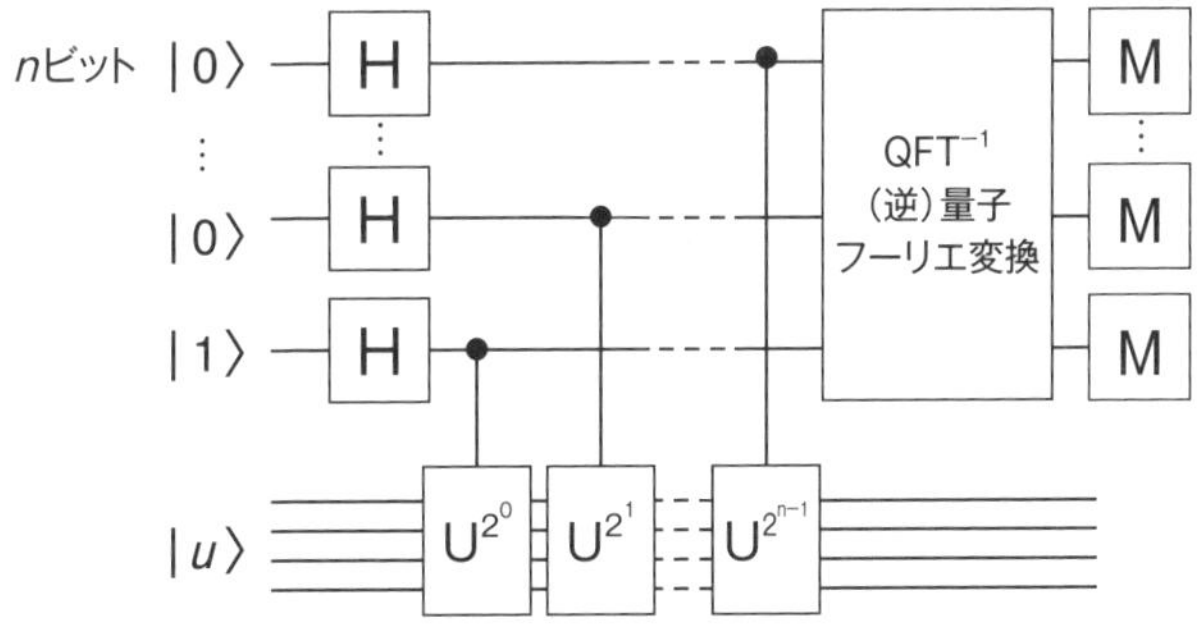

位相推定アルゴリズムとは?

Uを制御ユニタリ演算子として、固有値$e^{2\pi i\phi}$と固有ベクトル$|u\rangle$を考え

$U|u\rangle = e^{2\pi i\phi}|u\rangle \quad 0 \leqq \Phi < 1$ となる Φ を推定します。

Φは2進小数表記として　$\Phi = 0.\Phi_1\Phi_2\Phi_3\cdots\Phi_n$

制御ビットが1の時

$|u\rangle \rightarrow U^{2^k}|u\rangle = e^{2\pi i 2^k \phi}|u\rangle \quad U^{2^k} = \underbrace{UUU\cdots U}_{2^k個}$ (k=0,1,2,⋯,n−1)

これをフーリエ逆変換してΦを推定します。

43 グローバー・アルゴリズムとは?

量子検索アルゴリズム

膨大なデータベースから必要なデータを検索するコンピュータの手法は、テキスト文や画像の検索から複雑な暗号コードの解読まで、あらゆるものに使用されています。検索を高速化することはコンピュータ科学上の発展のみならず、AIや組み合わせ最適化選択など社会変革の有益な鍵となっています。

例えば、N個(nビットとして2^n個)のデータの中から必要なデータを検索する問題を考えます。古典計算ではN個のファイルから1個のファイルを見つける確率は「N分の1」なので、1個のファイルに対応する状態の確率振幅は「Nの平方根の1」です。量子計算をうまく繰り返せば、正しいファイルに対応する状態の確率振幅が「Nの平方根分の1」だけ毎回増えるので、量子演算を「Nの平方根」回ほど行えば、確率振幅が1、すなわち、確率振幅の2乗としての確率自体も1になります。ここでは、確率振幅と存在確率という量子力学的な概念の関係を明白な形で応用しています。

検索のための計算時間(上図)は、量子アルゴリズムでも依然として指数関数時間ですが、数十キュビットの計算でも古典と量子との違いは膨大です。

下図にグローバーの検索アルゴリズムの手順を説明します。①初期設定としてすべて「0」を入力します。②アダマールゲートを通して量子化し、③オラクル回路を通します。ここでのオラクル回路(神託回路、ブラックボックス回路)は正誤を判定する回路であり、正しい場合にマイナスをつけます。次に④全体の確率振幅値の平均値を求めて、その値に対して折り返します。⑤これを反復していくと、オラクル回路でマイナスとなったビットの振幅が徐々に増大していきます。3量子ビットの場合の確率振幅の変化のイメージ図も記載しています。n量子ビットの場合のグローバー・アルゴリズムの回路図を最下段に図示しました。グローバーの拡散交換の反復により、解が求まります。

要点BOX

- ●膨大なデータからの検索は情報社会で重要
- ●グローバーの検索アルゴリズムは振幅増幅法
- ●量子検索では全数の平方根回の演算で良い

検索アルゴリズムの計算量の比較

	古典コンピュータでは	量子コンピュータでは	量子計算では
	2^n	$\sim\sqrt{2^n}$	高速化が可能ですが 依然として、指数 $n/2$ の 指数関数です。 (多項式時間ではなくて、 指数関数時間です。)
$n=10$	1,000	30	
$n=20$	1,000,000	1000	
$n=40$	1,000,000,000,000	1,000,000	

グローバーの検索アルゴリズム(1996年)　振幅増幅法

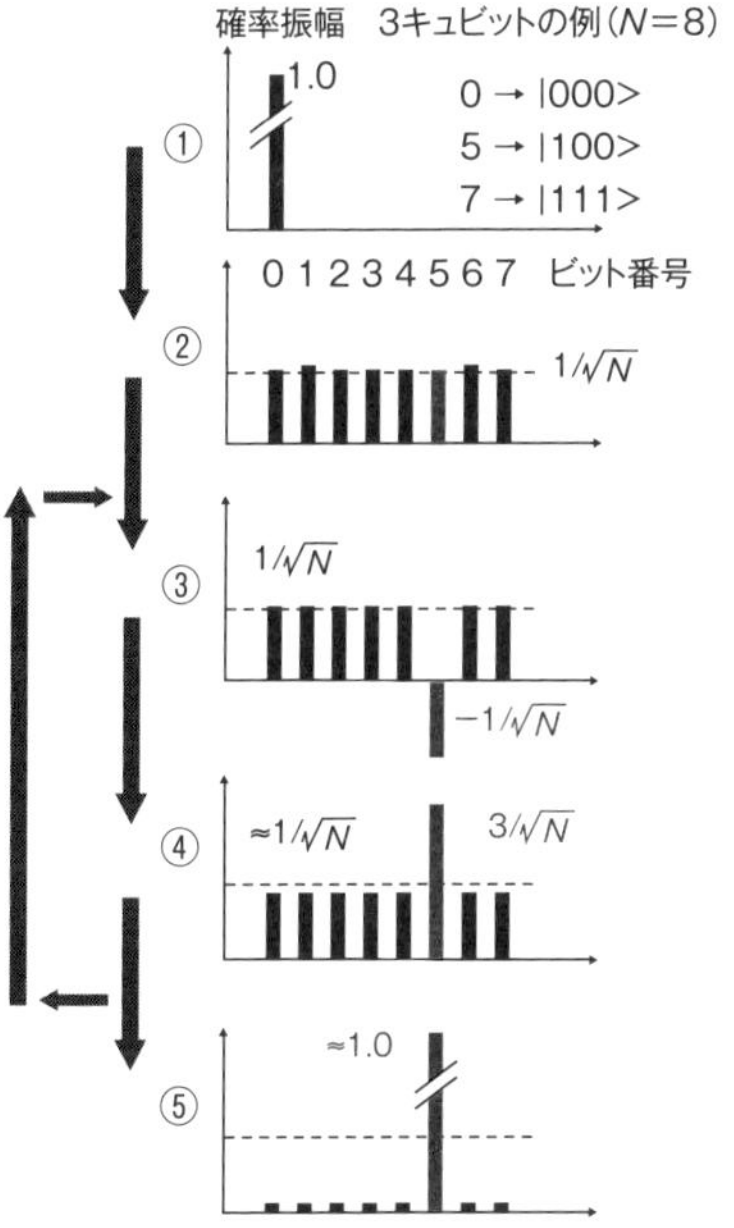

① 初期状態として、全てのビットに $|0\rangle$ の状態を入力します。
(初期化)

② アダマールゲートを作用させ、$|0\rangle$ と $|1\rangle$ の重ね合わせ状態にします。
(量子化)

③ 探したい数字の状態を $|k\rangle$ として、$|k\rangle$ の位相のみ反転させます。
(オラクル回路)

④ 平均の確率振幅値に対して、折り返します。
(拡散変換回路)

⑤ 以上を繰り返すと、$|k\rangle$ の確率振幅だけがどんどん大きくなります。
(グローバー反復により振幅増幅されます)

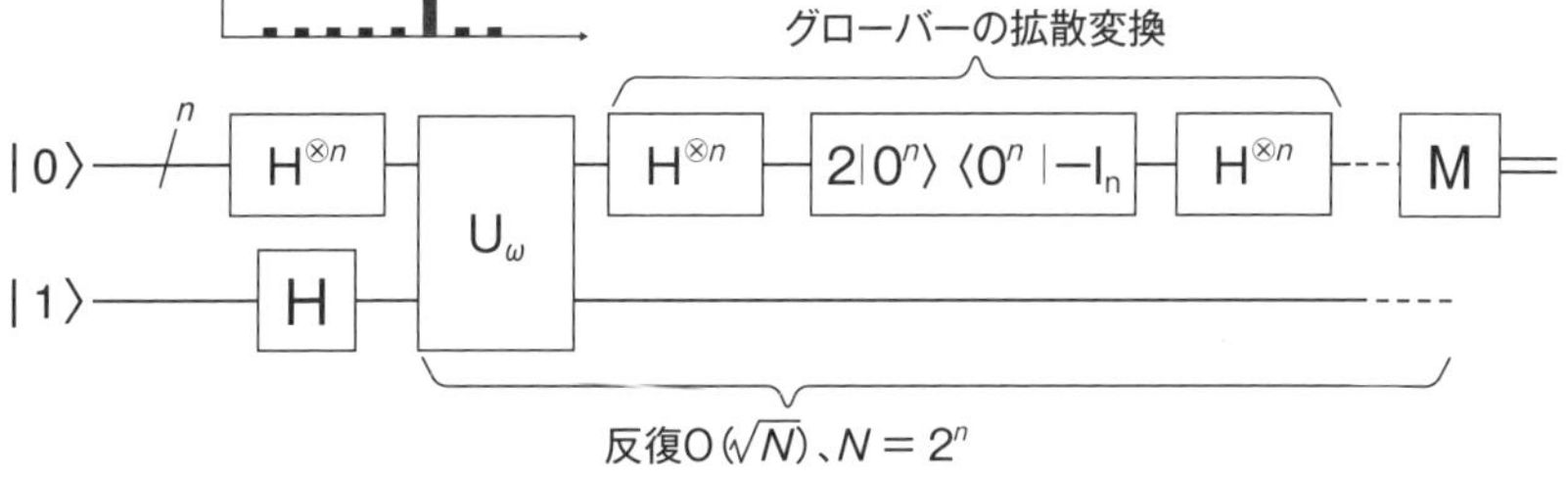

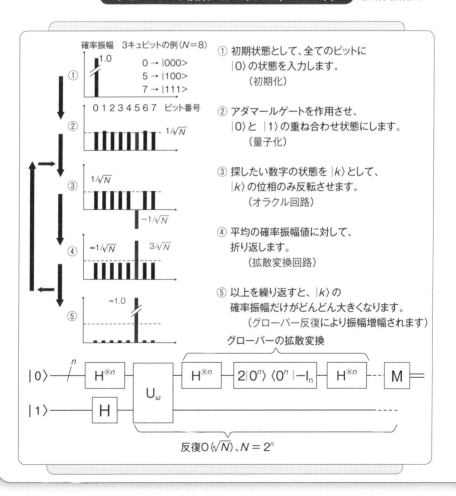

44 量子計算の限界は?

P問題とNP問題

コンピュータではどのような問題も解けるわけるわけではありません。問題の規模をnとして、アルゴリズム（解法）の計算時間がn、n^2、…などのnの多項式で表される場合（多項式時間アルゴリズム）には計算は可能です。一方、2^n、3^n、…などのnの指数関数で表される場合（指数関数時間アルゴリズム）は、nが大きくなった場合には計算時間が膨大となってしまい、現実的な時間内での計算が不可能になってしまします（上図）。

計算量理論（計算複雑性理論）では、前者は決定性（YES／NOを明確化できる問題）多項式時間アルゴリズムが存在する判定問題として「クラスP問題」と呼ばれています。一方、アルゴリズム中に「2択」を含む解法がある場合には「非決定性」と呼ばれ、その場合には非決定性多項式時間として「クラスNP問題」と呼ばれます。

一般にクラスPとNPとは等しくないと考えられています（下図）が、証明はなされていません。P対NP予想問題は計算数学での未解決の問題であり、この証明問題には、2000年に米国のクレイ数学研究所によりミレニアム懸賞問題（7大問題）のひとつとして100万ドルが懸けられています。

NPの中でも最も難しい問題は「NP完全」とよばれます。クラスNPではなく、更に難しい問題は「NP困難」と呼ばれます。

クラスP問題としては、古典コンピュータで解ける素数判定問題などがありますが、ナップサック問題や巡回セールスマン問題などは「NP完全」です。量子コンピュータが解ける問題には限界があり、図中のBQPで示されています。誤り訂正可能な量子コンピュータでは、素因数分解や離散対数問題64、量子シミュレーションなどには効率の良い計算が可能ですが、NP完全問題に関しては残念ながら効率の良いアルゴリズムは未だ見つかっていません。

要点BOX

- **決定性多項式時間問題はクラスP**
- **非決定性多項式時間問題はクラスNP**
- **量子コンピュータで解ける問題は限定的**

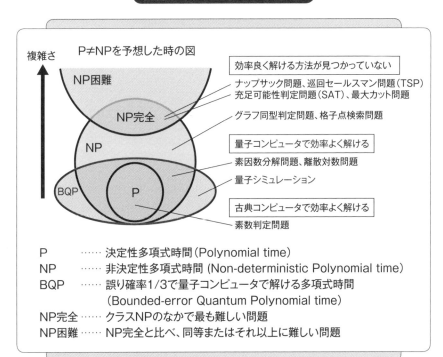

多項式時間と指数時間

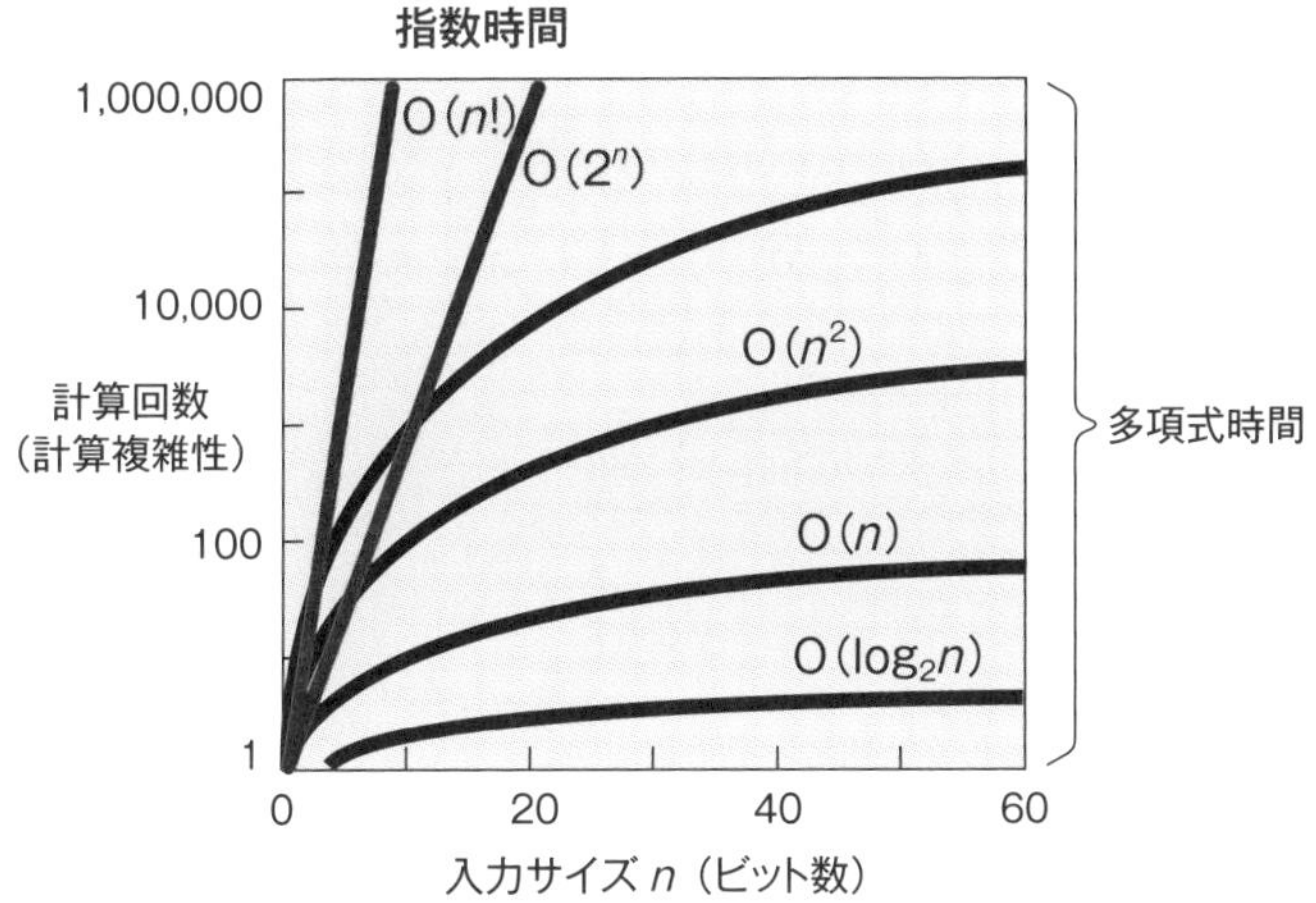

計算複雑性と量子コンピュータ

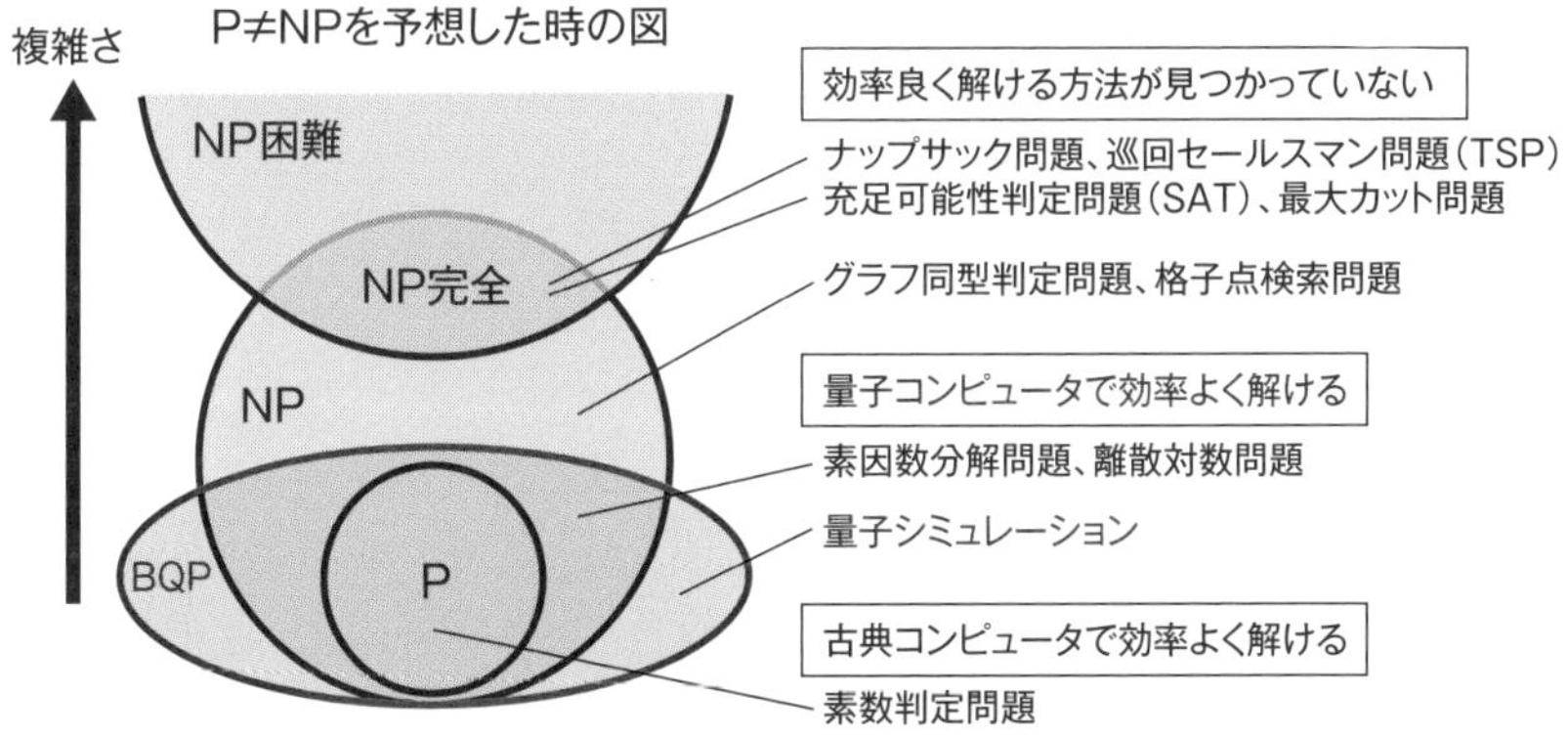

P …… 決定性多項式時間(Polynomial time)
NP …… 非決定性多項式時間 (Non-deterministic Polynomial time)
BQP …… 誤り確率1/3で量子コンピュータで解ける多項式時間
(Bounded-error Quantum Polynomial time)
NP完全 …… クラスNPのなかで最も難しい問題
NP困難 …… NP完全と比べ、同等またはそれ以上に難しい問題

Column

コンピュータの内部世界に入る!
映画『トロン：レガシー』(2010年)

人間と潜航艇とが小さくなって人体に入り込むという米国映画『ミクロの決死圏』（1966年）は古典SFとして有名ですが、コンピュータ回路の中へ転送された主人公がシステムと闘うSF映画が『トロン』（1982年）です。この映画は、全面的にCG（コンピュータ・グラフィックス）を用いたことでも有名です。

「トロン」とは言語ベーシックのトレース・オン（プログラムの行番号を表示する）の意味のコマンドからとったのではないかと噂されましたが、作者によればエレクトロン（電子）のトロンだとの話です。ちなみに、坂村健のリアルタイムOSの「トロン」は、映画に触発されて命名されています。

この映画のリメイク版が2010年に公開された『トロン：レガシー』です。父親のレガシー（遺産）としてのオペレーションシステム、プログラム、アルゴリズムなどのコンピュータの内部世界「グリッド」が印象的に映像化されています。

映画化された未来科学がいつかは現実のものとなる夢を多くの人は抱いていますが、この映画での車輪軸とスポークの無い夢の電気二輪車「ライトサイクル」も米国の会社で実際に開発・市販されています。

量子コンピュータでは、波のような粒子、不確定さ、複製不可能さ、などの特徴があるので、古典コンピュータの回路内部とまるっきり異なるはずです。

2010年製作の第2作の本編は第1作からほぼ30年を経ています。仮に第3作のリメイク版が30年後の2040年頃に作られるとすると、量子コンピュータが開発済み 11 で、量子干渉や量子もつれ 17 を含めたコンピュータ内部が映画上で印象的に描かれることになるかもしれません。

コンピュータの内部世界での
ライトサイクル

『トロン：レガシー』
原題：Tron：Legacy
製作：2010年 アメリカ
監督：ジョセフ・コシンスキー
出演：ギャレット・ヘドランド、アン・ハサウェイ
配給：ウォルト・ディズニー・スタジオ・モーション・ピクチャーズ

第7章

量子ビットのハードウェアと量子暗号のしくみは？

45 量子ビットのつくり方は?

コヒーレンス時間

　量子コンピュータでは、重ね合わせ状態の量子ビットを生成し、一定時間保持して量子計算を進める必要があります。重ね合わせ状態（コヒーレンス）を維持できなくなることを「デコヒーレンス」といいます。デコヒーレンスにより生じる量子エラーを適切に修正することが必要になります。

　量子ビットの性質として（**左頁上段**）、①ビットの初期化と測定が容易であること、②量子ゲートを構成しやすく、万能計算への拡張がしやすいこと、③重ね合わせの状態を保持できる時間（情報保持時間、コヒーレンス時間）をゲート動作時間よりも十分長くできること、④ノイズに強く量子誤りに対する修正が効率的にできること、などがあります。

　量子コンピュータの性能は、動作ビット数、演算速度、コヒーレンス時間、ゲート計算時および観測時のエラー率、量子ビットの結合数などで評価されています。左ページの表には、現状の典型的な例と将来の目標値が表されています。

　ここで、コヒーレンス時間は、1998年頃には1ナノ秒でしたが、現在で1ミリ秒を超えています。3年でおよそ10倍の伸びのペースです。これは、半導体素子にちなんで「量子版ムーアの法則」あるいはイェール大学での「シェルコフの法則」と呼ばれています。

　この量子コンピュータのハードウェアの基礎となる量子ビットの物理的生成方法として（**下図**）、電子や原子核スピンの向き、電流・磁束の方向、電荷の有無、光の偏光の向き、波の位相やエネルギー準位などが用いられます。

　具体的な方法としては、ジョセフソン接合の超伝導回路を利用した磁束や電荷の量子ビット46 47、イオンを電磁場で制御するイオントラップ法48、光子の偏光利用の光子ビット49、半導体のナノ構造を利用しての電子のスピン量子ドットやエネルギー準位を利用したNVC量子ビット50、などがあります。

要点BOX

- 量子ビットは、初期化、拡張性、コヒーレンス時間と動作時間、エラー耐性が重要
- スピン、磁束、偏光、エネルギー準位を利用

量子ビットの条件

① 量子ビットの初期化と測定が容易
② 基本ゲート（回転ゲートと制御NOTゲート）の構成が可能
③ コヒーレンス時間がゲート動作時間より充分長い
④ ノイズに強く、量子誤り修正が容易

量子ビットと量子コンピュータの性能仕様

装置 項目	現状 （例：IBM Q System One）	将来目標
量子ビット数	50	＞1万~10万
量子ゲート速度	0.1マイクロ秒	0.01マイクロ秒
コヒーレンス時間　T1（励起保持） T2（重ね合わせ保持）	74マイクロ秒 69マイクロ秒	＞数ミリ秒
エラー率（1量子） （2量子）	0.4% 1.7%	<0.01%
量子ビットの結合数	数十	数百

量子ビットの物理内容

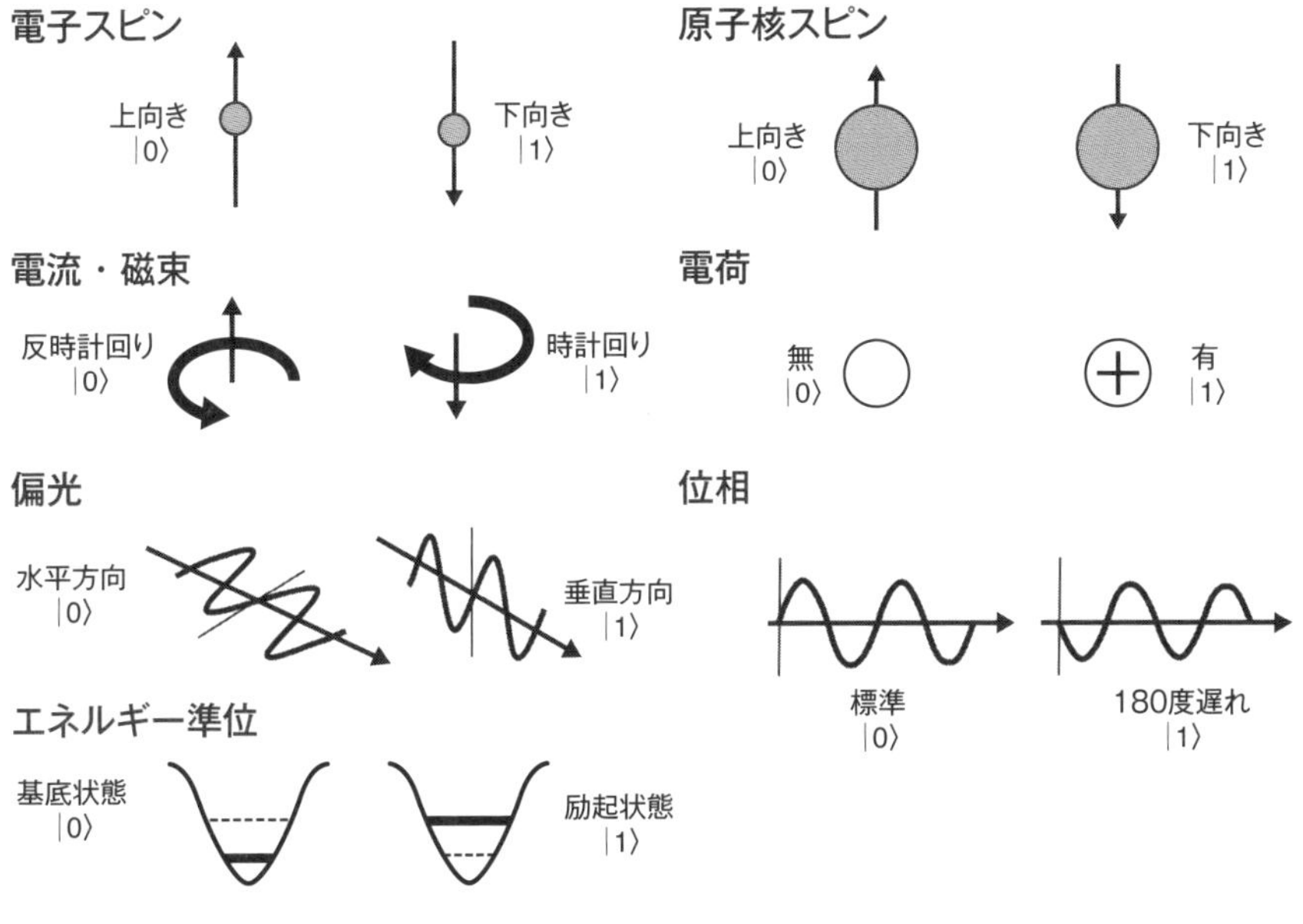

46 超伝導での磁束量子ビットとは？

最小単位としての磁束量子

量子ビットを通常の電気回路で作ろうとすると、抵抗によりエネルギーが失われて、瞬時に量子的な干渉状態が壊れてしまい（デコヒーレンス）、安定な量子ビットを作ることはできません。極低温に冷やし、電気抵抗をゼロとして電子の挙動を制御することで、量子干渉状態（コヒーレンス状態）を比較的長時間維持することができます。これがジョセフソン接合を利用した超伝導量子ビットです。この超伝導による量子ビット生成法として、電荷、磁束、位相などの物理量が用いられます。とくに、電荷量子ビットの電荷揺らぎ（雑音）を抑えた「トランズモン」と、磁束の向きを量子ビットとする「磁束量子ビット」が実用化されています（**左頁上段**）。

ここで、ジョセフソン接合とは数ナノメートル（数十億分の1メートル）ほどの薄い絶縁膜を超伝導体で挟んだ構造をしています（**中図**）。絶縁物は電気を通しませんが、極低温になると電圧を印加しなくても、量子効果により電子の対（クーパー対）が流れるようになります。この量子効果を利用するのが、超伝導量子ビットです。磁束とは、磁場の強さにその領域の断面積を掛けた量ですが、エネルギー量と同じように、ミクロ的には不連続量であり、最小の磁束量があります。これは「磁束量子」と呼ばれ、直径10ミクロン（0.01ミリメートル）の輪を通過する地球の磁場程度の大きさです。磁束量子ビット方式（**下図**）では、超伝導のリング状の回路を作り、ジョセフソン接合を通して流れるリング電流や磁束の向きに注目します。外側の大きなリングに加える磁束を調整することで、内側の小さなリングには磁束量子に対応する微弱な磁束を作ることができます。。さらに、内側の小さなリングに横方向の磁場を加えると、スピンが+1と−1との重ね合わせが作られます。量子アニーリングの方式では、この横磁場を徐々に弱めていくことで、最適な解を求める演算が可能となります。

要点BOX

- **磁束量子は磁束の最小単位**
- **スピンを利用した磁束量子ビット**
- **ジョセフソン接合の超伝導回路利用**

超伝導量子ビットの方式

電荷型（純粋）	△	コヒーレンス時間短い
トランズモン型	42	IBM、Google
磁束型	41	D-Wave
位相型	△	コヒーレンス時間短い

ジョセフソン接合

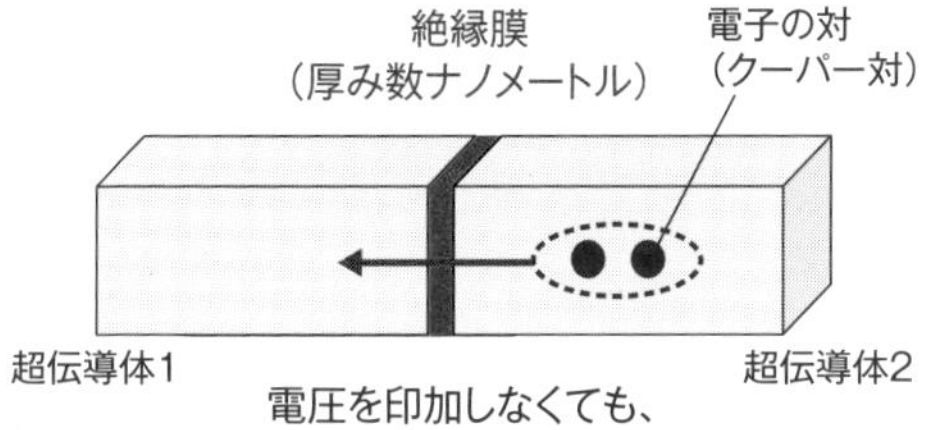

電圧を印加しなくても、
クーパー対により、電流が流れます。

一口メモ

接合部に流れる電流は、超伝導体1 と2 の巨視的波動関数と呼ばれる変数の位相差 $\varphi = \varphi_1 - \varphi_2$で表わされます。
$I_J(\varphi) = I_C \sin\varphi$（$I_C$ はジョセフソン臨界電流）

超伝導　磁束量子ビット

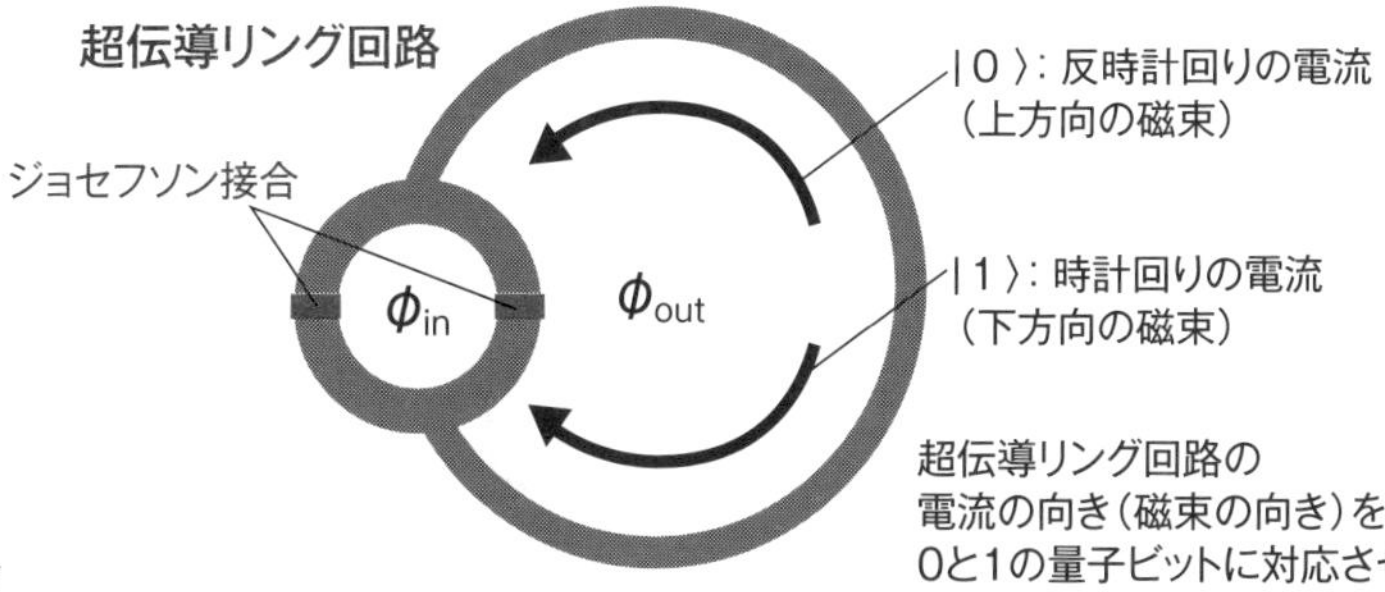

超伝導リング回路の
電流の向き（磁束の向き）を
0と1の量子ビットに対応させます。

一口メモ

磁束の量子的で不連続な最小単位ϕ_0が、図のように量子ビットとして用いられています。

$\phi_{in} = \phi_0$、$\phi_{out} = \pm\phi_0/2$

この磁束量子は非常に小さな値です。

$\phi_0 = h/2e = 2.067851\times10^{-15}$Wb（$e$は素電荷、$h$はプランク定数）

47 超伝導での電荷量子ビットとは?

改良型のトランズモン

インダクタLとキャパシタCによる通常のLC共鳴回路では、キャパシタに蓄えている電荷がインダクタに流れて振動電流が流れます。超伝導状態では、この時のエネルギーが量子化されますが（上図）、線形回路ではエネルギー準位が等間隔なので量子ビットとして使うことができません。非線形素子としてのジョセフソン接合を用いることで不均一なエネルギー準位を作ることができ、0と1の量子ビットの定義が可能となります。これは、1オングストローム（1メートルの百億分の1）の大きさの原子に対して、1ミリメートルの人工原子に相当します。

電荷を利用する量子ビットとは、キャパシタのエネルギーがジョセフソン素子のエネルギーを超える場合に相当し、逆にジョセフソンエネルギーが大きい場合が前項の磁束量子ビットに相当します。

単純な回路や構造では、コヒーレンスが壊れる（デコヒーレンス）原因は、電荷や磁束のゆらぎや電磁的エネルギーの放出などさまざまです（中図）。

特に、超伝導量子回路において電荷揺らぎ（雑音）を抑える工夫を施した「トランズモン」型が利用されています。トランズモンの名前は、「プラズマ振動（プラズモン）を短絡させるトランスミッションライン（伝導路）」が由来です。ジョセフソン接合部をキャパシタで短絡して電荷のゆらぎを抑制し、ジョセフソン接合を2箇所にして、電圧の他に外部磁束を用いて制御可能としています（下図）。

トランズモンは電荷量子ビットの改良型であり、電荷の振動を利用してエネルギー準位から0と1の量子ビットを定義します。0から1や、1から0への量子的な移り変わりや、2つの状態の重ね合わせを作ることができます。トランズモン型の超伝導量子ビットは、IBM、グーグル社などのクラウドサービス（インターネットサービス）でも採用されており、現在最も有望視されている方式の1つです。

要点BOX

- 超伝導LC共鳴を利用した人工原子
- エネルギー準位を利用した電荷型の超伝導トランズモン量子ビット

超伝導LC共振回路

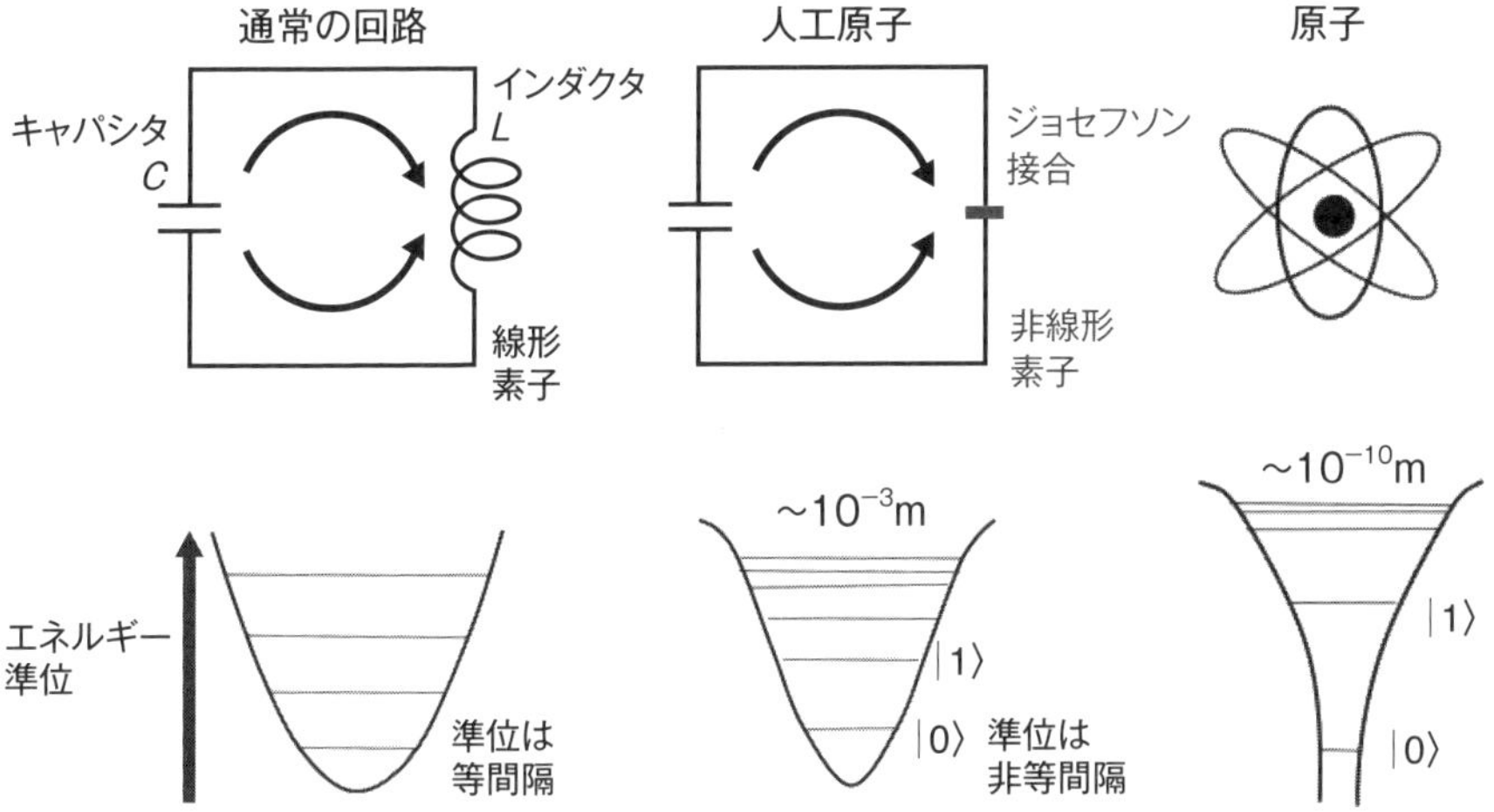

超伝導量子ビットとデコヒーレンス要因

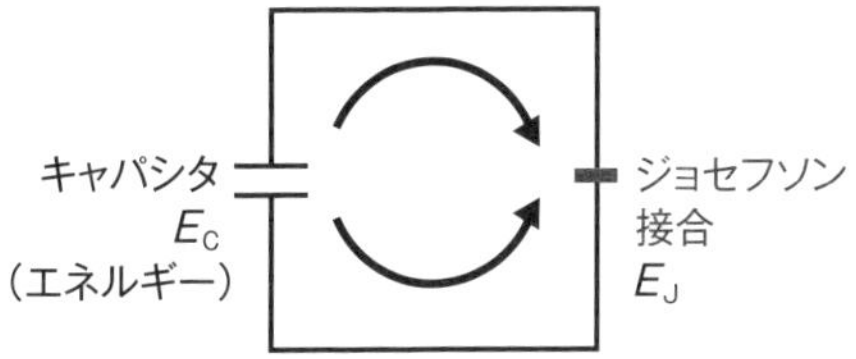

電荷量子ビット　$E_C > E_J$
磁束量子ビット　$E_C < E_J$

コヒーレンスが壊れる要因

電荷のゆらぎ
電子スピンのゆらぎ
回路の磁束のゆらぎ
周辺回路からの電磁雑音
音や光の放出エネルギーのゆらぎ
ジョセフソンエネルギーのゆらぎ、など

トランズモン量子ビット

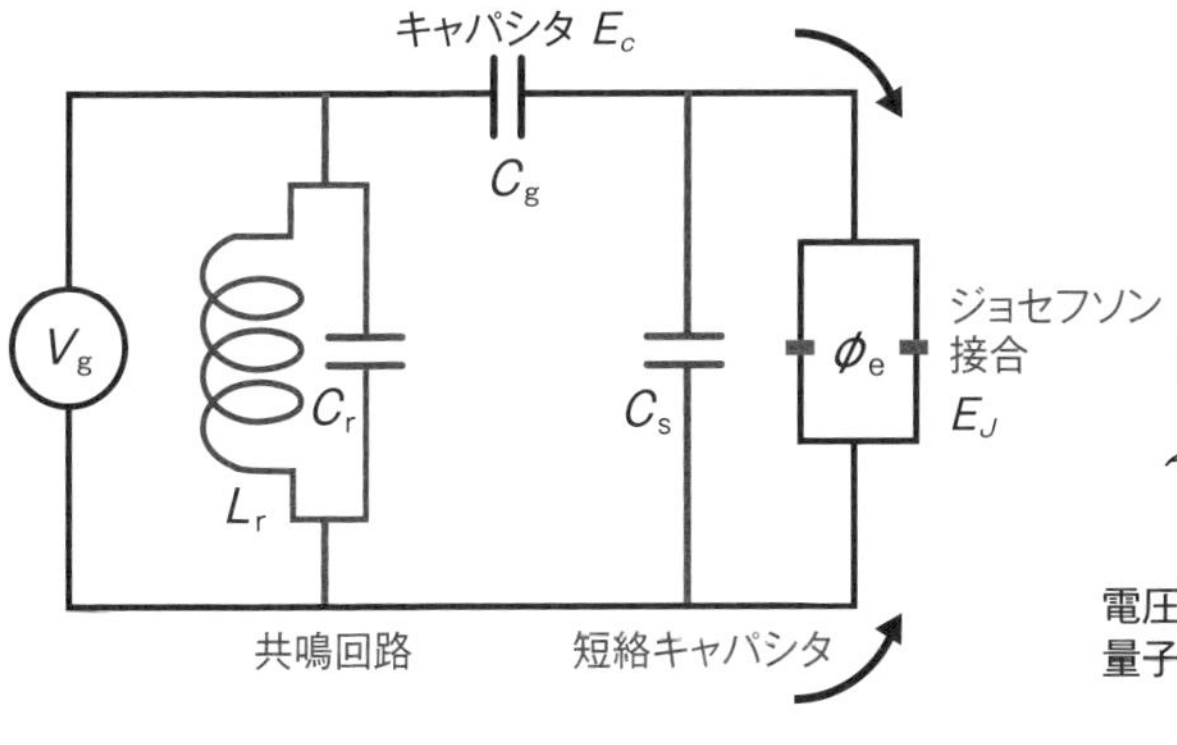

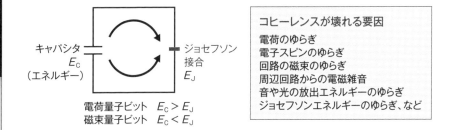

電圧V_gと外部からの磁束ϕ_eにより、量子ビットの生成制御ができます。

48 イオントラップと冷却原子の利用!

エネルギー準位利用

電荷を持つ粒子を外部の定常の静電場のカゴだけで閉じ込めようとすることは不可能です。これは「アーンショーの定理」として知られています。イオンを真空中で熱運動を減らし（冷却し）、捕獲（トラップ）するためには、静電場と磁場の両方を用いた「ペニング・トラップ」や、静電場と高周波電場の組み合わせの「パウル・トラップ」などの「イオントラップ」が用いられています。

パウル・トラップ（**上図**）では、4重極の相対する電極の間に高周波電圧をかけてイオンを中心付近に保持します。それを半導体回路上で実現します。冷却にはレーザを用います。レーザを当てると熱くなりそうですが、直観に反して冷却できるのは、ドップラー冷却（**中図**）によるものです。原子が吸収する光の周波数よりもかすかに低い周波数のレーザを両側から照射します。原子の運動と逆方向のレーザでは、ドップラー効果で周波数が高くなり、原子にレーザが吸収されてレーザによる減速力が働きますが、運動と同じ方向では吸収されず、加速力も働きません。ただし、冷却できる下限があります（一口メモ参照）。最終的には絶対零度に近いmK（ミリケルビン、絶対温度で千分の1度）以下への冷却がなされます。

イオントラップ型量子コンピュータでは、冷却され閉じ込められた原子やイオンの電子の軌道のエネルギー準位を量子ビットとして、基底状態を０、励起状態を1として利用します（**下図**）。

トラップされたイオンは、外界と独立しているのでノイズの影響を受けにくく、コヒーレンス時間が長いのが利点です。また、量子ビットは光による初期化が容易であり、量子ビットが放出する光子を観測することで非常に高い精度の制御が可能となります。このイオントラップ方式は、２０１６年に設立された米国のベンチャー企業ＩＯＮＱ社でチップ化が開発されてきています。

要点BOX

- 静電場と高周波電場利用のパウル・トラップ
- レーザ光によるドップラー冷却
- エネルギー準位を用いたイオントラップ方式

イオントラップ

リニア型パウル*トラップ

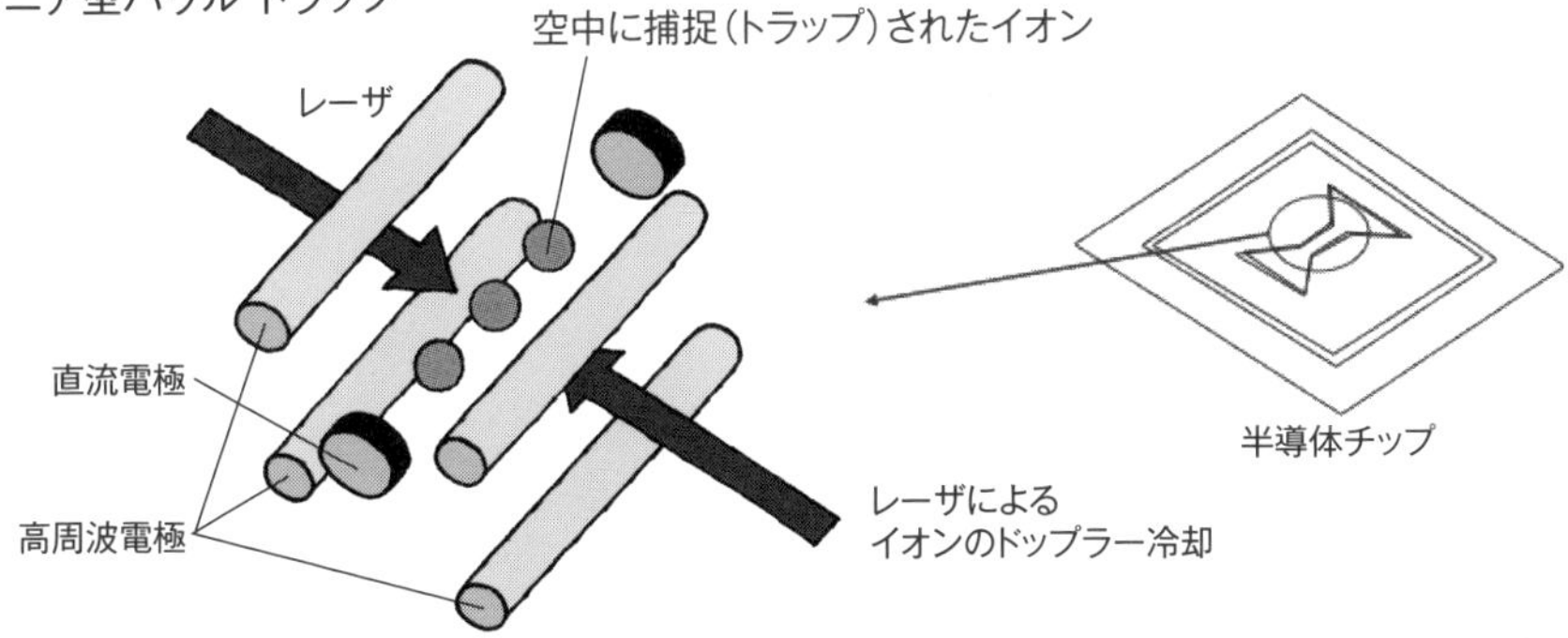

(*)ウォルフガング・パウル：四重極イオントラップを発明したドイツの物理学者（1913-1993）で、1989年にその功績でノーベル賞を受賞しています。

ドップラー冷却の原理

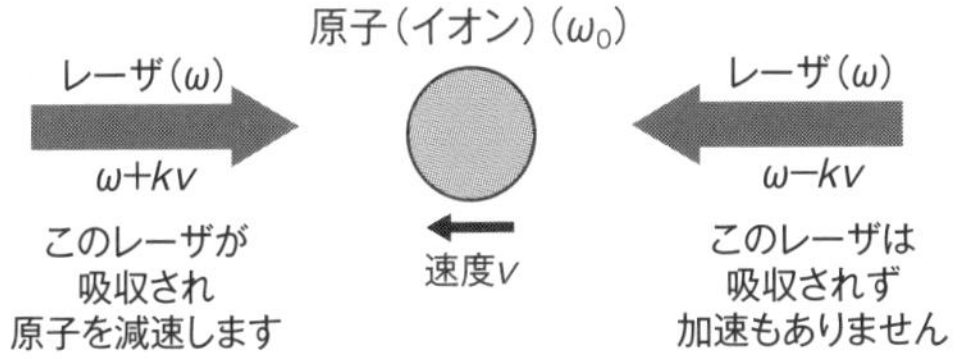

一口メモ

レーザの周波数を原子の光吸収周波数よりもかすかに低くします。
ドップラー効果で周波数が上がり、原子に吸収されます。
冷却の限界温度T_Dはレーザ周波数ωで定まります。

$T_D=\hbar\omega/k_B$（k_B：ボルツマン定数）

イオンの電子のエネルギー準位

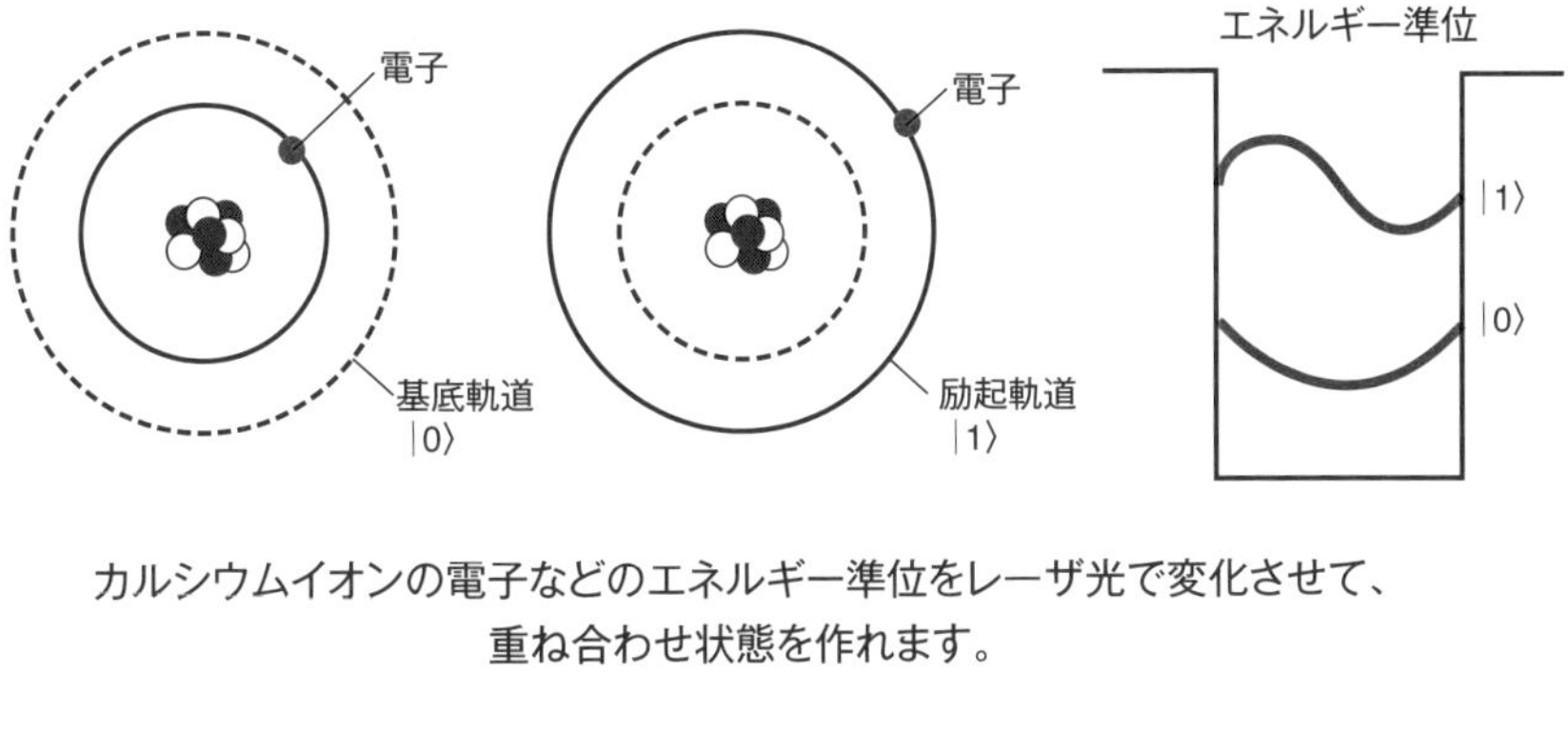

カルシウムイオンの電子などのエネルギー準位をレーザ光で変化させて、重ね合わせ状態を作れます。

49 光量子利用と通信への応用！

光量子ビットとキャビティQED

光量子（光子）は単一の場合には、偏光モード、空間モード、スクイーズドモードなどを、量子ビットとして利用することができます（**上段図**）。

自然光は様々な振動の電磁波の集まりです。振動の方向は、水平・垂直の直線的な偏光（直線偏光）や右回り・左回り回転の偏光（円偏光）の重ね合わせでありバラバラです。空間的な0次の分布と1次の分布のモードの違いを利用することもできます。また、量子力学での不確定性原理から、波の振幅と位相を同時に合わせることができないので、量子雑音を圧搾（スクイーズ）して、振幅を合わせたモードか位相を合わせたモードのいずれかを作ることができます。このスクイーズドモードを量子ビットの0と1とに対応することもできます。

光子システムは他の量子系と比べて非常に長い間コヒーレンス状態（量子的な相互作用がある状態）を保つ事ができ、量子コンピュータの実現には好都合です。

また他の量子ビットでは極低温でなければ動作しないのに対して、光子システムでは室温で動作することができるのも大きな利点です。更に光ネットワークを用いた量子通信への技術応用も容易です。ただし、課題も少なくありません。光子が失われることでエラー率が高くなってしまいます。特に、2量子ゲートでの精度が高くありません。更に、集積化や大規模化への拡張性も課題です。

光と原子の相互作用を利用する方法もあります（**下図**）。電磁波（光子）を1個または2個閉じ込める事ができる高性能な空洞共振器（キャビティ）の中で、原子と光子とが干渉し、振動（ラビ振動）が起こります。原子が励起状態の時には電磁波は基底状態であり、原子が基底準位では電磁波は1光子状態になります。これは電磁波の「キャビティQED（共振器量子電気力学）」と呼ばれており、量子通信との自然な連携が可能となります。

要点BOX

- 光量子ビットとしては、偏光モード、空間モード、スクイーズドモードの利用
- 真空ラビ振動を利用したキャビティQED

光子のモード

偏光モード

光の波の振動方向が直線の場合

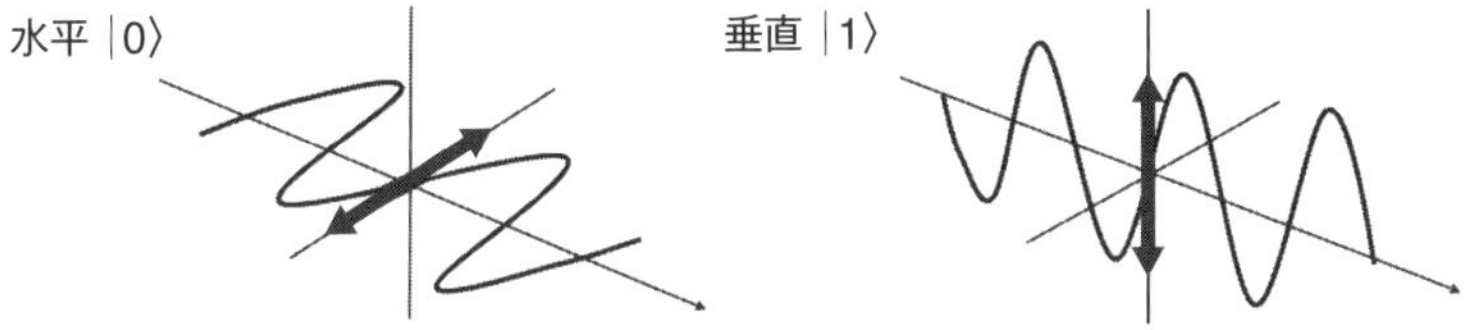

光子の偏光の向きを0と1との対応させます。

光は電気と磁気とが直交して振動する波（電磁波）なので、
このイメージ図は、例えば電場の振動と考えてください。

空間モード

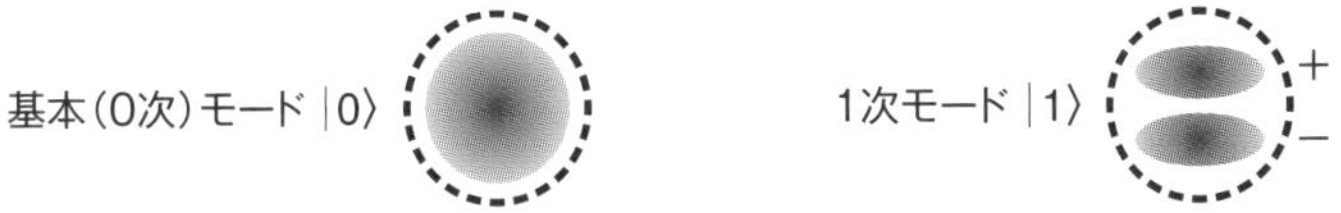

スクイーズドモード

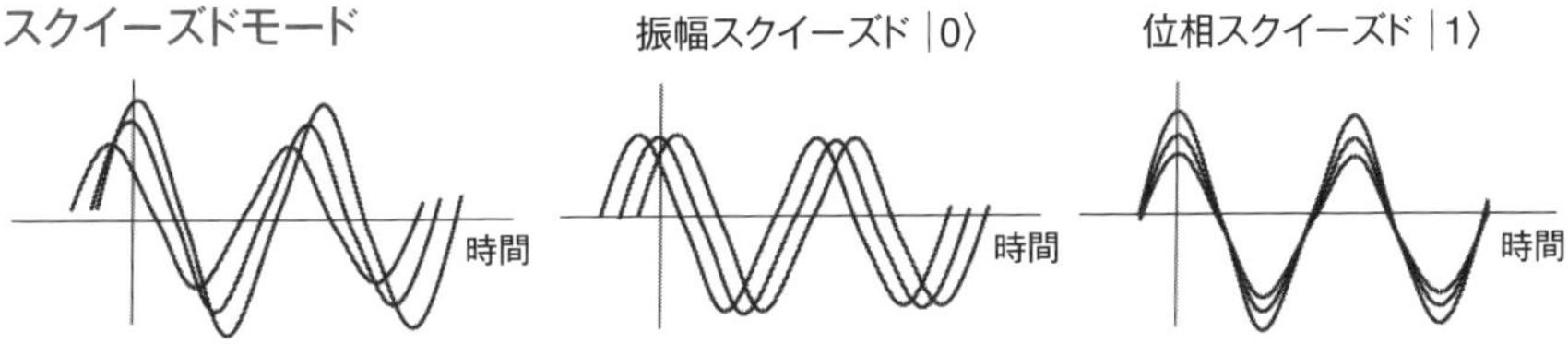

量子ゆらぎ　量子雑音を圧搾（スクイーズ）したモード

キャビティQED

キャビティ（空洞共振器）

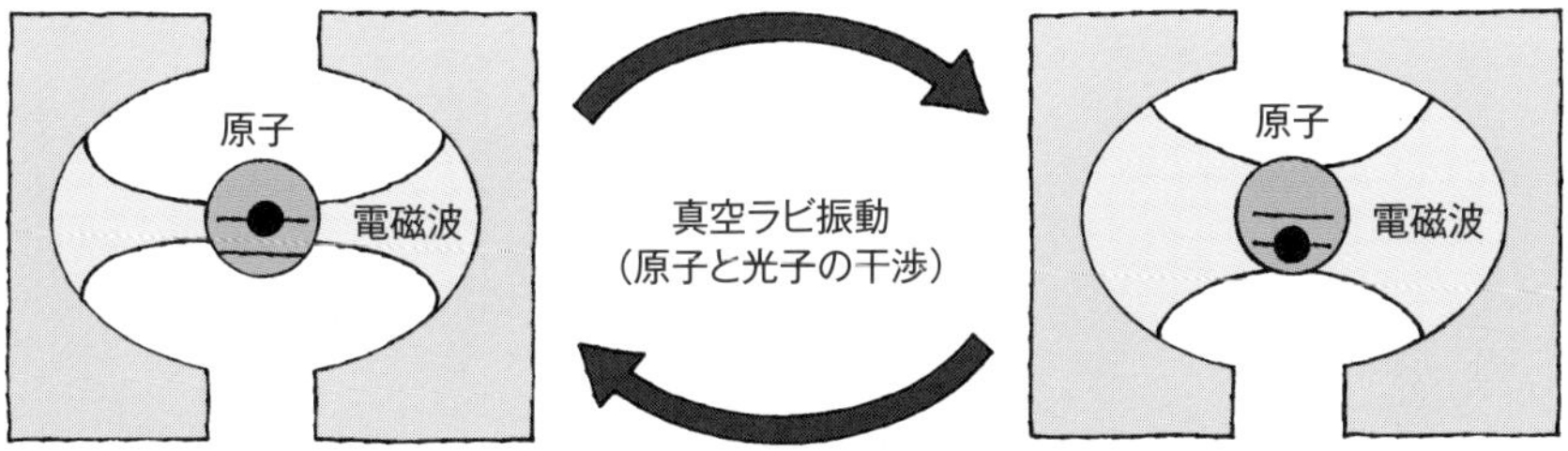

原子：上準位（excited）
電磁波：基底（真空）状態（0）
$|e,0\rangle$

原子：下準位（grounded）
電磁波：1光子状態（1）
$|g,1\rangle$

2つの状態 $|e,1\rangle$ と $|g,0\rangle$ とを規則的に振動します（ラビ振動）。
原子と光子を1つの粒子として操作する必要があります。

50 さまざまな方式を開発中！

量子ドット、NVC量子ビットなど

　磁束、電荷や光を使った量子ビットとして、他のさまざまな方式が検討されてきています。

　固体の半導体のナノ構造の中には量子力学的なエネルギーの井戸を作ることができ、そこに電子を閉じ込めて、エネルギー準位やスピンの方向を量子ビットとして利用することができます。これが「量子ドット」方式です（**上段図**）。これまでの半導体技術が活用できる利点がありますが、2量子ビットのゲートをつくるには高精度化が課題となっています。この方式は米国企業のインテルが開発中です。

　ダイヤモンドは炭素原子のみで構成されていますが、結晶中の1個の炭素を窒素（N）で置換し、隣接する位置に空孔（V）がある2重の格子欠陥を作ります（**中図**）。これは「窒素空孔中心（NVC）ダイヤモンド」と呼ばれ、NV中心が電子1個を捕獲して負に帯電した時に、NV中心は磁気スピンの性質を示します。緑色レーザ（図では暗い赤の破線）の励起により赤色蛍光が発生するので、その強弱で副スピンを量子ビットとして用います。他の多くの量子ビットは冷却が必要ですが、このNVC量子ビットは室温でも量子状態を保つことができる利点があります。

　マヨラナ粒子を利用した「トポロジカル超伝導量子ビット」（**下段図**）も開発中です。トポロジとは位相幾何学のことであり、形に関する学問です。粒子には重さが同じで電荷の正負が逆の「反粒子」があります。たとえば、電子に対して、反粒子は陽電子です。一方、「マヨラナ粒子」とは、電荷を持たず、粒子と反粒子が同じの「幻の粒子」です。物質中のマヨラナ粒子は「エニオン」と呼ばれ、2次元的または1次元的に閉じ込められています。この粒子の動きの位相変化を量子ビットとして利用します。組みひも理論の位置制御だけで量子ビットを安定に保つことができ、良好な量子ビットを作ることができます。現在、マイクロソフトが開発中です。

要点BOX

- 半導体ナノ構造の電子スピン量子ドット
- 室温でも可能な窒素空孔中心量子ビット
- マヨラナ粒子によるトポロジカル量子ビット

電子のスピン量子ドット

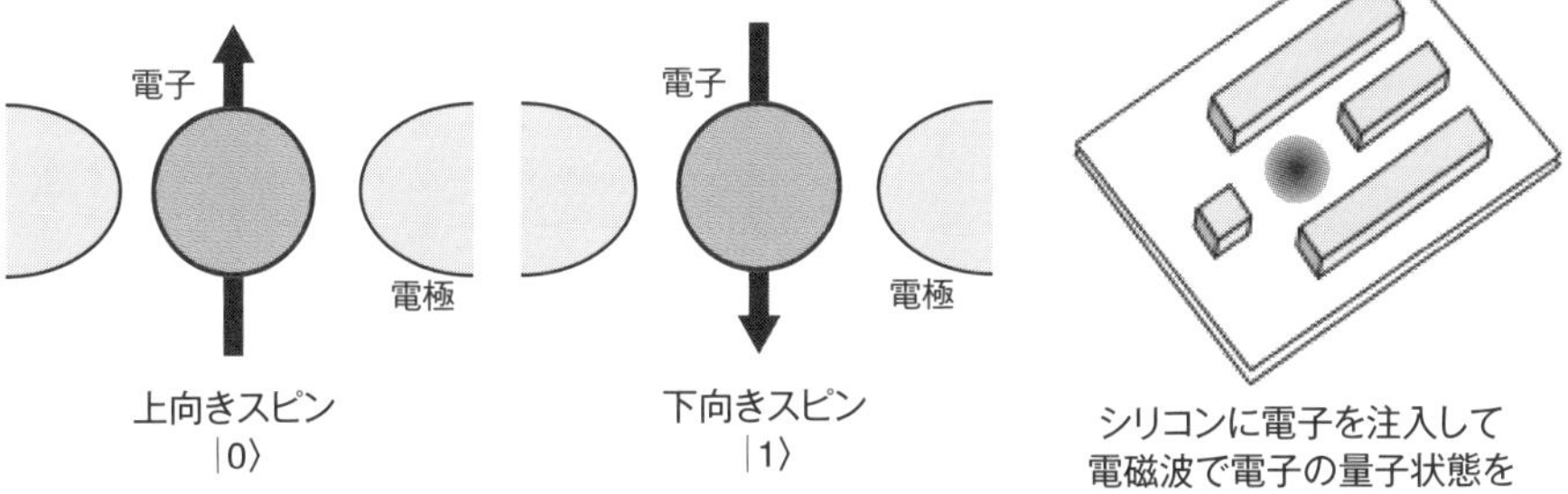

シリコンに電子を注入して
電磁波で電子の量子状態を
制御します。

NV（窒素空孔）中心ダイヤモンド

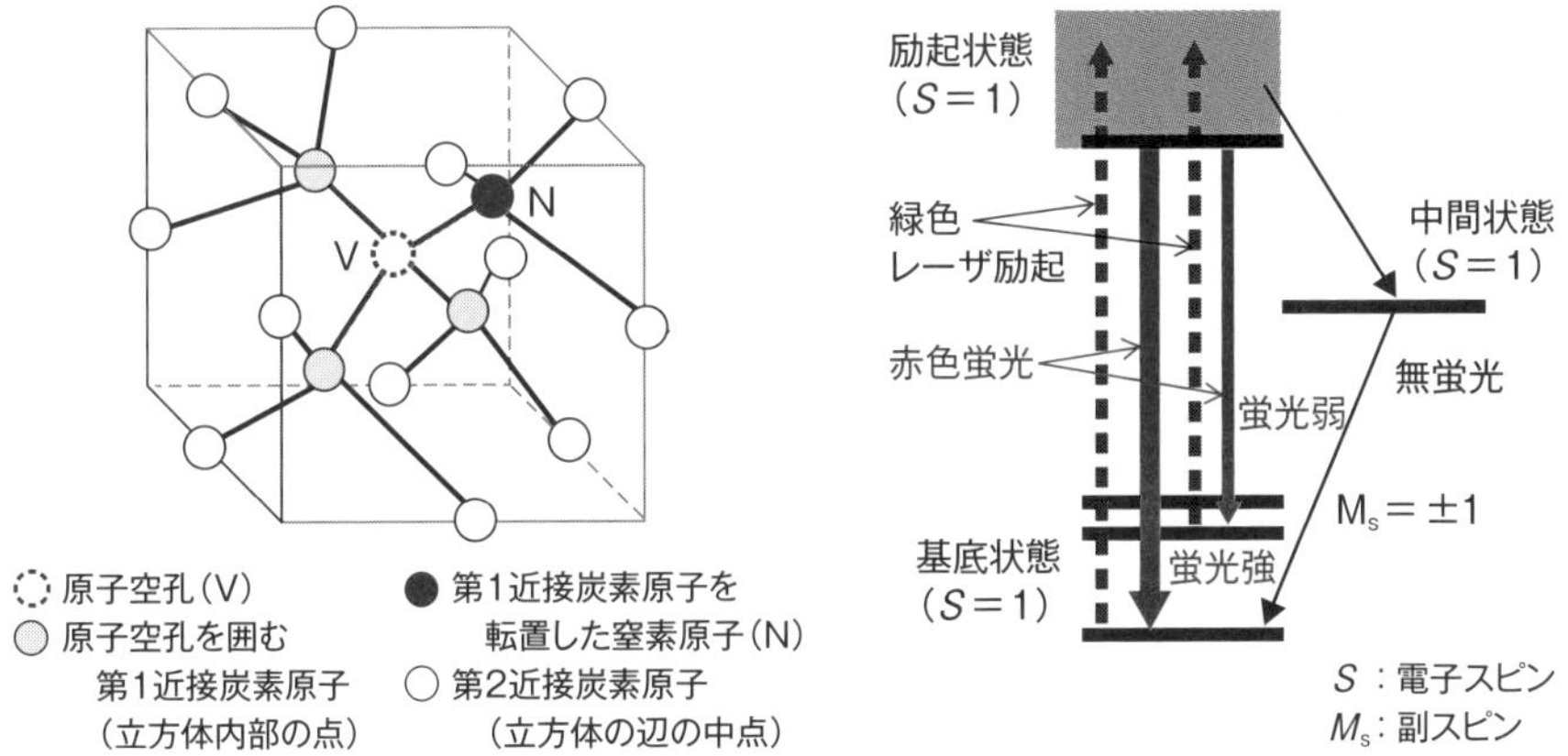

トポロジカル量子ビット

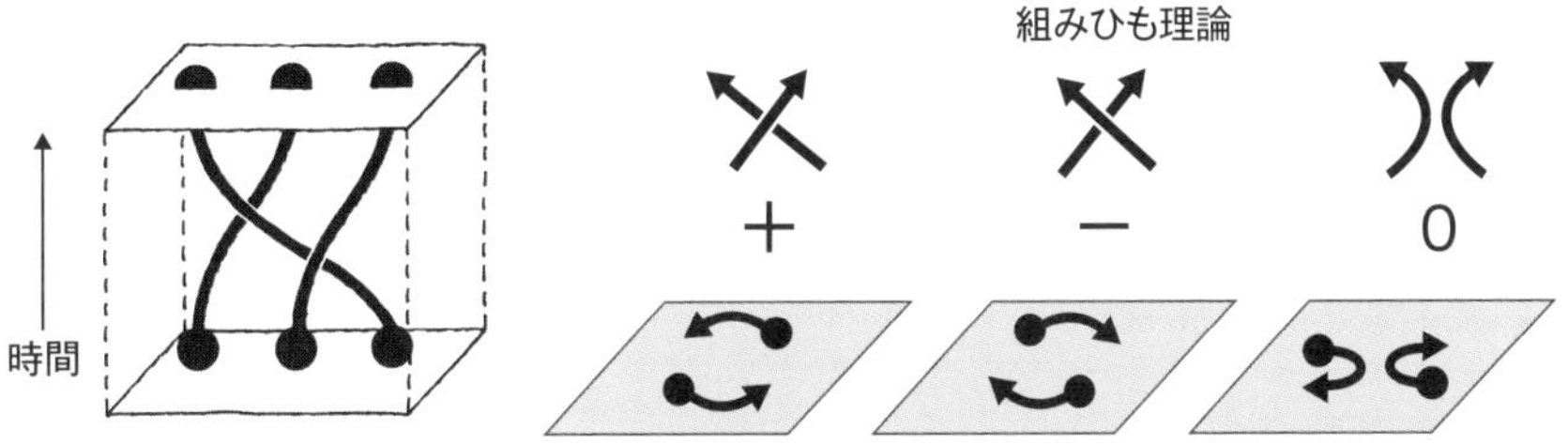

マヨラナ粒子*の
時間変化

二次元平面で動く特殊な粒子（エニオン）の特性を
利用し、その位相変化を量子ビットとします。

(*)イタリアの物理学者エットーレ・マヨラナが1937年に理論的に提案した粒子であり、2010年代に発見されています。

51 RSA暗号のしくみは?

フェルマーの小定理を利用した公開鍵暗号

通信ネットワーク上の暗号やデジタル署名として、現在幅広く使われている公開鍵暗号としてRSA暗号があります。この暗号は発明者である3人の名前（リベスト、シャミア、エーデルマン）の頭文字をつなげて命名されています。2つの素数を用いて公開鍵と秘密鍵を作り、「フェルマーの小定理」を利用して暗号化と復号が可能となります。3名はこの暗号の発明により、2002年に計算機科学のノーベル賞といわれるチューリング賞を受賞しています。

公開鍵暗号では、上図のように、受信者B（慣例でボブとします）が最初に鍵ペア（公開鍵と秘密鍵）を作成して公開鍵を公開します。送りたい文章を「平文（ひらぶん）」と呼びますが、送信者A（アリス）が送りたい平文を公開鍵で「暗号化」します。この「暗号文」を、受信者B（ボブ）が秘密鍵で元の平文に「復号」します。暗号文と公開鍵は第3者E（イブ）に盗聴される可能性がありますが、通常のコンピュータでは公開鍵からは秘密鍵を作ることはできません。

RSA暗号の手順と小さな数字を用いた具体例を下図に示します。①受信者が2つの素数を選び、それらの積nを計算して公開鍵の1つとします。②2つの素数からおのおの1を引いた数の積をmとして、mと互いに素となる整数eをもう1つの公開鍵とします。③受信者が保管する秘密鍵dは、eとmから求めます。dとeの積をmで割った余りが1となるdが秘密鍵です。④暗号化（e乗）は、eとnから簡単に計算できますが、⑤復号（d乗）には、nの素因数分解が必要となり、nが大きな数の場合には、現在の計算機の能力ではdを求めることができないと考えられています。

将来、量子コンピュータが完成すれば、このRSA暗号は容易に解読されてしまうと予想されています。対策として、古典的な耐量子コンピュータ暗号や、量子コンピュータでも解読できない量子暗号が開発されてきています。

要点BOX
- ●RSA暗号は広く使われている公開鍵暗号
- ●フェルマーの小定理を利用して、公開鍵を指数としたべき乗で暗号化し、秘密鍵で復号

公開鍵暗号のしくみ

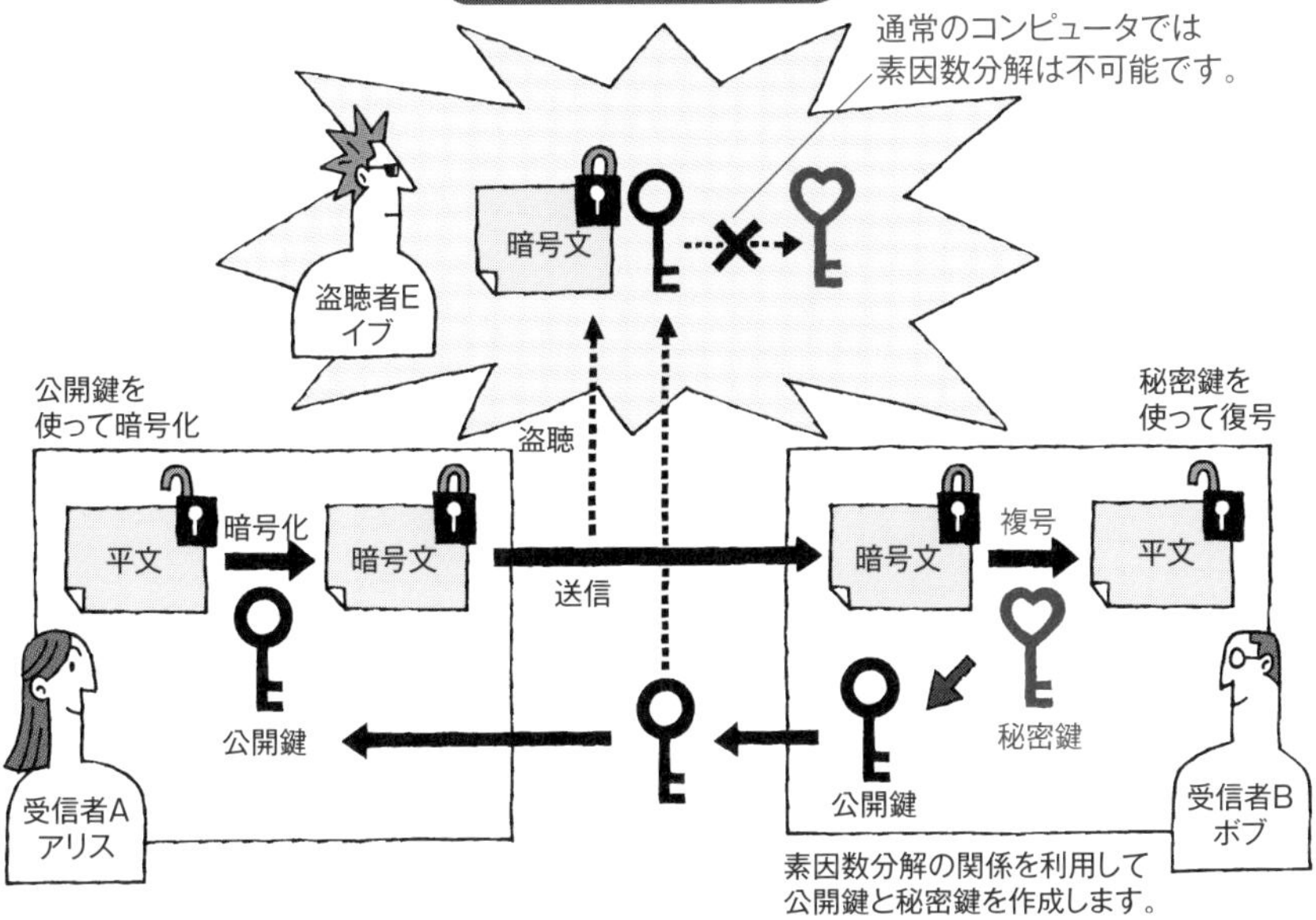

RSA暗号のしくみ

Ⅰ.受信者準備

① 素数 p、q を選んで、$n=pq$

② $m=(p-1)(q-1)$と互いに素となる1以外の整数eを選ぶ　　最大公約数 $\gcd(e,m)=1$
（ユークリッド互除法37などで求めます）

③ $de \equiv 1 \bmod m$ なる 最小のd を求めます
公開鍵：nとe,　秘密鍵：d

Ⅱ.送信者の平文の暗号化（e乗）

④ 送りたいメッセージ（平文）を M ($0 \leqq M < n$)として
暗号文Cを作成　　$C = M^e \bmod n$

Ⅲ.受信者の暗号文の復号(d乗)

⑤ 平文Mを復号します　　$M \equiv C^d \bmod n$

簡単な具体例

公開鍵（33、3）で平文19を送付

① $p=3$、$q=11$、$n=33$

② $m=(p-1)(q-1)=20$
mは2^2x5なので、
2と5以外の　$e=3$

③ 公開鍵 $n=33$、$e=3$
秘密鍵 $d=7$

④ 平文$M=19$ の時
$19^3=6{,}859=207 \times 33+28$
暗号文$C \equiv 19^3 \bmod 33=28$

⑤ $28^7=13{,}492{,}928{,}512=$
$408{,}876{,}621 \times 33+19$
復号平文$M \equiv 28^7 \bmod 33=19$

安全性の確保

暗号文 C と公開鍵の nとe から、現実的な時間では
平文Mを復元することは困難です。

52 量子暗号とは？

量子公開鍵暗号と量子鍵配送

量子暗号は、古典公開鍵の代わりに量子コンピュータで作成した量子公開鍵を用いる「量子公開鍵暗号」方式と、古典的な公開鍵を量子通信で送る「量子鍵配送（ＱＫＤ）」方式とがあります。

「量子公開鍵暗号」（**上図**）では、受信者ボブが持っている「秘密鍵」から多変数多項式問題などを用いて量子コンピュータで「量子公開鍵」を作ると、量子コンピュータでも公開鍵から秘密鍵を解読することが困難となります。ＯＵＴ暗号（岡本、田中、内山暗号）がその一例です。盗聴者イブも量子コンピュータを使えると仮定しても、公開鍵からＮＰ完全問題44の解としての秘密鍵の解読がほぼ困難となります。近年は、「ポスト量子暗号」として、量子コンピュータでも解けないさまざまな暗号が検討されてきています。

「量子鍵配送」（**下図**）では、量子力学を用いてランダムな秘密鍵を共有し、それをもとに情報を暗号化し復号する通信方法です。情報理論的安全性を完全に確保するには、平文（ひらぶん）の長さ以上の秘密鍵を送信者と受信者で共有する必要があることが知られています。送受信者は暗号セッションごとに異なる秘密鍵（ワンタイムパッド秘密鍵、使い捨て鍵）を共有することができます。盗聴者がこの秘密鍵を盗もうとした場合、ノークローニング（量子複製不可能）定理により、盗聴の痕跡を検出することができるので、そのセッションを破棄して、安全が確認されている秘密鍵のみを共有すれば、盗聴されずに復号が可能となります。

日本では東京ＱＫＤ（量子鍵配送）ネットワークが、２０１１年よりＮＩＣＴ（情報通信研究機構）を中心にして試験運用・開発が行われてきています。衛星と地上との世界初の宇宙暗号通信として、２０１７年には中国が宇宙衛星「墨子」のＱＫＤに成功しています。日本でも、同年に超小型衛星ＳＯＣＲＡＴＥＳによる量子通信の実証実験を成功させています。

要点BOX

- 古典公開鍵の量子版が量子公開鍵暗号
- 量子鍵配送にはワンタイムパッド暗号
- ノークローニング定理による暗号の安全性

量子公開鍵暗号

（古典公開鍵の量子版）

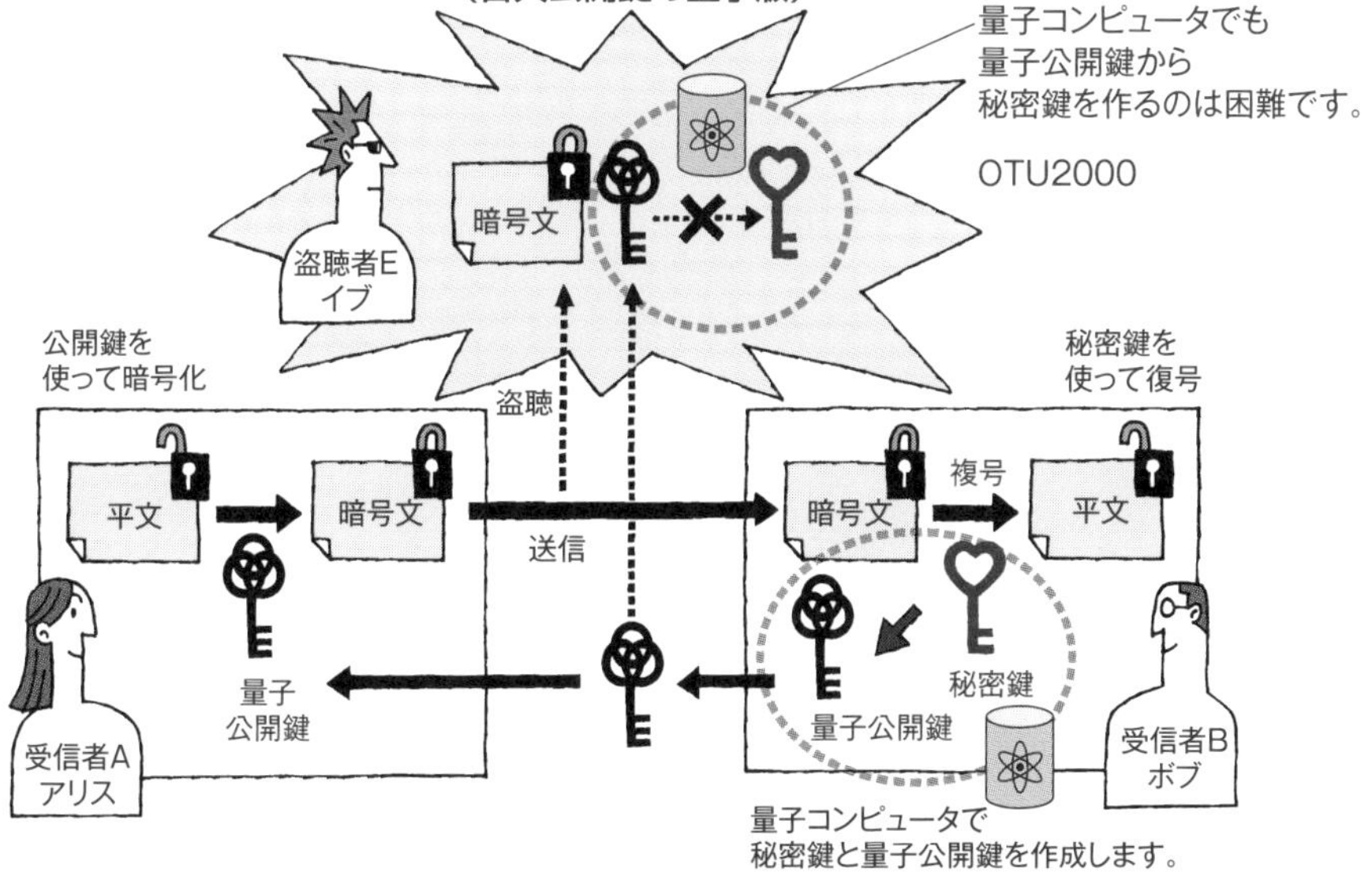

量子鍵配送（QKD）

（公開鍵の量子通信）（QKD：Quantum Key Distribution）

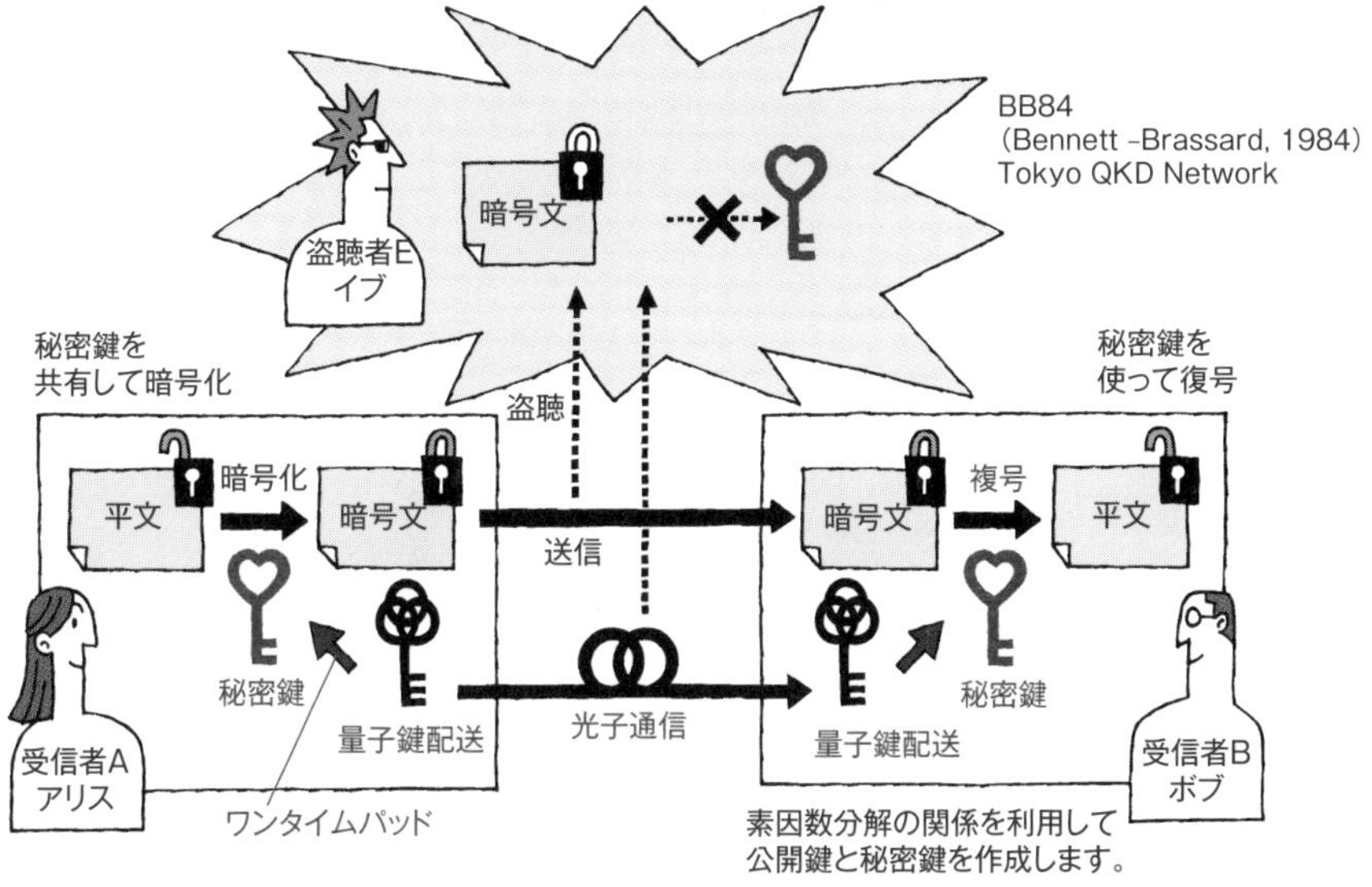

量子鍵配送では平文と同じ大きさの量子鍵を配送するのに光子を使います。量子鍵から秘密鍵をつくるには、ワンタイムパッド暗号を用い、大数の素因数分解の関係を利用します。1度使った暗号は再度使いません。

謎の人工知能の暗号数字を解く!

アニメ映画『サマーウォーズ』(2009年)

本作品は、『時をかける少女』や『未来のミライ』の細田守監督のアニメ映画であり、IoT時代[2]のインターネット上での戦いのなかでの、人と人との温かい心のつながりの物語です。

高校2年生で物理部の主人公健二は引っ込み思案で内気な性格ですが、国際数学オリンピックの日本代表級の数学の実力を持っています。先輩の夏希に頼まれ、夏休みの間、フィアンセとして彼女の実家に行くことになります。そこで健二の携帯に送られて来た不審な数学クイズのメールを、健二は何げなく解いてしまいます。実はそれは、インターネット上の「仮想世界OZ(オズ)」の管理権限の暗号パスワードだったのです。

メールは謎の人工知能「ラブマシーン」からのものであり、仮想空間での4億人以上のアカウントが奪われてしまいます。健二たちはインターネット仮想空間と現実空間とで、危機を救うため奮闘します。

健二の数学の力は抜群であり、電車の中で「1992年の7月19日は日曜日」とモジュロ演算[41]を使っての暗算で答えるシーンがあります。また、ショアの素因数分解アルゴリズム[42]の論文を読んでいるシーンもあります。

健二に送られてきた暗号は2056桁の膨大な数字ですが、解読後の平文の一部が有名なRSA-129暗号になっています。RSA-129とは十進法で129桁(426ビット)の公開鍵を使ったRSA暗号[51]であり、1977年に雑誌で掲載され、1994年に数百台のコンピュータをリンクさせて解読されたといわれています。映画の様な手計算では解読は不可能です。現在1024ビット(309桁)暗号は未解読であり、解読には一般のパソコンでは2千年以上かかり、スパコンでも1年はかかると考えられています。最近は2048ビット(616桁)以上のRSA暗号が推奨されてきています。

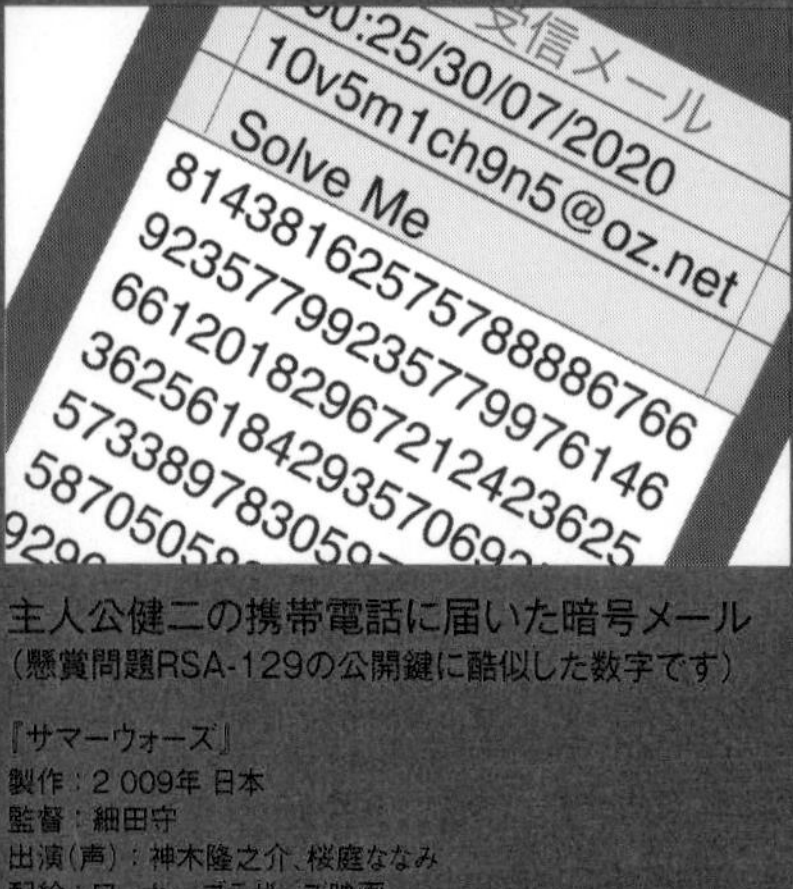

主人公健二の携帯電話に届いた暗号メール
(懸賞問題RSA-129の公開鍵に酷似した数字です)

『サマーウォーズ』
製作:2009年 日本
監督:細田守
出演(声):神木隆之介、桜庭ななみ
配給:ワーナー・ブラザーズ映画

第8章

量子コンピュータ開発の世界の現状は？

53 量子超越は達成されたのか?

量子スプレマシーと量子アドバンテジ

現在の最新鋭のスパコンでも非常に長い時間がかかるので解けない計算問題を、量子コンピュータでは高速に計算できることを「量子超越性（量子スプレマシー）」と呼ばれています。2019年10月末に米国グーグル社が量子超越性を確認したとの論文を、学術雑誌ネイチャーに発表しました（上図）。これは、53量子ビットの量子プロセッサ「シカモア（Sycamore）54」を用いて達成されています。論文によれば、現在の最先端のスパコン（スーパーコンピュータ）で計算すると約1万年かかるタスクを、このシカモアでは3分20秒（200秒）で完了したとのことです。15億倍の計算の実力です。

量子コンピュータで扱う情報量は、量子ビットの数とともに倍々と増えていきます。53個を量子もつれの状態にすると、およそ1京（10の16乗）ほどのデータが重ね合わさったことになり、その情報量は1ペタバイト（1バイトは8ビット、ペタは10の15乗）ほどになります。ただし、量子ビットの値を読み出した瞬間に重ね合わせは消えてしまいます。サイコロを振るように、重ね合わせになっていたデータのどれか1つだけが現れることになります。

一方、IBM社は、自社のスーパーコンピュータでは、グーグル社が1万年と見積った計算を2日半で可能であるとしており、1000倍にしか相当せず、グーグルの計算時間の評価に問題があると指摘しています。IBMでは「量子ボリューム（QV、量子体積）」と呼ばれる指標を用いて「量子アドバンテジ（量子優位）」を定義しています。その指標は、量子ビット数だけではなく、エラー率、コヒーレンス時間などを考慮し、総合的評価を試みています。2017年に4であったQVが、20年1月に32、そして20年8月に64と向上してきています。いずれにしても、量子コンピュータはスパコンを超える実力があり、開発のマイルストーンの1つを越えたと考えられています。

要点BOX

- ●グーグル社により量子超越の実証
- ●スパコン1万年の計算を200秒で可能
- ●IBM社は1万年ではなくて2日半との試算

量子スプレマシー（量子超越）の実証

2019年10月　米国グーグル社

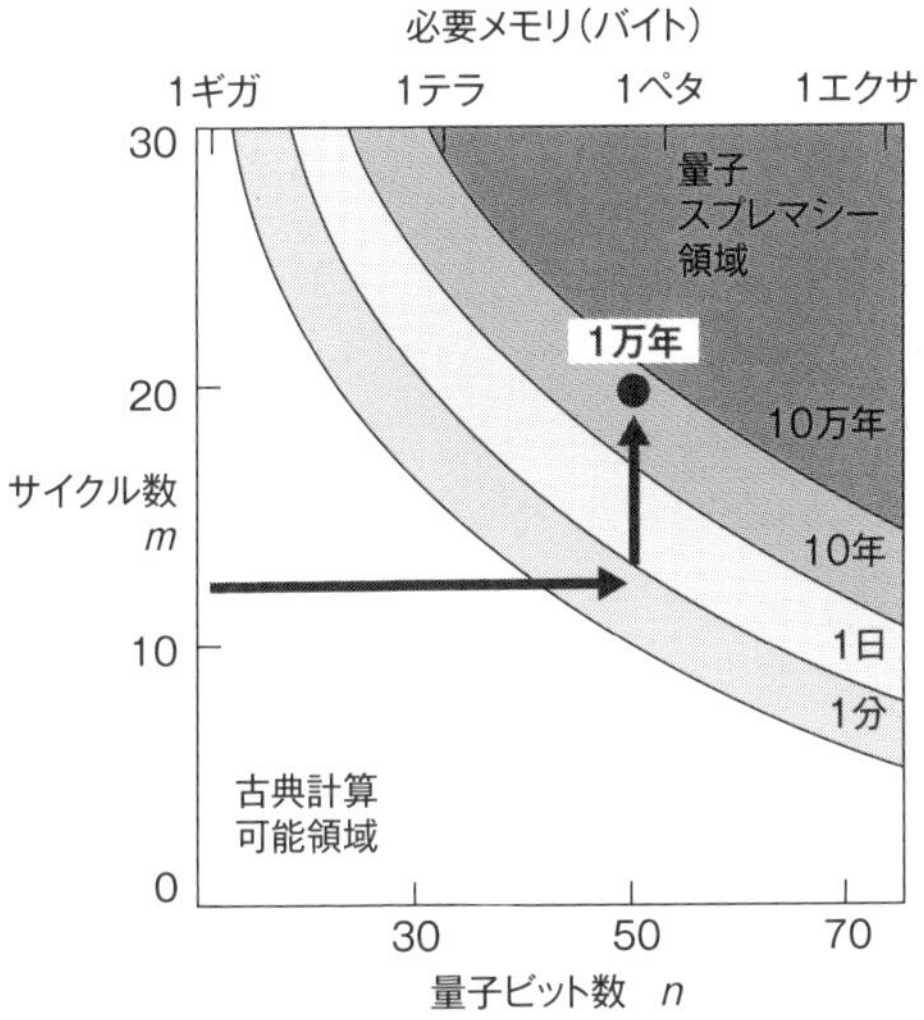

量子スプレマシー：
古典コンピュータでは長期間でしかできない計算を、量子コンピュータで圧倒的に速い計算が可能。

実証実験では、20キュビット、14サイクルからはじめてビット数を53キュビットまで増加して、それを20サイクルまで増加させています。

グーグル社…n=53、m=20での量子コンピュータでの計算は200秒、スパコンでは1万年かかると見積られる計算（15億倍）
↕
IBM社 …… スパコンでは1万年ではなくて2日半と予想（1000倍）

量子ボリュームと量子アドバンテジ（量子優位）

米国IBM社

量子コンピュータの演算能力を
- ・量子ビットの数（多いほどよい）
- ・エラー率（低いほどよい）
- ・コヒーレンス（量子状態保持）時間（長いほど良い）
- ・連結量（多いほどよい）

などの複数の指標として「量子ボリューム（QV）」を定義し、「量子アドバンテジ（量子優位）」を総合的に判断。

QVの向上：2017年に4 → 18年に8 → 19年16
→ 20年1月に32 → 20年8月に64。

54 グーグルでの開発は?

シカモア

アメリカの有名IT大企業は、頭文字をとってGAFAM(グーグル、アマゾン、フェースブック、アップル、マイクロソフト)と呼ばれ、ビッグテックあるいはテックジャイアントと呼ばれています。量子コンピュータの「量子スプレマシー(量子超越)」を実証したと最初に名乗りを上げたのが、その名前の最初の企業であるグーグルです。この量子コンピュータは54個の量子ビットを持つシカモア(Sycamore)と呼ばれています。シカモアとは街路樹などに用いられる「プラタナス」を意味しており、量子チップの開発コードネームとして名づけられました。

上図にはシカモアでの量子ビットと4か所で接続されたカプラーの配置図とプロセッサの外観図とが示されています。グーグルでは、このシカモアで乱数を生成させ、スパコンでは1万年もかかるであろう計算を3分20秒ほどで実行できたとしています。

実は、この量子超越の発表の4年前の２０１５年12月にも同様の発表がグーグル社からなされ、従来型のコンピュータに比べて1億倍の計算実力があるとされました。これは最適化問題に特化した「量子アニーリング方式」の量子コンピュータでの成果でした。今回はいわゆる万能方式を目標とした「量子ゲート方式」の量子コンピュータでの成果です。

２０１９年10月末の量子超越では、量子回路シミュレーションでのスパコンを上回る計算パワーを実証しています。次の段階はNISQデバイスでの「量子スピードアップ(量子加速)」あるいは「量子アドバンテジ(量子優位)」とよばれ、量子化学計算や機械学習での実証が期待されています(**下図**)。

最終的には、最適化や暗号解読のためには、量子ビット数が1万から10万個で、エラー率を０・０１%以下とする万能コンピュータを実現する必要があります。これが最終的な「量子プラクティカリティ(量子実用性)」と言えます。

要点BOX

- ●グーグルは54キュビットのシカモアで量子超越(量子スプレマシー)を達成
- ●次のステップは量子加速または量子優位

グーグルでの開発

量子超越を示した54キュビットの量子コンピュータ

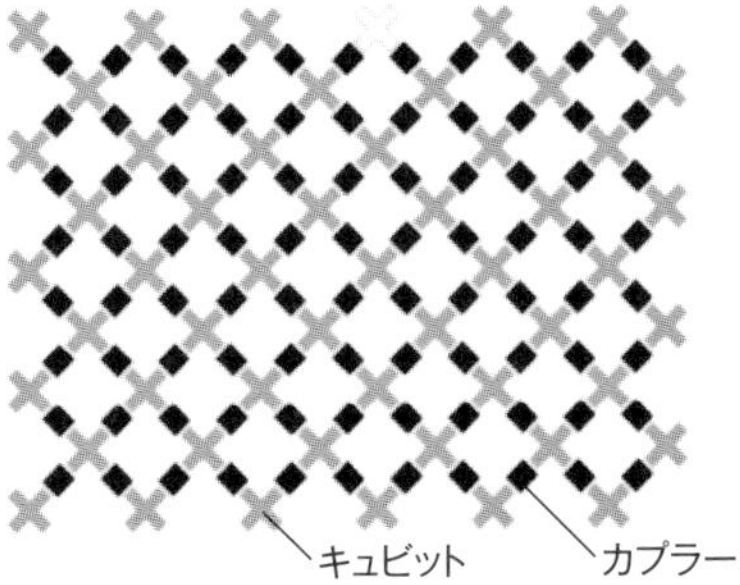

量子コンピュータのレイアウト図

上方の1つのキュビットの性能が悪いため、
53キュビットを使用しています。

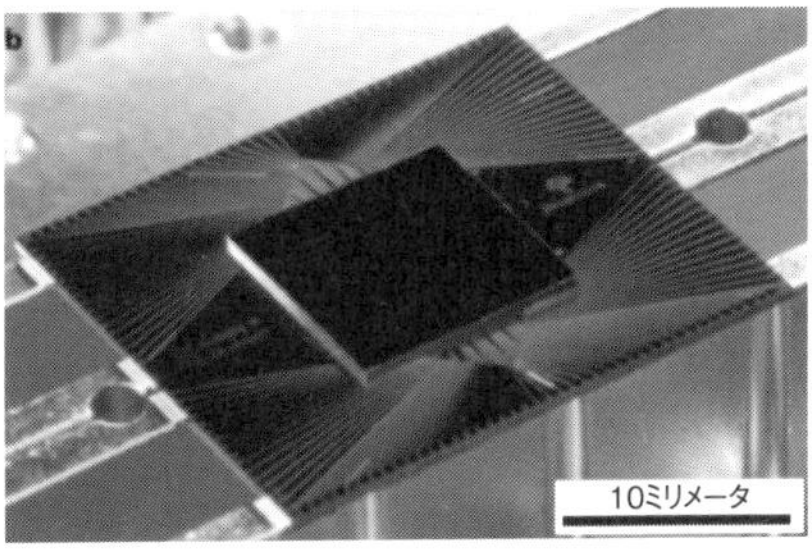

量子プロセッサ

シカモア（Sycamore）の外観図

写真などの出所：Nature | Vol 574 | 24 OCTOBER 2019

グーグルでの計算機パワーのイメージ図

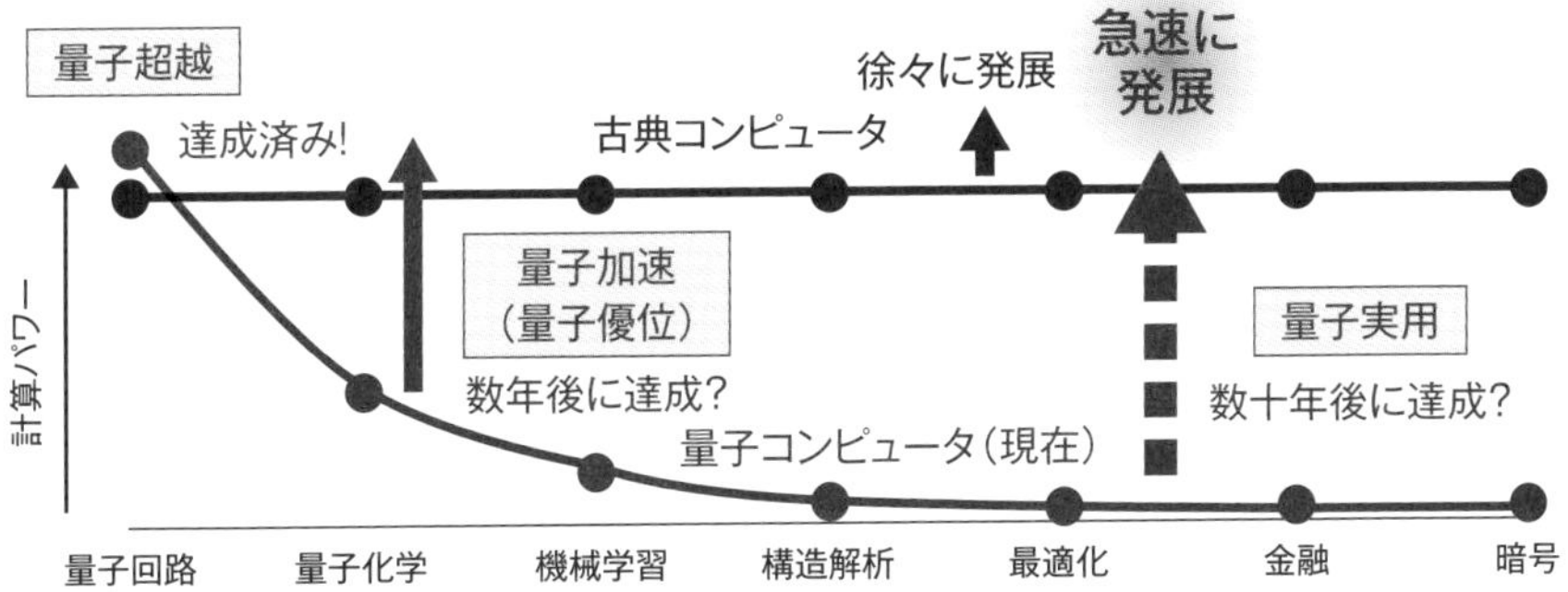

量子超越（量子スプレマシー）
量子加速（量子スピードアップ）、量子優位（量子アドバンテジ）
量子実用（量子プラクティカリティ）

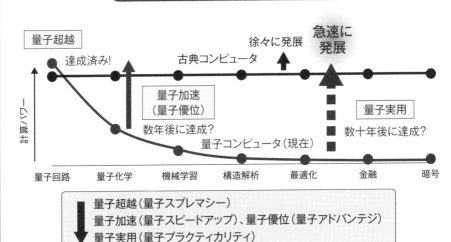

55 IBMでの開発は?

Q・システム・ワン

　米国IBM社は100年の歴史を持つ、コンピュータ業界の世界最大級の企業です。1946年にアメリカ陸軍の資金を得て世界で初めての電子計算機ENIACを開発し、以降、様々なメインフレーム計算機を開発してきています。2018年6月から2年間、世界最速であったオークリッジ国立研究所の「サミット」(上図左)がIBM社製であり、200ペタフロップス(PFLOPS)の最速のスーパーコンピュータでした。ここで、フロップス(FLOPS)とは、1秒間にできる浮動小数点演算の回数であり、ペタとは10の15乗です。日本の「京(けい)」は10の16乗の意味で、10ペタフロップスの速度です。ちなみに、2020年6月に世界最速となった日本のスパコン「富岳」は、「京(けい)」の最大100倍の速度です。太宰治の短編小説「富嶽百景」に因んだ名前と言われています。

　量子コンピュータの開発に関しては、2017年に17個の量子ビットを持つプロセッサ(量子処理装置、QPU)を試作しています。2019年1月には、世界初の汎用近似量子コンピュータ(NISQ、ノイズあり中規模量子コンピュータ)の商用マシン「IBM Q System One」(上図右)を発表しています。写真は2・7メートル四方のボックス型ガラスケースのなかに本体内部が見える展示用のレプリカです。本体部分(下図)はシャンデリア型の形状で、液体窒素と液体ヘリウムを用いて段階的に冷却し、演算装置QPUの温度は15mK(ミリケルビン、千分の1絶対温度)となっています。ネットワークで公開中の量子ビット20の装置では、コヒーレンス時間は74マイクロ秒で、2キュビットのエラー率は1・7%です。

　IBMでは量子コンピュータが古典コンピュータよりも優れているとしての「量子優位性(量子アドバンテジ)」を示すために「量子ボリューム(量子体積、QV)」を用いています。この指標は、量子ビットの数、接続性、コヒーレンス時間などにより評価されています。

要点BOX

- ●IBMのQシステムワンは世界初の汎用近似の商用量子コンピュータ
- ●量子優位性の指標としての量子ボリューム

IBMのコンピュータ

2020年6月まで世界最速であった
米国立オークリッジ研究所のスパコン「サミット」

出所：米エネルギー省オークリッジ国立研究所

世界で最初の汎用近似量子コンピュータ
「IBM Q System One」の展示用レプリカ

出所：https:///www.ibm.com/quantum-computing

IBMのゲート式量子コンピュータ IBM Q System One

絶対温度　　セ氏温度
0 K　＝　−273.15 ℃

出所：https://www.ibm.com/

量子ビット数	20の場合
T1(励起状態を保つ平均時間)	74μs
T2(重ね合わせを保てる平均時間)	69μs
1量子ビットエラー率(平均)	0.41%
2量子ビット(CNOT)エラー率(平均)	1.69%

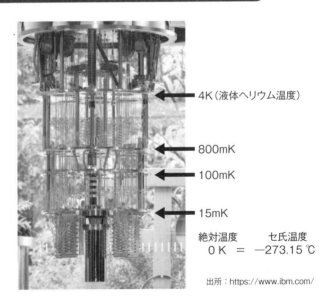

56 IBMでのクラウドサービスを使ってみる!

IBM量子体験

IBMは2016年5月に量子ビット5個からなる量子コンピュータを操作できるクラウドサービス「量子体験、IQX(IBM Quantum Experience)」を無償提供して話題を呼びました。公開から約4年で世界中から20万人以上が量子計算を行っています。現在は5キュビットから15キュビットまで、いくつかのクラウドシステムが公開されています。

IQXは誰でも無料で利用することができます(**上図**)。まず、該当するウェブサイトで登録します。初めて体験する場合のマニュアルや使用例も掲載されています。

量子回路を組む場合に、さまざまな量子ゲートをPCの画面上でドラッグして量子ビット回路上にドロップする形で、簡単に回路を組むことができます。このGUI(グラフィカル・ユーザ・インターフェース、入出力の操作にグラフを多用するシステム)はComposer(コンポーザー)と呼ばれるソフトウェアです。

簡単な例として、2キュビットの量子もつれとしてのベル状態39の確認計算を下図に示しています。基底量子ビット0を入力として、アダマールゲートと制御NOTゲートを通します。その出力を測定すれば、量子もつれ状態を確認することができます。理論計算上の測定確率、ブロッホ球、状態ベクトル振幅が視覚化されています。対応するQiskit(量子情報科学キット)あるいはアセンブラ言語QASMも表示されています(**中図**)。

量子コンピュータ実機による実行後の結果(**下図**)として、ヒストグラムが得られます。状態ベクトルは実行前の画面に示されるように、理論上は00と11だけですが、得られないはずの基底01と10の振幅確率(状態ベクトルの2乗)が現れ、エラーが含まれていることがわかります。現在の量子クラウドコンピュータはNISQと呼ばれるノイズありの中規模装置なので、将来の万能化高性能化を待ちたいと思います。

要点BOX

- ●IBMのクラウドサービス
- ●誰でも使える量子コンピュータ
- ●GUIのComposerによる回路設計

IBM Q Experienceに登録

サイトで登録する　https://quantum-computing.ibm.com/
Composerにより回路設定
Qiskit（Quantum information science kit,量子情報科学キット）により実行

使用例:「IBM Quantum Experienceで体験するはじめての量子計算」
https://developer.ibm.com/jp/articles/iqx-getstart/

ベル状態の計算プログラム例

実行前の画面

理論結果も自動表示されます。

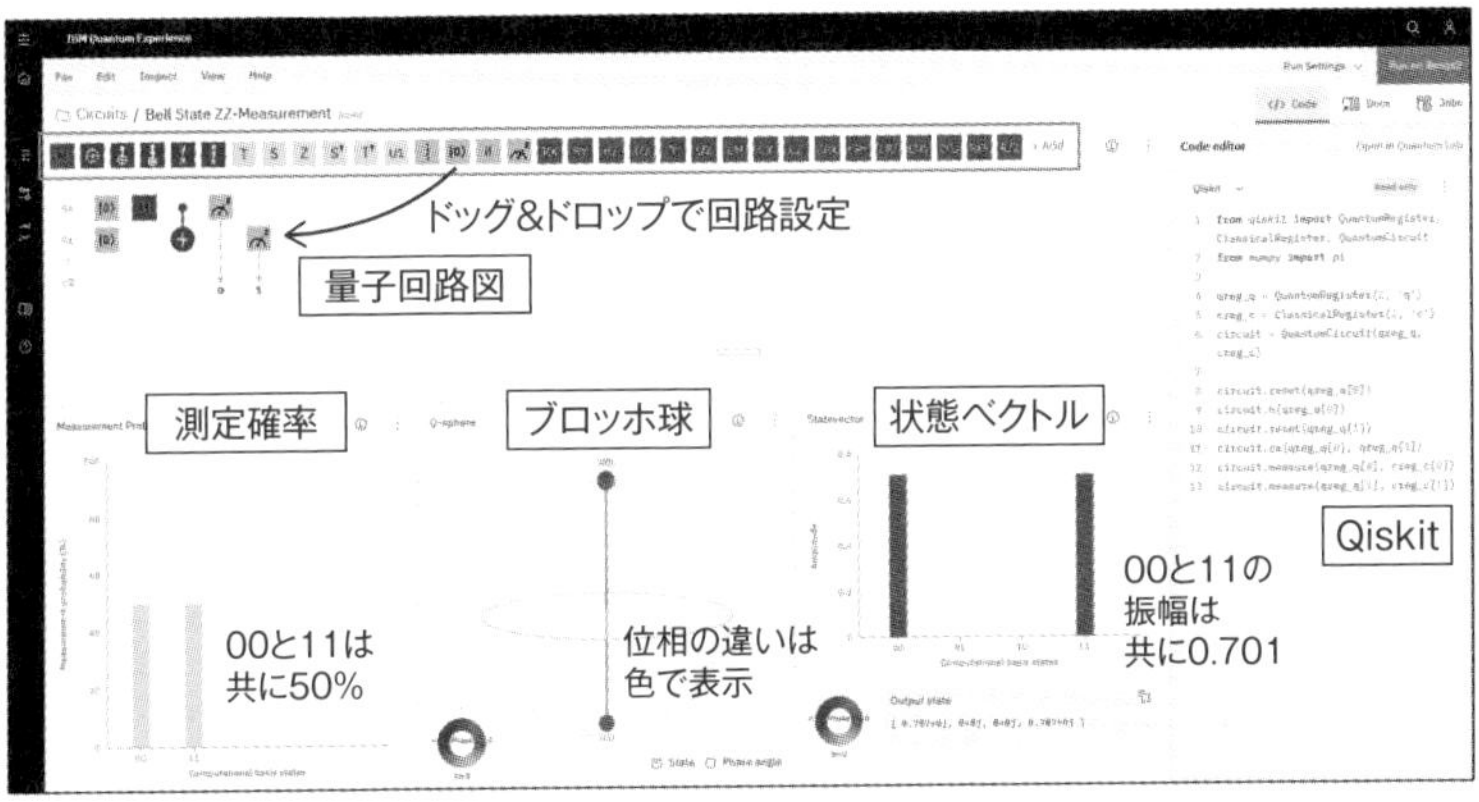

ベル状態の計算結果例

実機による計算結果

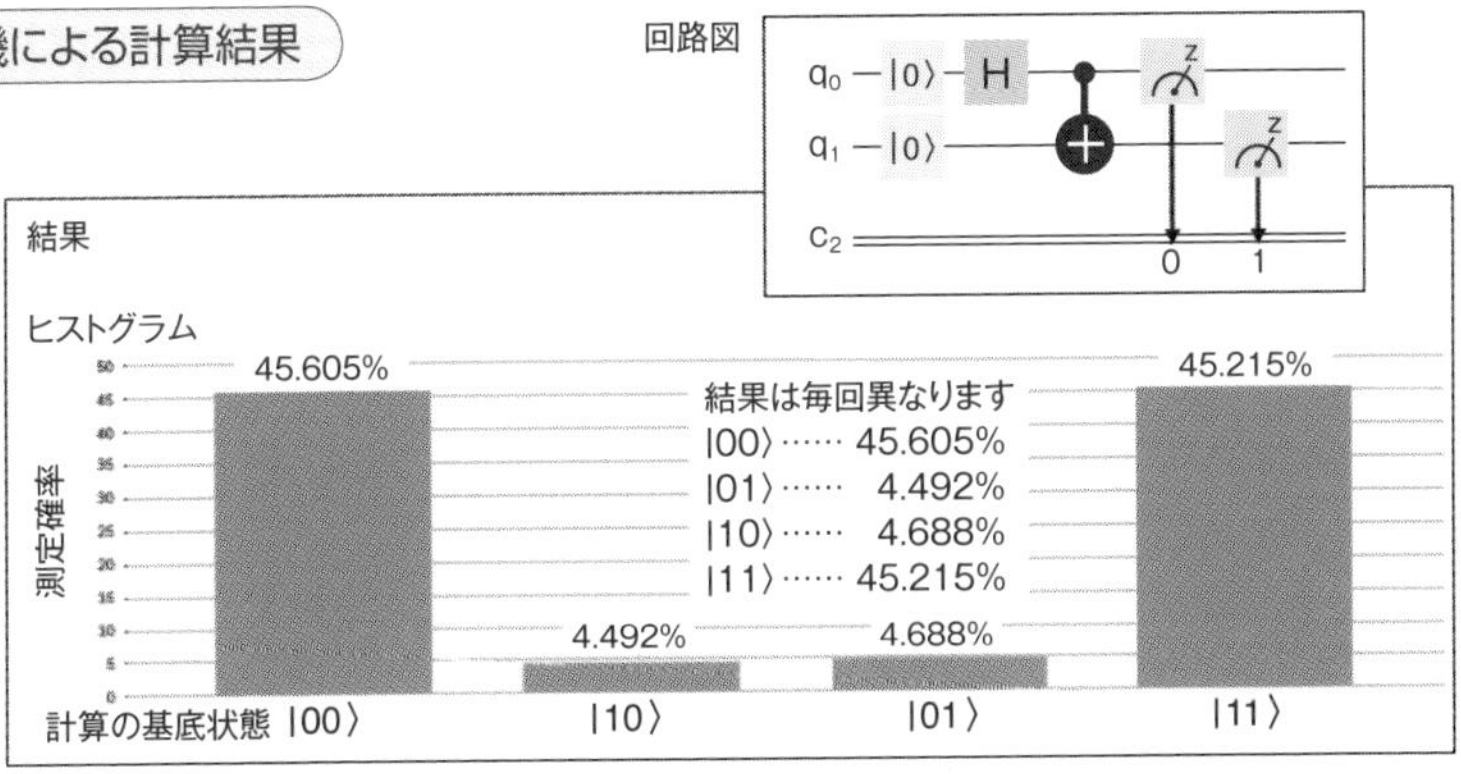

57 マイクロソフトやインテルでの開発は？

QDKソフトとトポロジカル量子ビット

米国のマイクロソフトは1975年にビル・ゲイツとポール・アレンにより設立されたコンピュータ企業です。パソコンのOSのWindowsを含め、さまざまなソフトウェアサービスを開発してきています。マイクロソフト社では、量子コンピュータ分野でも主にソフトウェアの開発を進めています（上図）。

例えば2019年7月には量子コンピュータ用アプリケーションを開発できるプログラミングツールキットQDK（Quantum Development Kit）を外部に公開しています。この公開はオープンソース形式であり、誰もが自由にキットを使えるようになりました。QDKでは量子コンピュータ用プログラミング言語Q#やそのコンパイラ（プログラミングファイルをコンピュータが処理できるよう変換するツール）などがセットになっています。米国のマイクロソフト社は、グーグルやIBM社の超伝導量子ビットと異なり、「トポロジカル超伝導物質50」と呼ばれる独自の材料をプロセッサに使った量子コンピュータを開発中です（下図）。この方式は、エラー耐性が強く、万能型量子コンピュータをめざした開発に期待が寄せられています。

一方、1968年設立の米国の半導体素子メーカーの老舗インテル社は、自社の半導体微細加工技術を生かして、シリコンのスピン量子ビットのプロセッサをオランダの会社と共同開発中です。これは、ミリKの超極低温ではなく4Kの超低温で動作するチップであり、10年後の量産化をめざしています。

米国内では、その他の量子ビットの方式として、イオントラップはハネウェル社（1886年設立）やIonQ社（2016年設立）、ダイヤモンドNV中心はQDTI社（2012年設立）が開発中です。他方、米国外では、カナダのスタートアップ企業ザナドゥ社（2016年設立）のシリコン光量子ビット、フィンランドの通信企業ノキア社（1989年設立）のトポロジカル量子ビットなどの特徴的な開発が進められています。

要点BOX

- ●マイクロソフトは量子コンピュータ用のソフト開発とトポロジカル量子ビット開発
- ●インテルはシリコン量子ビット開発

マイクロソフトの量子コンピュータ

ソフトウェア

ソフト　LIQUi|〉(LIQUiDと読みます)
Quantum Development Kit(QDK)
　Q# プログラミング言語
Azure Quantum
　量子計算プラットフォームサービス

ハードウェア

トポロジカル量子ビットの開発

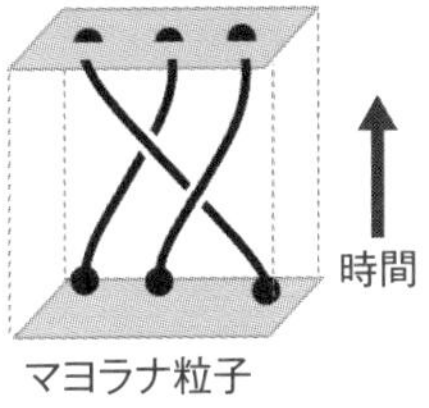

量子ゲート型コンピュータの量子ビット開発企業

IBM(米)：超伝導量子ビット
グーグル(米)：超伝導量子ビット
マイクロソフト(米)：トポロジカル量子ビット(マヨラナ粒子)
インテル(米)：シリコン量子ドット
リゲティ(Rigetti)(米)：超伝導量子ビット
Ion Q(米)：イオントラップ
ハネウェル(Honeywell)(米)：イオントラップ型QCCD(量子電荷結合デバイス)
QDTI(米)：ダイヤモンドNV中心

ザナドゥ(Xanadu)(加)：光量子ビット
AQT(Alpine Quantum Technology)(独)：イオントラップ
ノキア(NOKIA)(フィンランド)：トポロジカル量子ビット(マヨラナ粒子)
Silicon Quantum Computing(豪)：シリコン量子ドット
日立製作所(日)：シリコン量子ドット
アリババ(阿里巴巴)(中)：超伝導量子ビット

58 スタートアップ企業での開発は？

カナダのD-Wave 2000Q

量子コンピュータ分野でも、IBMやグーグルなどの「テック大手」と呼ばれるIT大企業と異なり、「スタートアップ」と呼ばれる革新的な新興企業があります。1999年創立で量子アニーリングコンピュータをリードしてきたカナダのディー・ウェイブ（D-Wave System）（**上図**）がスタートアップ企業に相当します。実用的な問題を解ける最初の量子アニーリング型コンピュータとして、2007年に16ビットの量子コンピュータの開発に成功し、11年には128量子ビットのD-Wave Oneを、13年には512量子ビットのD-Wave Twoを、15年には1152量子ビットのD-Wave 2Xを、そして、17年にはD-Wave社のフラッグシップ製品としての2000量子ビットのD-Wave 2000Qを発売しました。世界で最も進歩した量子アニーリングコンピュータです。伝統的なスーパーコンピュータと異なり、超伝導システムによる低消費電力での運転が可能となっています。米国のロッキード社やグーグル社への納入や日本の企業や大学への納入など、多くの実績があります。

一方、量子ゲート式コンピュータの開発を目指して2013年に創設されたスタートアップ企業としてアメリカ・カリフォルニア州バークレーに本拠地を構えるリゲッティ社（**下図**）があります。IBMの研究所で開発に従事してきたチャド・リゲッティ氏により設立された会社です。リゲッティでは、グーグルやIBMと同様に超伝導量子ビットを利用しており、28量子ビットを処理できる量子コンピュータAspen-7を2019年に開発しています。そのプロセッサ部と全体のシステム構造およびコンピュータ性能が下図に示されています。また、フォレスト（Forest）と呼ばれるクラウド・コンピューティング・プラットフォームとしてのソフトウェアを通して、特定のユーザーに対してですが、リゲッティ社の量子コンピュータの利用が可能となっています。

要点BOX

- ●テック大手と異なるスタートアップ新興企業
- ●量子アニーリング型のカナダのD-Wave社
- ●量子ゲート式のアメリカのリゲッティ社

カナダ　D-Wave 社の 量子コンピュータ

D-Wave 2000Qの外観

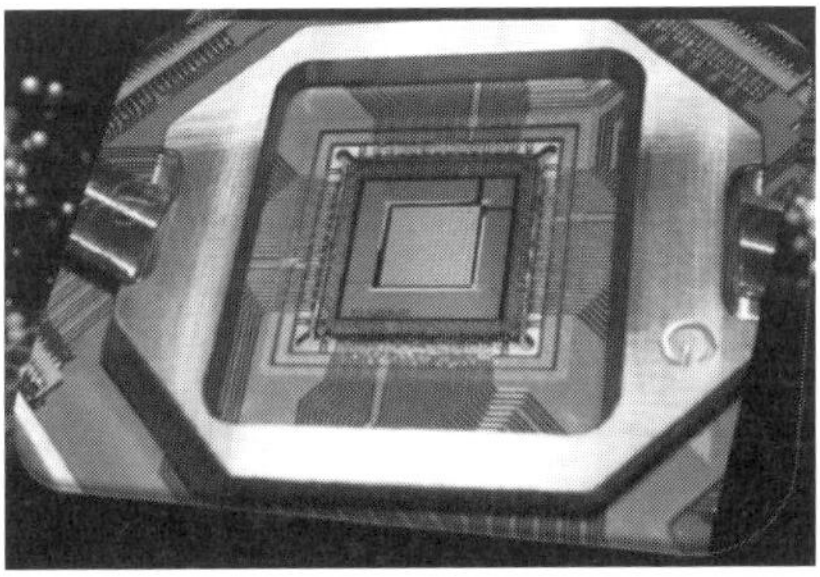

D-Wave 2000Qの量子プロセッサユニット（QPU）

金めっきの銅の中にあるシリコンチップがコンピュータの頭脳に相当します。

出所　http://dwavejapan.com/system/

米国　リゲティ社の 量子コンピュータ

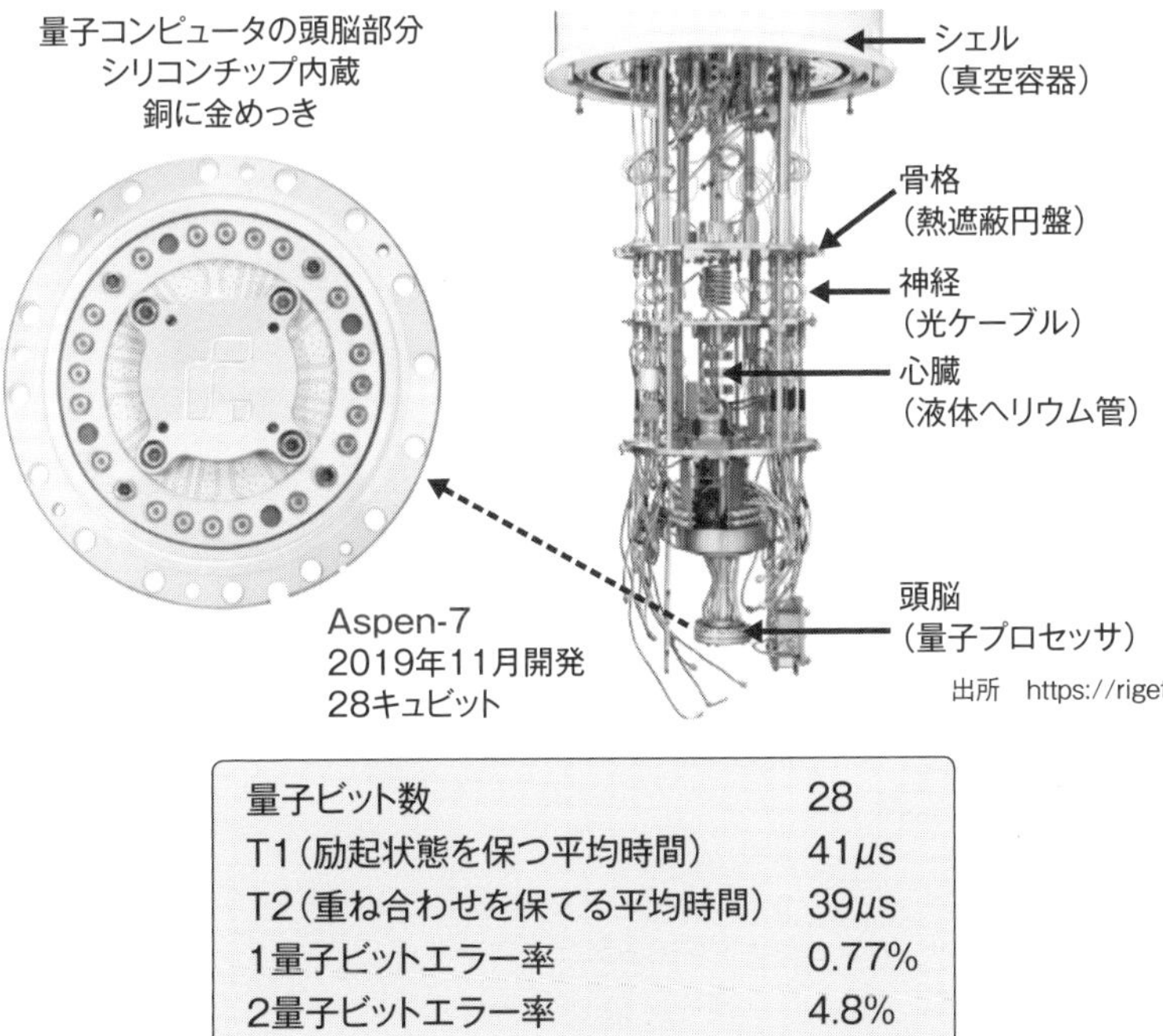

出所　https://rigetti.com/

量子ビット数	28
T1（励起状態を保つ平均時間）	41μs
T2（重ね合わせを保てる平均時間）	39μs
1量子ビットエラー率	0.77%
2量子ビットエラー率	4.8%

59 日本や中国での開発は?

日本のアニーリング型、中国の量子暗号

アメリカではグーグルを筆頭として、アマゾン、フェイスブック、アップル、マイクロソフトを含めた「GAFAM」と呼ばれるIT大企業が量子コンピュータ開発への投資を進めています。

日本でも、米国に比べて規模は小さいものの、富士通、日立製作所、NEC（日本電気）などの電機メーカーやNTT（日本電信電話）などの通信メーカーが研究開発を進めています（上図）。

日本では、歴史的な経緯から、特にイジング型コンピュータに注目して、NECや富士通が技術開発を行っています。量子効果を実際に利用した量子アニーリング（QA）型の開発はNECにより、量子効果を半導体回路で模擬したシミュレーテッド・アニーリング（SA）型の開発は富士通と日立製作所によりなされてきています。

光の量子効果を用いた量子ニューラルネット（QNN）も日本で開発されてきています。NTTと国立情報学研究所との連携で、光パラメトリック発振器と光ファイバーにより、2000量子ビットの光パルスの装置で成果をあげています。常温で低消費電力であることが特長です。

お隣の国、中国でも、量子コンピュータ技術の開発が進められてきています（下図）。中国でのEコマース（EC、電子商取引）の最大手アリババ（阿里巴巴）社は、2015年に中国科学院（CAS）との共同で量子コンピュータラボを開設しています。2030年までに50から100量子ビットの万能型のゲート方式量子コンピュータの試作機の開発をめざしています。中国では量子通信の分野で成果をあげています。特に、2016年には、中国の戦国時代に非戦と博愛を説いた思想家の名をつけた量子通信衛星「墨子（Mozi）」により、宇宙での量子暗号通信を実証しています。日本でも2017年に超小型衛星SOCRATESによる量子通信に成功しています。

要点BOX

- ●日本でのアニーリング型の理論提案と開発
- ●光を用いた量子ニューラルネット（QNN）
- ●中国での量子通信衛星「墨子」

日本での開発

特に、歴史的に*アニーリング方式や、
光ニューラルネットワークの開発に特化しています。

(*)量子アニーリングの理論は、1998年に東工大の門脇氏、西森氏により提案されました。

量子ゲート型(超伝導)	理化学研究所
量子イジング型	
量子アニーリング方式(QA)	NEC
シミュレーティッド・アニーリング(SA)	富士通 日立
量子ニューラルネット(QNN)	NTT 国立情報学研究所

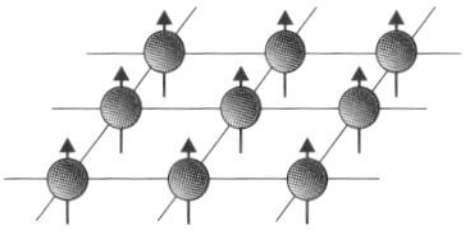

イジングモデル

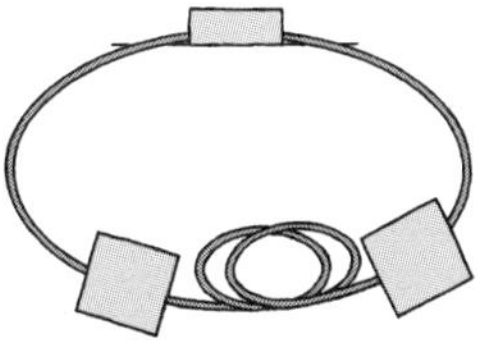

光ネットワーク

中国での開発

特に、量子通信と量子ゲート型を重点開発中です。

量子ゲート型	アリババ(阿里巴巴)
量子通信	中国科学院——量子衛星「墨子」

Column

十年後の世界から、現在の自分に出会う！

アニメ映画『Hello World』」（2019年）

このアニメ映画は、近未来の京都を舞台に、「未来の自分」と出会った主人公が自らの運命と世界の秘密へとたどり着くSF青春ラブストーリーです。細田守監督のもとで『時をかける少女』『サマーウォーズ』の助監督を務めた伊藤智彦の監督作品です。

2027年に京都に暮らす内気な男子高校生「直実」（声：北村匠海）の前に、10年後の未来から来た自分自身だと名乗る青年「ナオミ」（声：松坂桃李）が突然現れます。そして、現在の直実は、無限の記憶領域を持つ量子記録装置「アルタラ（ALLTALE、すべての物語の意味）」に記録されている過去の記録に過ぎないと語ります。アルタラは、物理情報に加え時間や空間そのものも全て記録でき、その存在によって、実際の現実と記録された現実は文字通り限りなく同一のものになったというのです。

「未来の自分」であるナオミによれば、現実世界で直実は同級生の瑠璃（声：浜辺美波）と付き合い始めますが、初デートの日に落雷を受け、彼女はそのまま亡くなってしまったというのです。

「せめて記録の中だけでも、瑠璃との幸せな時間を残したい」というナオミの願いを聞き入れた直実は、共にアルタラの記録世界を書き換えることを試みます。

しかし、アルタラ内の自動修復システム「狐面（きつねめん）」が歴史の保存のために、監視を強めます。

仮想（記録）世界は、VR（ヴァーチュアル・リアリティ、仮想現実）やAR（オーグメンテッド・リアリティ、拡張現実）技術を用いて構成することができますが、20年後には量子コンピュータにより、さらに現実的な仮想世界が作られている可能性があります。

映画の中の量子記憶装置アルタラには、多くの可能性を持った世界が記録されており、量子論を基礎としたパラレル・ワールド[16]が広がっているのかも知れません。

量子記録装置「ALLTALE（アルタラ）」

『Hello World』（ハロー・ワールド）」
製作：2019年　日本
監督：伊藤智彦
出演（声）：北村匠海、松坂桃李、浜辺美波
配給：東宝

第9章

量子コンピュータの活用と未来展望!

60 組み合わせ最適化問題とは?

情報から流通、医療まで幅広く

いろいろな組み合わせが可能な状況で、最も条件に適した組み合わせを見つける問題は、「組み合わせ最適化問題」と呼ばれています。拘束条件と最良の条件が何かで、以下のいくつかの典型的な問題があります(上図)。

連続値の最適化問題の場合には、線型計画問題として多項式時間アルゴリズム(クラスP)を作れますが、離散問題としての整数計画問題では効率的な解法が見つかっていません。NP完全、あるいは、NP困難問題です44。

「巡回セールスマン問題(TSP)」は、セールスマンがある都市から出発し、全ての都市を訪問して、出発地点に帰還する最短ルートを求める問題です。巡回ルートの選び方はn!(nの階乗)であり、実際は始点と終点が逆のケースが含まれるので、この半分となります。

「ナップサック問題」もNP完全問題です。ナップサックの中にいくつかの品物を詰め込む場合、入れた品物の総価値を最大にするという整数計画問題であり、N個の品物がある場合には、単純な計算方法は、1個について入れるか入れないかの2通りなので全体で2^N通りです。実際には、重さや体積の制限があり、最適化はかなり複雑です。

その他、「ハミルトン閉路問題」(すべての点を1度だけ通る閉路の有無)、「最大クリーク問題」(すべての点が1つの線でつながれているか否か)や、「最大カット問題」など、さまざまなNP完全問題があります。

組み合わせ最適化問題として、いろいろなビジネスチャンスとしての応用例があります(下図)。交通網としてのカーナビでの最短ルート検索や運送会社の最適配送ルート、電力網での電力制御、インターネット情報網の最適化、薬剤の最適検索など、幅広い分野での量子アニーリング型を含めた量子コンピュータの活用が期待されています。

要点BOX

●最適な組み合わせを求める最適化問題
●巡回セールスマン問題、ナップサック問題
●交通、電力、情報などのルートの最適制御

組み合わせ最適化問題の例

● 巡回セールスマン問題（TSP）

ある都市から出発して、全ての都市を訪問して出発地点に帰還する最短ルートを求める問題

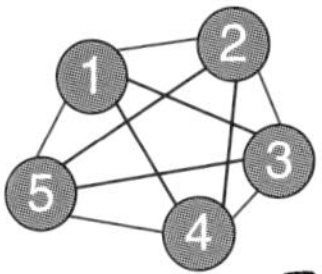

巡回ルートの選び方は
$n! = n \times (n-1) \times \cdots \times 2 \times 1$
始点と終点が逆のケースを除いて $n!/2$ 通り

● ナップサック問題

ナップサックの中にいくつかの品物を詰め込む場合、入れた品物の総価値を最大にする問題

N個の品物の場合、
単純な計算方法では 2^N 通り

● ハミルトン閉路問題

与えられたグラフについて、全ての頂点を一度だけ通る閉路が存在するかどうかの問題

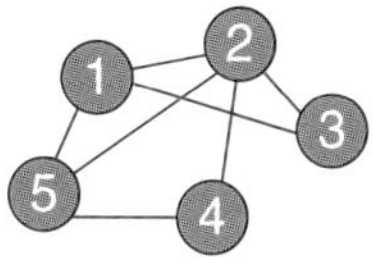

閉路あり

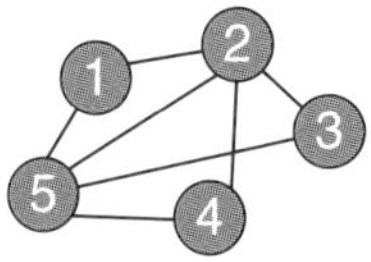

閉路なし

●最大クリーク問題

グラフ中のクリーク（すべての点が線で完全につながれているグラフ）の中で最大のものを見つける問題

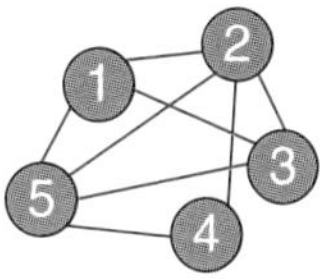

最大クリークは
（1,2,3,5）

●最大カット問題

重み付きグラフのノード（点）を2つのグループに分割し、カットされるエッジ（エッジ）の重みの総和を最大にする問題

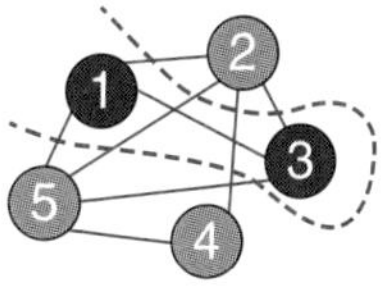

線の重みが同じ場合
最大カットは6本

具体的応用例

カーナビルート検索

電力網の電力制御

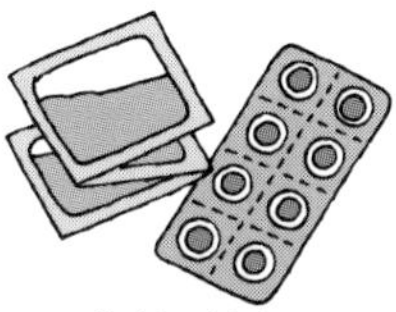

薬剤の検索

物流配送ルート

インターネット網

画像解析

61 AIと機械学習、深層学習とは?

シンギュラリティ

AI（人工知能）が発展すると、ひとつのコンピュータが全人類の頭脳を超える時がやってくるのではと考えられます。これは未来学者レイ・カーツワイルが提唱した概念「シンギュラリティ（技術的特異点）」であり、2045年に到来すると考えられました。古典プロセッサの速度は指数関数的に増大するという「ムーアの法則」を基に考えられています。

量子コンピュータが実用化されれば、AIの技術が飛躍的に向上すると考えられています。AIには機械学習（学習データを機械的に記憶させる方法）やディープラーニング（深層学習、ニューラルネットワークによる機械学習の方法）が用いられており（上図）、量子コンピュータにより膨大な学習データを高速に処理し計算できる可能性があるからです。

現在のパソコンでは汎用CPU（中央処理装置）が用いられていますが、人工知能システムではGPU（グラフィック・プロセッシング・ユニット）やFPGA（フィールド・プログラマブル・ゲート・アレイ）などの専用プロセッサ（演算装置）が活用されています。

ニューラルネットワーク（神経網）による古典および量子コンピュータによる演算システムの比較を下図に示します。古典コンピュータでは、多数の入力をGPUやFPGAにより多層結合させて、出力と教師データとを比較して結合係数を修正し、最終結果を求めます。一方、初期の量子コンピュータNISQでは、特定の課題に特化したQPU（量子処理装置）を組み込んだシステムの利用が考えられます。入力ゲートを通して量子状態を作り、ネットワークゲートにより出力が得られ、教師データとの比較で位相などを変更して最終結果を求めます。将来のエラー耐性万能量子コンピュータでも、深層学習に特化した専用の量子プロセッサが利用され、古典コンピュータと量子コンピュータとのハイブリッドシステムが活用されていくと予想されます。

要点BOX

- ●深層学習、機械学習、そして、人工知能
- ●GPU、FPGAとQPU
- ●QPU利用のニューラルネットワーク

人工知能、機械学習、深層学習

人工知能（AI）
人間に代わって知的活動をコンピュータが行うこと

機械学習（マシン・ラーニング）
機械が自動的に経験を学習して意思決定や未来予測ができるようにすること

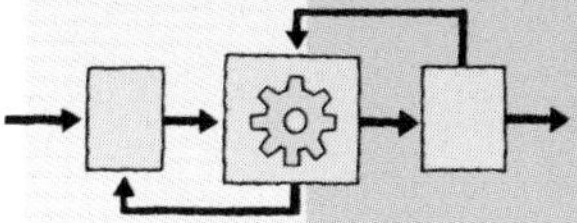

深層学習（ディープ・ラーニング）
ニューラルネットワーク技術により、コンピュータが図などの潜在的特徴をとらえて判断すること

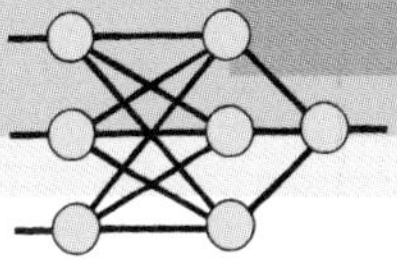

古典および量子コンピュータによるニューラルネットワーク

通常のコンピュータによる
ニューラルネットワーク

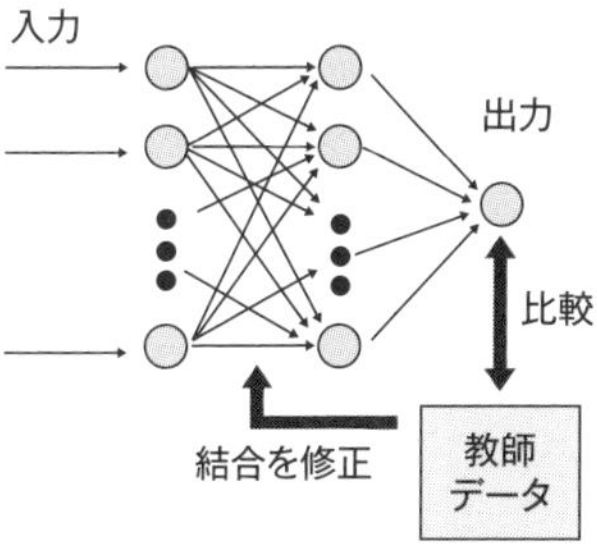

GPUやFPGAの活用

NISQコンピュータによる
ニューラルネットワーク

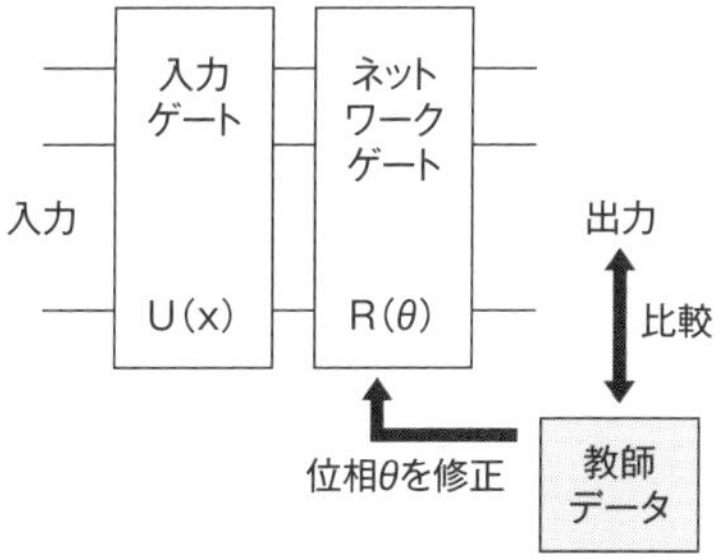

QPU の追加活用

GPU：（グラフィック・プロセッシング・ユニット）
　　コンピュータグラフィックスに必要な演算処理に特化したビデオチップ
FPGA：（フィールド・プログラマブル・ゲート・アレイ）
　　現場でプログラム可能なゲート配列のチップ
QPU：（クアンタム・プロセシング・ユニット）
　　量子処理装置

62 創薬や新材料開発をめざして!

量子化学シミュレーション

現在実現されている量子コンピュータの計算パワーはまだ高くなく、万能型量子コンピュータの前段階としてのNISQ（ニスク、誤り訂正機能がなくて量子ビットが数百〜数千個ほどの量子コンピュータ）と呼ばれる状況ですが、量子化学におけるシミュレーションとしての分子構造や化学反応の分析、創薬、新材料開発などに役立つと考えられています。

創薬、すなわち、新薬の開発においては、高分子の振る舞いを分子動力学でシミュレーション（模擬）します（上図）。①低分子や高分子の原子1個1個を量子ビットで模擬し、その配置を検討します。②それらに加わる化学結合力、分子間力、静電気力、などの量子論的なポテンシャルエネルギーを含めて記述し、③運動方程式を解きます。④それを繰り返してエネルギー的に安定な解を見つけます。分子の構成をさまざまに変化させて、希望する新薬や新材料の候補を選びます。現在は、スーパーコンピュータで膨大な計算が試みられています。

2020年にパンデミック（世界的大流行）として蔓延している新型コロナ（COVID-19）では、治療薬やワクチンの開発が急務です。米国のスパコン「サミット」や日本の「富岳」による膨大な創薬計算も試みられています。従来のコンピュータなら数カ月かかる計算を、数日で演算可能です。

病気になった時、我々の体の中では病気の原因となる分子（タンパク質）が活発に動き回ります。ウイルスの場合には、ウイルスのスパイク状のたんぱく質が細胞の外から受容体に吸着して、細胞内に侵入し、増殖します。このウイルスの鍵が人間の細胞の鍵穴に入らないようにするのが抗体です（下図）。

量子化学シミュレーションでは、この膨大な分子構造の長時間の振る舞いを計算し、組み合わせ最適化問題として新薬を選択します。そのために量子コンピュータの利用が考えられています。

要点BOX

- 化学結合力や分子間力を含めた量子計算
- タンパク質の原子・分子を量子ビットに対応させて創薬の並列計算シミュレーション

量子化学シミュレーション

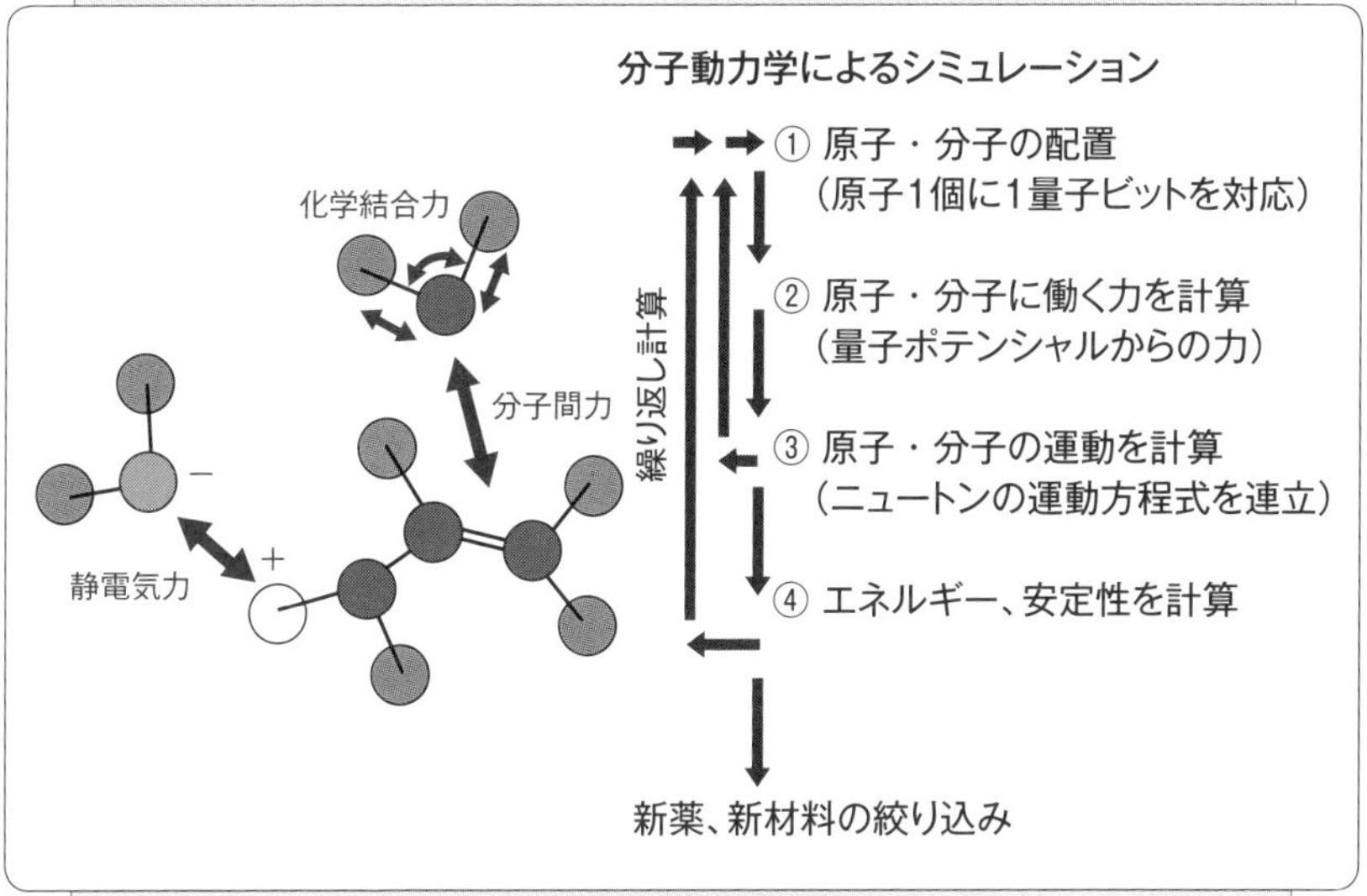

ウイルス感染と防疫

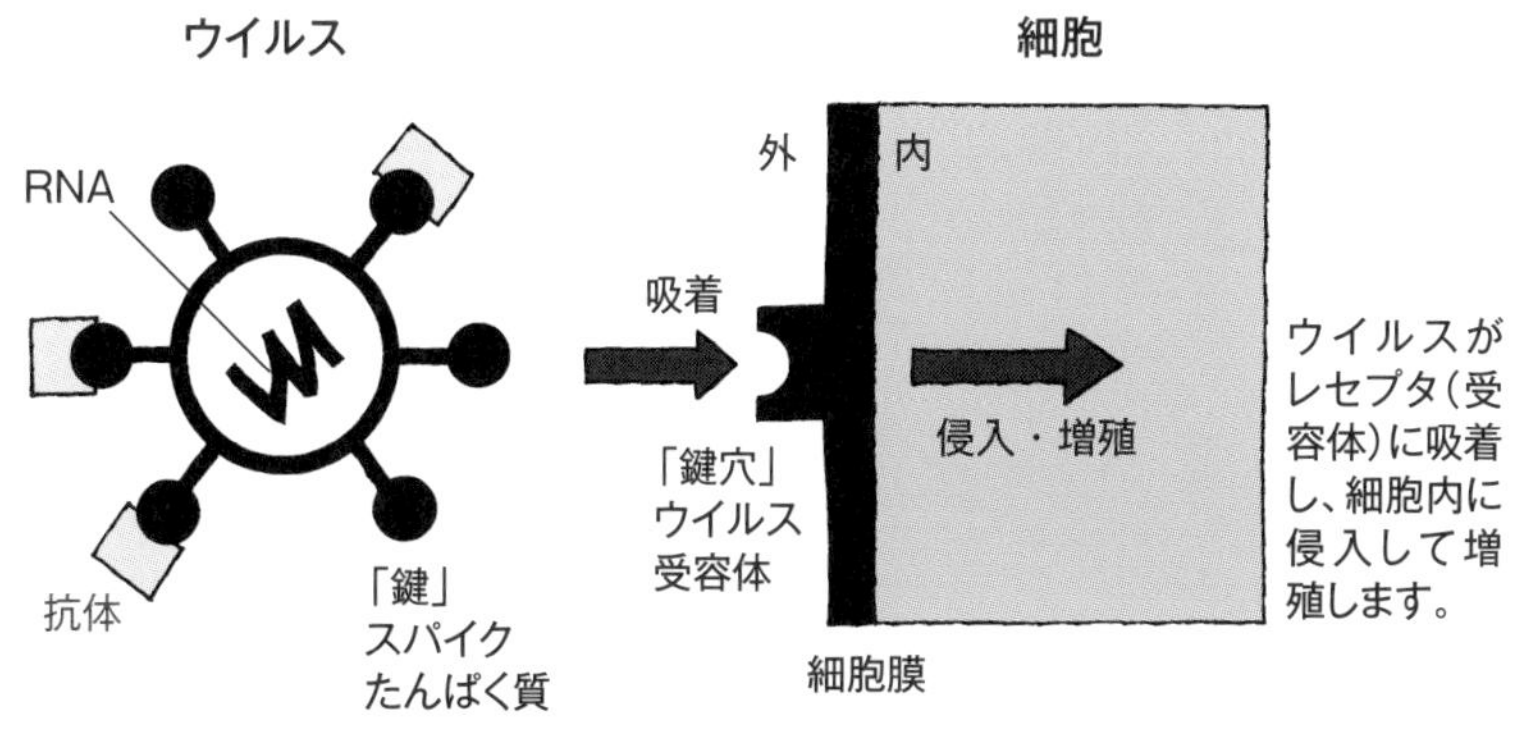

抗体により、ウイルスの侵入が阻止されます。

高分子のたんぱくや受容体の分子・原子を量子ビットに対応させて、
量子コンピュータによる高速な並列計算により、抗体の選別が期待されます。

63 フィンテック業界での利用は?

金融と情報技術との連携

現代はIoT（モノのインターネット）時代です。いろいろなものがインターネットにつながり、コンピュータにつながっています。金融サービスにもIT（情報技術）が幅広く使われ、「フィンテック」と呼ばれてきました。これは、金融（ファイナンス）と技術（テクノロジー）を合わせた造語です。身近な例としては、スマホを使ったキャシュレス支払いや送金もそのひとつです。他に、仮想通貨（ビットコインなど）、クラウド・ファンディングなど、さまざまなフィンテックの形態があります。

現在のビットコインなどの仮想通貨の信頼性の基盤となっているのは、分散型ネットワークです（上図）。中央の銀行などのサーバを中心とした集中型ネットワークでは、第3者機関が信用を保証しています。一方、分散型ネットワークでは、複数のシステムで取引の記録を共有し監視し合うことで取引の正当性を確保します。分散型ネットワーク上では、利用者同士が対等な関係（ピア）で直接取引を行うことができます。集中型と異なり、システム全体がダウンしてしまうことがありません。

分散型としての「ブロックチェーン」（下図）では、取引の履歴データを「トランザクション」と呼び、複数のトランザクションをまとめて「ブロック」と呼びます。この鎖（チェーン）のようにつないだ取引データ（分散型台帳）により「ブロックチェーン」が構成されています。仮想通貨の取引データのブロックは膨大な計算によって生成された「ハッシュ値（要約値）」によって、次のブロックへとつながっており、一部の取引データを変更すると、ハッシュ値の違いでブロックが連鎖せず、改ざんが発覚する仕組みです。

量子コンピュータが完成すると、現在のハッシュ値としての暗号が全て破られる可能性があり、現在、耐量子コンピュータ暗号を含めた新たな暗号システムの開発が進められています。

要点BOX

- ●フィンテックはブロックチェーン利用
- ●トランザクションはハッシュ関数で保護
- ●量子コンピュータがフィンテックを変える

ネットワークの形態

集中型ネットワーク

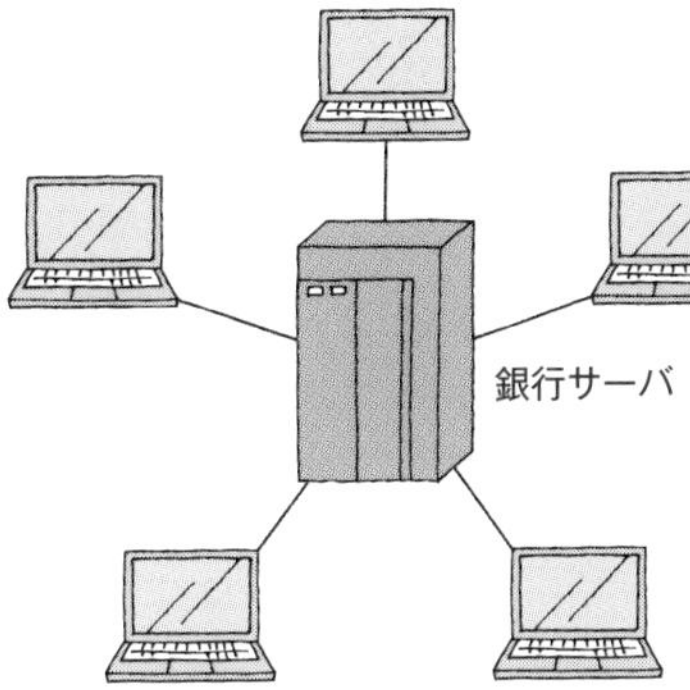

分散型ネットワーク

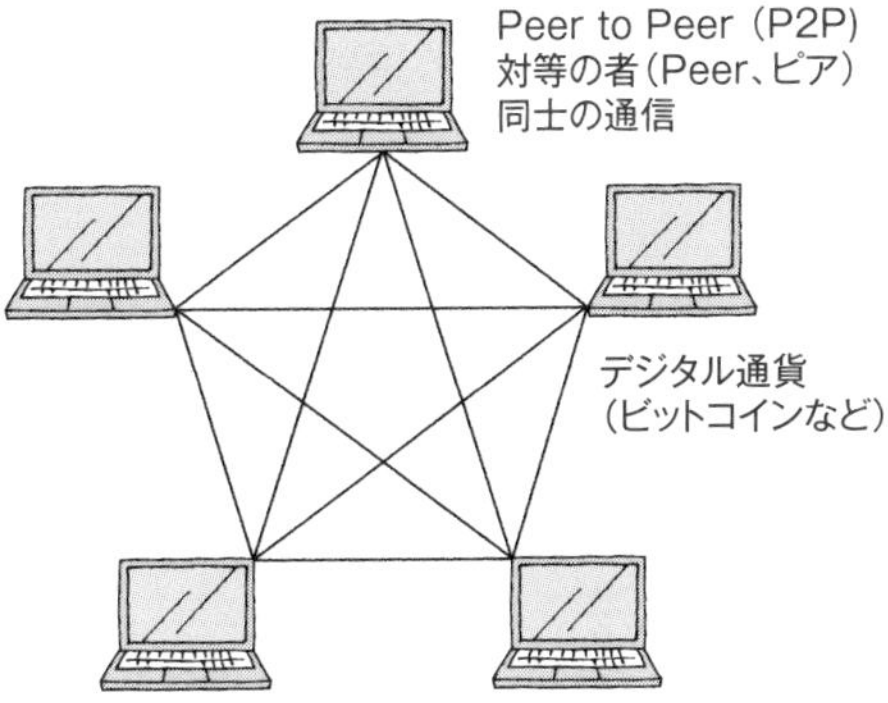

(ブロックチェーンの方式)

ブロックチェーンのしくみ

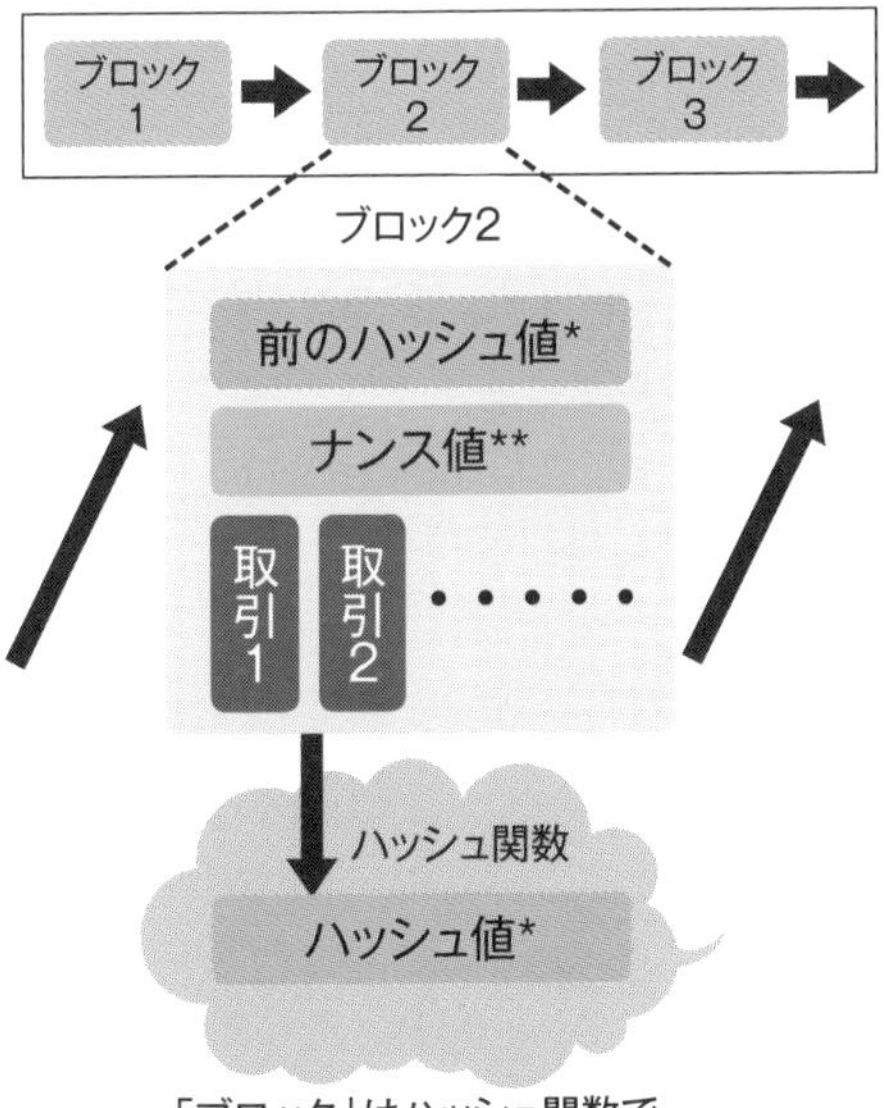

分散型ネットワークにおいて、全てのユーザーが、データのかたまり(ブロック)を時間的つながり(チェーン)として保持します。

「ブロック」はハッシュ関数で暗号化されています。

ブロックチェーンの利点

1. 全員で情報共有
2. 追跡可能
3. システムの停止なし
4. 低価格
5. 改ざんは不可能
   (ハッシュ関数)

生成された文字列から、元のデータを読み取ることができない「不可逆性」があります。

(*) ハッシュ値：元となるデータから生成される一定の文字数の不規則な文字列
(**)ナンス値：nonce(number used once) 使い捨てのランダムな数字

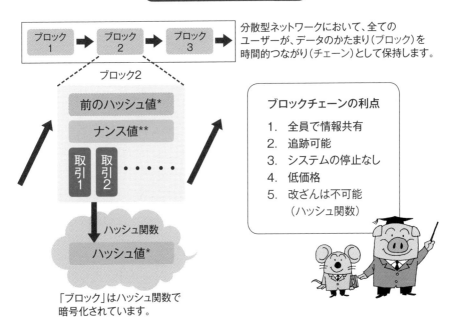

64

暗号は量子コンピュータですべて解かれる?

格子暗号と量子暗号

インターネットは日々の生活になくてはならないツールです。利用者は大組織から個人まで広範囲にわたっており、情報通信における安全性（盗聴や改ざん防止）は非常に重要になってきています。現在の古典暗号では、膨大な桁数の素因数分解が困難であるという「計算量的安全性」に基づいています。一方、鉄壁の守りの量子暗号は「情報理論的安全性」に基づいていて、解読するのは不可能です（**上図**）。

古典暗号の典型はRSA暗号51や楕円曲線暗号などがあります。これは計算量的安全性に基づく暗号であり、素因数分解の困難さなどの「離散対数問題」に相当します。ある整数を整数乗した値からある整数を見つけるのは容易ですが、ある整数の対数をとった値から特別な整数を見つけ出すのは容易ではありません（**中図**）。

この古典暗号の解読には、計算量的には現状のコンピュータでは何年もかかりますが、将来の量子コンピュータの進展により一瞬で解ける可能性があります。そこで、原理的に解読不可能な暗号「量子暗号」の開発が進められてきました。量子暗号では、途中で盗聴されると量子状態が乱れて通信内容が読み出せなくなり、盗聴されたことも感知できる仕組みです。量子暗号には、量子公開鍵方式と量子鍵配送方式52がありますが、量子コンピュータでもこれらの暗号を解読することができません。

一方、量子コンピュータでも解読されない古典暗号として、公開鍵方式の「格子暗号」があります。秘密鍵で定義できる格子を用いた多次元ベクトルとしてのと公開鍵を準備し、多次元ベクトルの組み合わせとして通信文を送ります。この暗号は、暗号同士の足し算や掛け算からもその演算結果がえられる（完全準同型暗号）という特長があり、しかも量子コンピュータでも解読されない（耐量子コンピュータ暗号）という利点があるので、開発が進められています。

要点BOX

- ●計算量的安全性と情報理論的安全性
- ●耐量子コンピュータとしての格子暗号
- ●原理的に解読不可能な量子暗号

暗号と安全性

計算量的安全性	古典暗号
情報理論的安全性	量子暗号

離散対数問題と計算量的安全性

離散対数問題

x、yを整数として、
定数aのx乗(a^x)を素数pで割った余りをy(商をn)とします。

一口メモ

数式で表すと、$y \equiv a^x \bmod p$ ($y = a^x - np$)
$x = \log_a(np+y)$

整数xから整数yを求めることは容易
整数yから整数xを求めることは困難 → 離散対数問題

特に、pが大きな数である場合、総当たり計算では
膨大な時間がかかります。

耐量子コンピュータ暗号と量子暗号

格子暗号 (最短格子点問題)

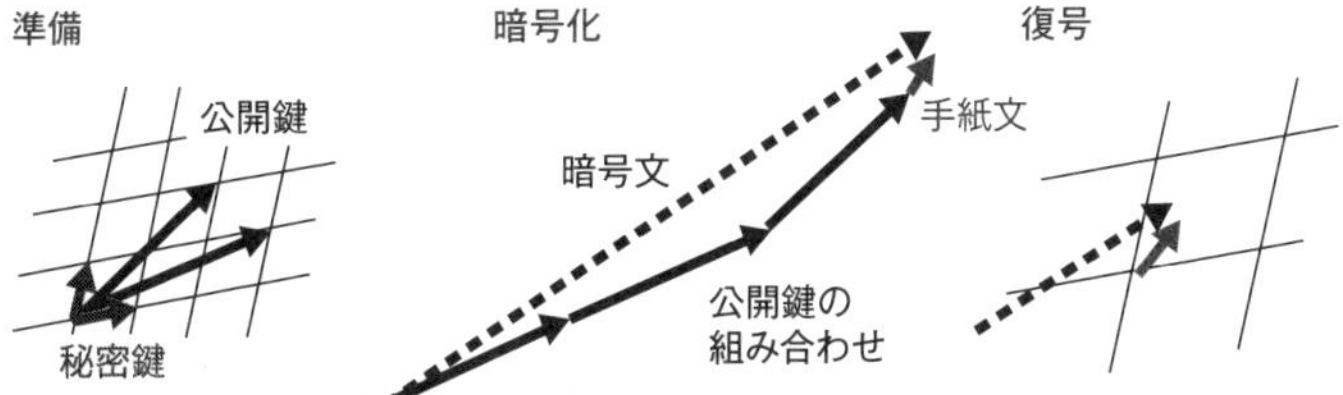

2次元斜め格子での
ベクトル鍵を考えます。

公開鍵の組み合わせ
+ 手紙文
= 暗号文(点線)

秘密鍵による格子と
暗号文から手紙文が
得られます。

量子暗号

量子公開鍵方式
量子鍵配送方式
量子力学の原理を応用した暗号技術です。
原理的に盗聴や第三者による解読が不可能です。

65 量子テクノロジーの進展と遠い未来は？

量子AI、量子生命、量子セキュリティ

これまでの技術はほとんどが古典物理を基盤としていましたが、現代では量子力学を用いた技術が発展してきています。今後も、量子コンピュータや量子技術の応用と発展が期待されています。

創薬や新材料開発の化学シミュレーションをはじめとして、機械学習や人工知能、組み合わせ最適化問題で量子コンピュータの応用が進められています。さらには、通信や暗号のセキュリティの確保にも応用されています（**上図**）。生物や生命科学と量子技術との融合も、さまざまな形で進められています。DNAコンピュータもその1例です。

量子コンピュータでは、量子ビット生成に量子効果が利用されますが、量子コンピュータを利用するには、量子力学の詳細な理解は不要であるとも考えられています。しかし、量子コンピュータの更なる発展をめざすには、ハードウェアとしての量子物理学の原理を理解し、それを応用・発展させることが必要です。その開発研究が、新しい物理を創成する契機ともなります。

コンピュータのハードの基礎となっているのが、量子デバイスや量子センサでの技術です（**中図**）。例えば、量子センシング（量子計測）としては、超伝導量子干渉素子（SQUID）やダイヤモンド窒素-空孔中心（ダイヤモンドNVC）などがあり、量子ビットの生成法としても利用されています。

さらにミクロで高エネルギーの領域では、時間や空間の歪みを含めた一般相対性相対論の効果が必要となります。遠い将来では、「相対論的量子コンピュータ」や「量子重力コンピュータ」が開発され、光の相対論的量子理論や素粒子・ブラックホールの量子重力理論が応用され、タイムマシーンや重力制御のツールとして利用されるかもしれません（**下図**）。そのような遠い未来を夢見て、現在の科学技術の着実な進展に期待したいと思います。

要点BOX

- 生命、AI、安全での量子コンピュータ
- 量子センサと量子コンピュータのつながり
- 遠い未来での量子重力コンピュータ

量子コンピュータの応用と発展

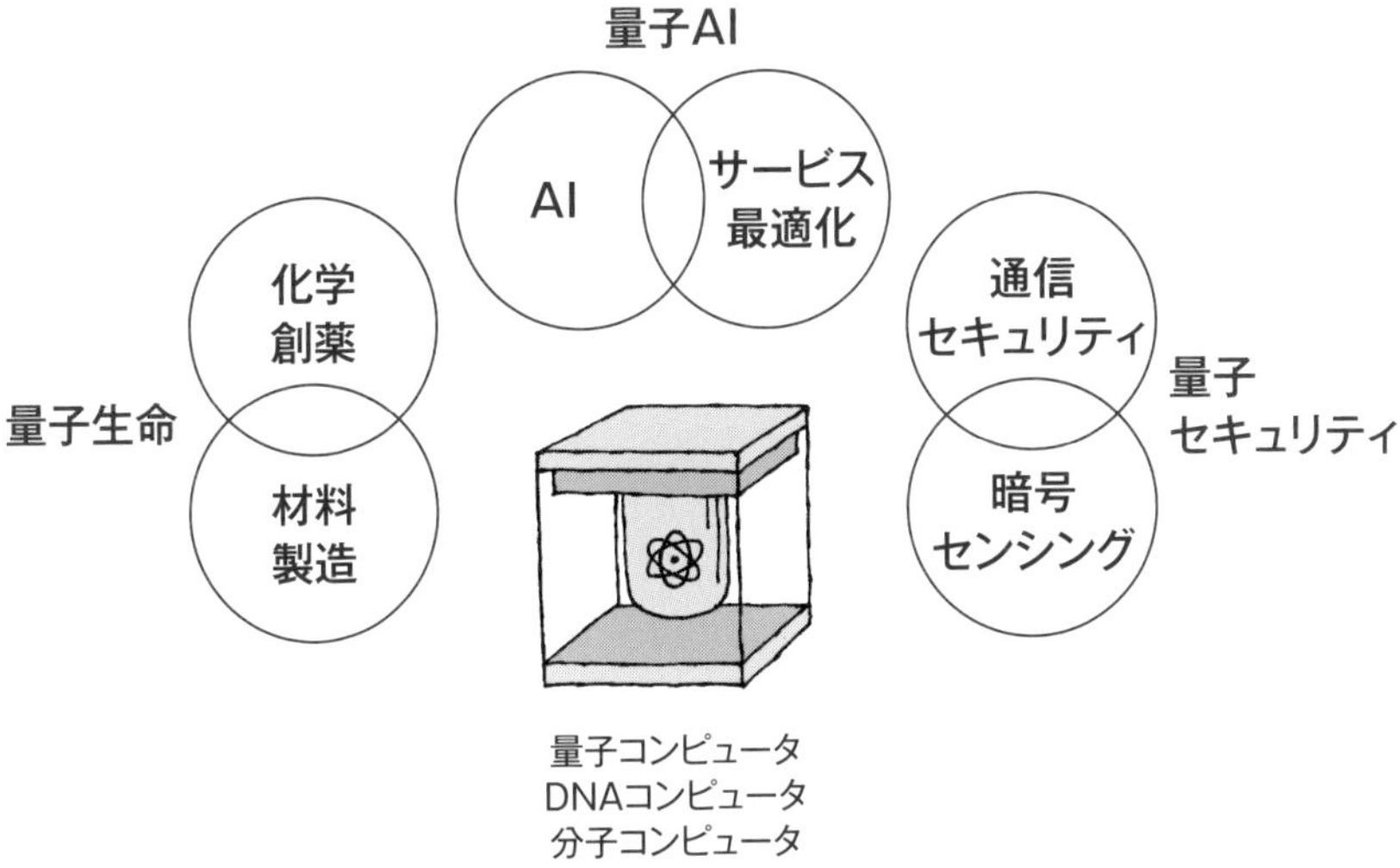

量子センサの技術開発と量子コンピュータ

超伝導量子干渉素子（SQUID）
固体量子センサ（ダイヤモンドNV中心など）
量子慣性センサ
光格子時計
量子もつれ光センサ
量子スピントロニクスセンサ（トンネル磁気抵抗センサ、スピン熱流センサ）

量子テクノロジーの遠未来への展望

量子力学 （古典論から量子論への発展）	→	量子重力論 （量子力学と一般相対性理論との融合）
⇅		⇅
量子技術 量子コンピュータ	→	量子重力技術 量子重力コンピュータ（?!）
⇅		⇅
量子論の自然界の解明		素粒子やブラックホールの模擬・解明

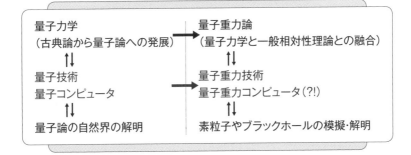

Column

量子コンピュータにより管理される未来社会!
映画『ぼくが処刑される未来』(2012年)

この映画はスーパー戦隊や仮面ライダーシリーズの主演俳優のステップアップとして企画された作品であり、量子コンピュータが管理する未来社会が描かれています。

物語では、大学生の主人公浅尾幸雄がある日突然身に覚えのない5人の殺人の容疑で警察に捕らわれてしまいます。25年後の世界では、絶対的な存在としての量子コンピュータ「アマテラス」により、罪を犯す以前の犯罪者を過去からタイムスリップさせ、犯罪予防と裁判が執り行われていました。幸雄は25年後の未来に転送され、アマテラスにより有罪判決を受け、処刑は3日後となってしまいます。しかし、同姓同名の凶暴ないじめっ子と間違えられていることに気づき、ライズマンと名乗る青年の助けを借りて、自分の無実を証明して本物の「未来の自分」を探すために奮闘します。

タイムトラベルによる未来の犯罪撲滅の洋画には『マイノリティ・レポート』(2002年、スピルバーグ監督、トム・クルーズ主演)や、『ルーパー』(2012年、ライアン・ジョンソン監督、ブルース・ウィルス主演)などがありますが、本作の中では、弁護士紗和子により、「未来犯罪者消去法」やタイムスリップでのエヴェレットの多世界解釈[16]について語られるシーンがあります。この確率的な平行宇宙論は、量子力学での「観測の問題[25]」にも関連します。

映画の冒頭近くでは、とある大学で量子コンピュータが実用化されたとのニュースが、暗示的にテレビで流れます。25年後には、量子コンピュータが絶対的存在となり、公開処刑のフォトンビームや、タイムトラベルの時空移送ビームが射出されます。ちなみに、アマテラスのロゴの9は、量子(クアンタム)のQをもじったものかもしれません。

未来社会を管理する量子コンピュータ
「アマテラス」

『ぼくが処刑される未来』
製作:2012年 日本
監督:小中和哉
主演:福士蒼汰、関めぐみ、吉沢亮
配給:東映

【参考文献】（順不同）

●Quantum Computation and Quantum Information
M.A.Nielsen & I.I.Chuang　Cambridge University Press（2000）
（訳本：量子コンピュータと量子通信Ⅰ～Ⅲ　オーム社（2004～2005））
●ブルーバックス　量子コンピュータ　竹内繁樹　講談社（2005）
●量子コンピュータ入門　宮野健次郎、古澤明　日本評論社（2008）

索引

今日からモノ知りシリーズ
トコトンやさしい
量子コンピュータの本

NDC 548

2021年1月22日　初版1刷発行

©著者　山﨑 耕造
発行者　井水 治博
発行所　日刊工業新聞社
東京都中央区日本橋小網町14-1
(郵便番号103-8548)
電話　書籍編集部　03(5644)7490
販売・管理部　03(5644)7410
FAX　03(5644)7400
振替口座　00190-2-186076
URL　https://pub.nikkan.co.jp/
e-mail　info@media.nikkan.co.jp
印刷・製本　新日本印刷(株)

●DESIGN STAFF
AD――――志岐滋行
表紙イラスト――――黒崎　玄
本文イラスト――――榊原唯幸
ブック・デザイン――奥田陽子
(志岐デザイン事務所)

●
落丁・乱丁本はお取り替えいたします。
2021 Printed in Japan
ISBN　978-4-526-08107-1 C3034

●著者略歴
山﨑　耕造（やまざき・こうぞう）

1949年　富山県生まれ。
1972年　東京大学工学部卒業。
1977年　東京大学大学院工学系研究科博士課程修了・工学博士。
名古屋大学プラズマ研究所助手・助教授、核融合科学研究所助教授・教授を経て、2005年4月より名古屋大学大学院工学研究科エネルギー理工学専攻教授。その間、1797年より約2年間、米国プリンストン大学プラズマ物理研究所客員研究員、1992年より3年間、(旧)文部省国際学術局学術調査官。
2013年3月 名古屋大学定年退職。

現在　名古屋大学名誉教授、
自然科学研究機構核融合科学研究所名誉教授、
総合研究大学院大学名誉教授。

●主な著書
「トコトンやさしいプラズマの本」、「トコトンやさしい太陽の本」、「トコトンやさしい太陽エネルギー発電の本」、「トコトンやさしいエネルギーの本　第2版」、「トコトンやさしい宇宙線と素粒子の本」、「トコトンやさしい電気の本　第2版」、「トコトンやさしい磁力の本」、「トコトンやさしい相対性理論の本」(以上、日刊工業新聞社)、「エネルギーと環境の科学」、「楽しみながら学ぶ物理入門」、「楽しみながら学ぶ電磁気学入門」(以上、共立出版)など。